楊立誠編

四庫目略

(一)

中華書局印行

四庫目略提要

四庫目略者，楊君立誠於任西湖圖書館館長時，念四庫全書總目提要卷帙繁重，恒人購置匪易，且不詳版本，無由參校異同；他或備舉版本，而於書旨闕焉。爰采各家之長，擷其精華，補其缺漏，俾學者於四庫書之旨趣版本，展卷瞭然。誠如自序所稱：「百里之程，達於俄頃，千頭之絲，絜於一綱」云云，徵書者手此一編，對於四庫書目，可以略窺梗概焉。

中華國學叢書序

我國之有叢書刊行，由來已久，宋代之儒學警悟、百川學海，明代之漢魏叢書、唐宋叢書等皆是也。降及清季，叢書之刊印愈多，讎校亦愈精密，裒拾叢殘，網羅散佚，山潛塚秘，得以羨衍人間，有功文化，蓋非細矣。

慨自宇內糜沸，荼毒日滋，舊有典籍，盡遭刼火。本局爲響應文化復興運動，除將本局前在上海出版之四部備要等古籍，在臺再版發行外，玆復搜集整理有關國學之重要典籍，或爲四部備要所未收入者，或已入備要，而無評注銓釋，可供大衆研讀者，去蕪存菁，陸續出版，定名爲中華國學叢書，版式概以二十四開爲準則，以資整齊畫一，並採原書影印爲主，以輕讀者負擔，倘底本有欠清晰，影印非宜，則據以重排，務求印刷精美，定價低廉，一篇在手，悅目賞心，恒人易辦，流傳自廣，庶於復興文化，稍竭微誠云耳。

中華民國五十八年十二月中華書局謹識

蔡序

楊君立誠覃思好學夙嗜箸述近編四庫目略意在標舉羣書開示涂徑致力甚勤旨趣甚善夫古之著錄書目者多矣或詳書旨而略版本或專舉版本而不及書旨顧此失彼學者病之楊君就清代四庫箸錄之書擷其要旨更詳舉每書各種版本剖晰比較之要言不煩開卷粲然後有學者按圖可索日力精力節省不少然則楊君此書非自衒其著述之能其所以貢獻於教育界者爲功實至大也

中華民國十八年一月十日蔡元培

歐陽序

余於民國十七年春游杭之孤山圖書館時主館事者爲豐城楊君以明導觀文瀾閣四庫書意極殷摯別未一載復相見於金陵則其所著之四庫目略已付剞劂矣且索序於余余不敢以不文辭吾國自向歆父子以來藝文經籍代有著錄至清修四庫書而集其大成提要尙矣顧卷帙繁重學者猶以爲未便於是有簡明目錄之作今學術愈繁求所以節省學者之日力精力者其需要愈切而索引之術亦愈精楊君於館事鞅掌之餘不惜聚精會神成斯巨著既明書旨兼詳版本扼要鈎元賞心悅目如四通八達之道示其康莊如千門萬戶之宮陳其富美執一卷而窮古今之大觀楊君之用力劬矣儻所謂自爲少而爲人多者非耶余嘗以楚材晉用爲楊君惜今斯書之成沾溉後學厥功匪細又不獨一省之私幸已耳抑吾贛文章著述彪炳東南以宋明兩代爲最盛居

恆不自揣竊發宏願欲取四庫中江右先哲遺著廣付抄胥以存地方文獻惟
茲事體大非棉薄所能勝而楊君志同道合乃力贊以賈余勇因誌數語於簡
端以爲異日之息壤時民國十八年一月二十八日也南城歐陽祖經

自序

四庫全書浩如烟海非提要鈎玄無以窺其門徑雖書成之日卽有總目之編纂然卷帙頗多購置匪易且不詳版本無由參校異同其他目錄如邵懿辰四庫目錄標注莫友芝知見傳本書目等雖各備舉版本而於書旨闕焉不載夫傳本以歷久而就湮舊刻以翻新而轉著所見各異詳略斯殊其不免於遺漏亦勢然也今欲以簡御繁俾學者一展卷而得其要領於四庫書之旨趣版本不致無所問津前此目錄家所未有也爰不揣淺陋爲采各家之長擷其精華補其闕漏書成顏曰四庫目略庶使百里之程達於俄頃千頭之緒絜於一綱所以便利初學爲徵書者示之蹊徑或亦不無小補云爾

中華民國十八年一月豐城楊立誠自序於西湖圖書館

四庫目略目錄

四庫目略目錄

史部

四庫目略目錄

子部

四庫目略目錄

集部

書名	著考	卷數	版本	本書旨
子夏易傳	舊題周卜商撰、	二	通志堂經解本、學津討源本、吳騫義疏本（一作子夏易傳釋存二卷）張惠言輯本、王謨漢魏遺書本、孫堂漢魏二十一家易注本、孫馮翼問經堂叢書本、張澍二酉堂叢書本、黃奭漢學堂叢書本、馬國翰玉函山房輯佚書本	此書不見漢志；而見劉向七略，題韓嬰撰，久佚；唐張弧有僞託本，亦佚；至宋別有贋本，即四庫著錄者。清吳騫張惠言等均輯漢魏遺說與四庫本迥異，吳本尤精審云。
周易鄭康成注	漢鄭玄撰、宋王應麟輯、	一	玉海附刻本、胡震亨祕冊彙函本、	鄭注出入於京費兩家，而費義居多；惜原本亡於南北宋間，王氏輯之，始可考見一二。
新本鄭氏周易	漢鄭玄撰、清惠棟輯、	三	盧見曾雅雨堂叢書本、鍾謙鈞古經解彙函本、漢魏二十一家易注本、陳春湖海樓叢書本、張惠言易詮全集本、孔廣森通德遺書所見錄本、袁鈞鄭氏佚書本、	王應麟輯鄭氏易注，明姚士粦曾增補二十五條，惠棟病其疏漏，又增九十二條，厥後孫堂丁杰遞有修正，張惠言更據王惠丁三氏，幷盧文弨孫志祖臧庸所考訂集爲一編，益臻精密，他若孔廣森袁鈞所輯，亦足以供參考。

陸氏易解	吳陸績撰、明姚士粦輯、	一	明樊維城鹽邑志林本、漢魏二十一家易注本、古經解彙函本、玉函山房輯佚書本、黃奭漢學堂叢書本、張惠言易義別錄第六卷本、	陸績之學出於京氏，原書久佚，姚士粦采京氏易傳注李氏周易集解經典釋文輯爲是編，凡一百五十條。
周易註	魏王弼注、繫辭以下晉韓康伯注、	一〇	明趙藩味經堂刊本、明閩刊本、明葛鼒十三經古注本、清武英殿仿宋相臺岳氏本、萬青選稽古樓十三經注本、	漢易尚象數，或崇禨祥，王弼反之，黜數崇理，易學爲之一變。
周易正義	唐孔穎達疏、	一〇	嘉靖閩刊本、萬歷北監本、汲古閣本、乾隆十一年殿本、嘉慶二十一年江西南昌府學刊本、錢遵王校宋本、陳仲魚宋刊本、	此書專崇王註。大旨在自標新學，排擊漢儒。
周易集解	唐李鼎祚撰、	一七	津逮本、學津本、祕册彙函本、雅雨堂本周孝垓刊本、讀畫齋本、陸心源有張紹仁校宋本明鮑山刊本、孫星衍巾箱本、天一閣目有明宗室西亭氏刊本、	是書自序謂：刊輔嗣之野文，補康成之逸象。大旨在發明漢學。

周易口訣義	唐史徵撰、	六	武英殿聚珍本、孫星衍巾箱本、彙函本翻聚珍本、閩刊本、	大旨與李鼎祚書相類，而與李書互有詳略，且多李書所未載。
周易舉正	唐郭京撰、	三	津逮本、學津本、鄭珍有影宋刊抄本、天一閣本	是書唐志不載，晁公武雖知其託名，而所進易解乃多引用，即朱子本義亦頗採用其說。
易數鉤隱圖（附遺論九事一卷）	宋劉牧撰、	三	通志堂本、道藏頁本、陸心源有明人影鈔宋藏本、	氏以九數爲河圖，十數爲洛書，宋人易數當以此書爲首。
周易口義	宋倪天隱述、	一二	丁德明刊本、康熙二十六年吉水李氏刊本、陸有明刊本、	氏述其師胡瑗之說，故曰口義，大旨主闡明義理。
溫公易說	宋司馬光撰、	六	聚珍板本、（凡聚珍板書有杭州重翻巾箱本、有福建翻刊本、杭本種數不及閩本之多）河南新鐫經苑本、許氏有盧抱經校本、	大旨在闡明人事，不主玄談。
橫渠易說	宋張載撰、	三	通志堂本、明刊白口本、	是書較程傳爲簡，間有引用老莊語者，蓋借以旁證，非祖其玄談。

東坡易傳	宋蘇軾撰、	九	津逮本、學津本、吳之鯨刊本、閔齊伋刊硃墨套板本、明焦竑刊兩蘇經解本、舊鈔本、	大旨近於王弼。然弼說惟暢玄風，軾說多切人事。
伊川易傳	宋程子撰、	四	二程全書本、程氏祠堂本、金陵局本、天祿後目有宋刊本、經籍志十卷本、古逸叢書六卷本、	是書大旨黜數而崇理，與邵各明一義。
易學辨惑	宋邵伯溫撰、	一	明陳繼儒撰邵康節外紀四卷、內附載此書、見總目卷六十傳記類存目、何夢文海遺珠載宋朱長文易經解四卷云影寫明刊本、此書各家書目未見、疑僞託也、	氏以鄭夬所作說易諸書多乖經義，因作此書以辯其誣。
了翁易說	宋陳瓘撰、	一	路小洲存抄本、振綺堂有抄本、四庫著錄從吳玉墀家藏本、	是書理數兼推。

吳園易解	宋張根撰、	九	墨海金壺本、經苑本、聚珍本、閩刻本、	是書不主漢儒象數之說，亦不主宋代河洛之學。詮釋經文，頗爲簡切。
周易新講義	宋耿南仲撰、	一〇	日本國佚存叢書本、路有抄本、許氏有抄本、	是書因象詮理，隨事示戒。
紫巖易傳	宋張浚撰、	一〇	通志堂本、拜經樓吳氏有舊抄本、	是書說陰陽動靜，皆適於義理之正。
讀易詳說	宋李光撰、	一〇	路有抄本、	是書於卦爻之詞，皆卽君臣立言，證以史事。
易小傳	宋沈該撰、	六	通志堂本、	是書以正體發明爻象之旨，以變體擬議變動之意，以求合於觀象玩辭觀變玩占之義。
漢上易集傳	宋朱震撰、	一一	通志堂本、	是書以數爲宗，兼採漢以來卦變互體伏卦反卦諸說。

周易窺餘	宋鄭剛中撰、	一五	路有抄本、文淵閣菉竹堂書目俱有此書、	是書以伊川易傳主理，漢上易傳主數，參取兩家發所未盡故名曰窺餘。惜原本久佚。
易璇璣	宋吳沆撰、	三	通志堂本、汲古閣目有元刊本、	上卷明天理之自然，中卷講人事之修，下卷備傳疏之失，大旨主於觀象。其曰璇璣者，取易略例處璇璣以觀大運語也。
易變體義	宋都絜撰、	一二	路有抄本、	此書專明變體，即左傳所載諸占某卦之某卦者是也。
周易經傳集解	宋林栗撰、	三六	路有抄本、倦圃寫本、曝書亭抄本、許氏有舊抄本、	此書每卦必兼言互體約象覆卦，嘗與朱子論太極兩儀四象八卦不合。
易原	宋程大昌撰、	八	聚珍本、閩翻本、	此書推闡數學，故名曰易原。於京焦卦氣馬鄭爻辰以及邵子張行成諸說皆極力掊擊。
周易古占法	宋程迥撰、	一	天一閣刊本、許氏有舊抄本、似即天一閣刊也、說郛本、	此書多論占法，用逆數以尙占知來。

古周易章句外編	宋程迥撰、	一	天一閣刊本、明刊本、	此書雜說易義及記古今占驗。
周易本義	宋朱子撰、	一二	內庭仿宋刻本、康熙五十年曹寅刻本、寶應劉氏獲古齋重刊宋本、天祿後目有宋刊本、陸有明覆宋本、江甯局覆刻劉本、元刊本、陽明手鈔本、日本刊本、	大旨根據程傳，推演頗有精理，
郭氏傳家易說	宋郭雍撰，	一一	聚珍本、閩翻本、杭巾箱本、此書經義攷注云闕四庫著錄乃澹生堂寫本、	大旨以觀象爲主。名曰傳家者，以述其父忠孝兼山易解之旨。
周易義海撮要	宋李衡刪定、	一二	通志堂本、朱修伯曰、義海久佚、宋志已不載、直齋書錄解題止有殘本四卷、絳雲樓目有房審權義海一百卷、	初房審權病易說多歧，摘取專明人事者，由鄭玄迄王安石凡一百家名周易義海；衡以其蕪雜重複，乃刪擷精要以成此書，故名曰撮要。

南軒易說	宋張栻撰、	三	四庫著錄係曹鎔從元刻傳鈔本、不分卷、枕碧樓據舊抄五卷本	此書出自曹鎔家，上下經全佚，惟存繫辭。
復齋易說	宋趙彥肅撰、	六	通志堂本、舊鈔本、	肅說易在即象數以求義理，故以六畫爲主。
楊氏易傳	宋楊簡撰、	二〇	明劉昇陳道亨刊本、錢曾云每卷端題曰慈湖書、	略象數而談心性。
周易玩詞	宋項安世撰、	一六	通志堂本、許氏有影宋抄本、元大德中重刊虞集馬端臨徐之祥並有序、	安世之學，務闡義理而兼求象數。
趙氏易說	宋趙善譽撰、	四	墨海金壺本、守山閣叢書本、	其書推畫卦命名之意以貫通六爻之旨，於諸卦取義相似者多參互以盡其變。

誠齋易傳	宋楊萬里撰、	二〇	聚珍本、閩覆本、經苑本、黃丕烈有宋刊本、清張昌政校刊本、明嘉靖尹耕療鶴亭刊本、	是書大旨在參引史傳以證經，與李光之書同。
大易粹言	宋方聞一編、	一〇	大典朱氏藏有宋刊本、四庫卽從此本傳抄、天錄後目有宋本十二卷、	是書採二程子張子楊時游酢郭忠孝郭雍七家之說，知其以洛學爲主矣。
易圖說	宋吳仁傑撰、	三	通志堂本、朱修伯曰、吳氏尚有古周易十二卷、大典尚有全文、又有集古易一卷、	氏謂六十四正卦伏羲所作，卦外六爻及六十四覆卦文王所作；又謂序卦爲伏羲所作，雜卦爲文王作，今之爻辭當爲繫辭傳，繫辭傳當爲說卦傳。
古周易	宋呂祖謙撰、	一	通志堂本、李調元韓易古文三卷本、函海本、金華叢書本、	是書以上下經十翼各爲一篇，復古本之舊；朱子本義卽用此本。

易傳燈	宋徐總幹撰、	四	函海本、經苑本、	是書以釋氏傳燈命名，其八卦總論十六篇，頗能得易之類例。
易裨傳	宋林至撰、	二	通志堂本、四庫著錄係元至正間陳泰刊本、	上卷凡三篇：一曰法象，一曰極數，一曰觀變；下卷題曰外篇：論反對相生世應互體納甲變爻動爻卦氣八事。
厚齋易學	宋馮椅撰、	五二	路有抄本、朱修伯曰、原本各自爲書、中興藝文志可考、	是書共有輯註四卷，輯傳三十卷，外傳十八卷。輯註爲解彖象，輯傳則以彖象爲經，而十翼爲傳；外傳則以十翼爲經，各附先儒之說而斷以己意。
童溪易傳	宋王宗傳撰、	三〇	通志堂本、何云後缺二卷、非全書也、天祿後目有宋刊本三十卷、即崑山徐氏原本、	是書惟憑心悟，力排象數。
周易總義	宋易祓撰、	二	路有抄本、振綺堂有抄本、倘有舉隅四本、今失傳、	氏說易兼通理數，折衷衆論，每卦先括爲總論，復於六爻之下詳爲詮釋。

西谿易說	宋李過撰、	一二	四庫著錄係吳玉墀家抄本、天一閣目亦有此書、缺慶元戊午自序、書中亦多缺文、不著撰人、吳氏據自序見經義考題爲李過、	此書首爲序說一卷，次詮釋經文，而不及繫辭以下。
丙子學易編	宋李心傳撰、	一	通志堂本附俞琰周易集說後、	書成於嘉定丙子，因以爲名。所取惟王弼張子程子郭雍朱子五家之說，而間附以己意。
易通	宋趙以夫撰、	六	四庫著錄係淡生堂抄本、許氏有抄本八卷、	大旨在以不易變易二義，明人事動靜之準。
周易經傳訓解	宋蔡淵撰、	二	四庫著錄係淡生堂抄本、原本題周易卦爻經傳上下篇訓解、	此書以大象置卦辭下，以彖傳置大象後。以小象置爻辭後，其訓釋則明義理者居多。
易象意言	宋蔡淵撰、	一	聚珍板本、翻聚珍本、藝海珠塵本、吳氏聽彝堂刊叢書本、許氏有盧抱經校本、	此書闡名理多從師(朱子)傳，言數學則本家學。

周易要義	宋魏了翁撰、	一〇	路有抄本、四庫著錄係天一閣舊抄本、蘇局刊本、	大旨以象數求義理，折衷於漢學宋學之間。
東谷易翼傳	宋鄭汝諧撰、	二	通志堂本、	所謂翼傳者，翼伊川易傳也，然於程子之說亦時有異同；蓋糾正其失，補苴其闕，亦所以羽翼之。
朱文公易說	宋朱鑑編、	二三	通志堂本、昭文張氏有元刊本、	是書裒輯朱子平日論易之語見於語錄文集者，共爲一編，以發明本義之旨。
易學啟蒙小傳	宋稅與權撰、	一	通志堂本、附古經傳一卷、	大旨在闡邵子之說，以補啟蒙之未備。
附易雅 周易輯聞 筮宗	宋趙汝楳撰、	一 六 一	通志堂本、萬曆間周藩刊本、振綺堂有抄本、	此書解釋上下經多所發揮，惟竄亂經文是其一失。
周易詳解	宋李杞撰、	一六	路有抄本、缺豫隨无妄大壯睽蹇中孚七卦及晉卦四爻、	氏以易爲有用之學，故名用易，其書多證以史事，及引用老莊之文。

淙山讀周易記	宋方實孫撰、	二一	四庫著錄係抄本、路有抄本、抄十一卷本、浙進竹垞抄本、	氏書取朱子卦變圖別爲易卦變合圖，以補易學啟蒙所未備。
周易傳義附錄	宋董楷撰、	一四	通志堂本、昭文張氏有元刊本、蔣生沐有元刊本、似即張藏本、陸有元刊本、	是書合程傳朱子本義爲一書，而采二子之說附錄其下，意在理數兼通。
易學啟蒙通釋	元胡方平撰、	二	通志堂本佚自序一首、僅有後序、	是書發明朱子易學啟蒙之旨。
三易備遺	宋朱元昇撰、	一〇	通志堂本、	此書首爲河圖洛書一卷，次連山三卷，次歸藏三卷，次周易三卷。
周易集說	宋俞琰撰、	四〇	通志堂本、天一閣目有抄本、陸有元刊元印本、	氏初裒諸家易說爲大易會要百三十卷，後乃掇其精華以著是編。
讀易舉要	宋俞琰撰、	四	路有抄本、陸有元刊本、	氏說易多主朱子，而此書論剛柔往來，不主朱子卦變之說。其易圖多主邵子，而此書論元亨利貞不主起數於四之說。

周易象義	宋丁易東撰、	一六	路有抄本、張目有殘宋本、自豐至未濟凡一卷、	是編因易象以明義，故曰象義。
易圖通變	元雷思齊撰、	五	通志堂本、但刊易圖、	氏之易圖通變，以八卦配河圖天一至地八，而五十則爲虛數。
易筮通變	元雷思齊撰、	三	通志堂本、	氏之易筮通變分五篇：即卜筮，立卦，九六，衍數命蓍，是也。
讀易私言	元許衡撰、	一	通志堂本、說郛本、學海類編本、	是書論六爻之德位，多發明繫辭傳同功異位柔危剛勝之義。
易本義附錄纂疏	元胡一桂撰、	一五	通志堂本、元刊殘本、	是書以朱子本義爲宗，取朱子文集語錄之說易者附之謂之附錄；取諸儒易說合於本義者纂之謂之纂疏。
易學啓蒙翼傳	元胡一桂撰、	四	通志堂本、朱修伯曰、通志刊從汲古元本出、曾見元本頁十六行、行十六字、	一桂之父方平常作易學啟蒙通釋，一桂更推闡而辨別之，故曰翼傳。

易纂言	元吳澄撰、	一〇	通志堂本十三卷、成化丁亥刊本、嘉靖中顧應祥刊本、許氏有明刊本十二卷、似即此本、	澄爲纂言，一决於象，史謂其能盡破傳注之穿鑿。
易纂言外翼	元吳澄撰、	八	路有抄本、朱修伯曰、漁洋云康熙丙辰得之京師、亦刊本謝山云外翼十八卷、今已罕見、獨楊止庵嘗述之、	澄所作易纂言，義例散見各卦，卦圖亦粗具梗概，乃復作此書以暢明之。
易原奧義 周易原旨	元寶巴撰、	一 六	四庫著錄係抄本、振綺堂有原旨六卷抄本、一名易體用、陸有朱竹垞所藏舊抄本、	是書原分三種，統名易體用。大旨皆祖述程朱。
周易程朱傳義析衷	元趙采撰、	三三	四庫著錄係吳玉墀家抄本、振綺堂有精抄本、	大旨宗宋學，而於象數變互頗存古義。

周易演義	元胡震撰、	一六	浙江吳玉墀家藏本，振綺堂有抄本八册、不分卷、此十六卷乃四庫館所分、	是書於經文訓詁，多引史事以證之。
易學濫觴	元黃澤撰、	一	聚珍本、閩覆本、經苑本、別下齋本、小萬卷樓本、	氏說易以明象爲本，其明象以序卦爲本，其占法則以左傳爲主。
大易緝說	元王申子撰、	一〇	通志堂本、何云吳任臣家有宋刊，徐僅從鈔本附刊、未能借校、	氏說易力主數學。
周易本義通釋	元胡炳文撰、	一二	通志堂本、嘉靖鄧杞重刊本、	大旨以朱子本義爲宗，而參以衆說。
周易本義集成	元熊良輔撰、	一二	通志堂本、	大旨雖主於羽翼本義，而與本義異者亦頗多。

大易象數鉤深圖	元張理撰、	三	通志堂本、朱修伯曰、通志堂從道藏本附刊、又刊易象圖說三卷、	是書純主陳摶先天之學。朱子所謂易外別傳者也。
學易記	元李簡撰、	九	通志堂本、何云東海此刊從李中麓家藏抄本付刊、後得元刊未能校正修板、振綺堂有汲古閣藏舊抄本、	是書採子夏易傳以下六十四家之說，亦間附以己意。
周易集傳	元龍仁夫撰、	八	別下齋本、	大旨根據程朱，而於卦象爻象，則反覆推闡。
讀易考原	元蕭漢中撰、	一	附朱升周易旁注後、蓋亦朱氏節錄、非漢中原文矣、	是書凡三篇：一論分卦，一論合卦，一論序卦，大旨亦出陳邵。
易精蘊大義	元解蒙撰、	一二	路有抄本、海山仙館叢書刊本、	是書雖爲場屋經義而作，然薈萃羣言，頗得精要。

易學變通	元魯貫撰、	六	路有抄本、文瀾閣傳抄本、	是書純以義理說易，間取互體，亦存古義。
周易會通	元董眞卿撰、	一四	通志堂本、元賞齋目有吳文恪公批點本、許氏有舊刊本、	此書兼採象數義理二家，以持其平。
周易圖說	元錢義方撰、	二	曝書亭寫本、振綺堂汪氏有元刊本、又有繡谷亭藏精抄本、	是書凡二十七圖，大抵衍陳邵之緒餘。
周易爻變義蘊	元陳應潤撰、	四	路有抄本、振綺堂有抄本、陸有汪啟淑所藏舊抄本、續台州叢書本、	大旨謂王弼所註均非易之本旨。
周易參義	元梁寅撰、	一二	通志堂本、	大旨以程傳主理，本義主象，因融會參酌，合以爲一。
周易文詮	元趙汸撰、	四	四庫著錄係抄本、昭文張氏有舊抄本、	大旨源出程朱，主於略數言理。

周易大全	明胡廣等撰、	二〇	明殿刊本、明刊五經大全本、明刊二十卷本高麗本、萬曆乙巳書林余氏刊本、菊仙書屋本、	氏割裂董楷，眞卿，胡一桂，胡炳文四家之書，刊除重複，勦爲是編。
易經蒙引	明蔡清撰、	一二	嘉靖八年建陽書坊初刊本、林希元重刊本、宋兆龢重訂刊本、	是書專以發明朱子本義爲主，其體例以本義與經文並書。
讀易餘言	明崔銑撰、	五	黃登賢家藏本、明刊本、	是書大旨舍象數而闡義理。
易學啟蒙意見	明韓邦奇撰、	五	嘉靖十三年巡按直隸蘇佑刊本、正德甲戌李滄刊本、	是書因朱子易學啟蒙，而闡明其說。
易經存疑	明林希元撰、	一二	康熙重刊本，乾隆壬戌裔孫廷玶刊本、	是書解經多引用蔡清蒙引。大旨爲科舉而設，故主於祧漢而尊宋。
周易辨錄	明楊爵撰、	四	有刊本、振綺堂有抄本、許氏有曹倦圃家抄本、	是書作自獄中，其說多以人事爲主。

易象鈔	明胡居仁撰、	四		是書前二卷錄取先儒圖書論說，後二卷則皆與人論易往復劄記及自記所學。
周易象旨決錄	明熊過撰、	七	康熙中刊本、	名決錄者，猶言定本也。其說遠溯漢學，以象爲主。
易象鉤解	明陳士元撰、	四	守山閣叢書本、歸雲別集本、陸有明刊本、	是書專闡經文取象之義，謂易以卜筮爲用，卜筮以象爲宗。
周易集注	明來知德撰、	一六	光裕堂刊本、留遠堂刊本、康熙二十七年崔華刊本、萬曆時蜀中刊本、萬曆三十八年杭州重刊本、寶廉堂本、	是書專取繫辭錯綜其數之說以論易象。
讀易紀聞	胡張獻翼撰、	六	吳玉墀家本、張一鯤刊本、	是書不載經文，隨筆劄記，頗能闡程朱之義理，祧老莊之玄虛。

葉八白易傳	明葉山撰、	一六	有刊本、路有抄本、	大旨以誠齋易傳爲主，出入子史，佐以傳辨。
洗心齋讀易述	明潘士藻撰、	一七	萬曆丙午刊本、	是書每條先發己意，後列舊說，大旨多主於義理。
周易像象管見	明錢一本撰、	九	萬曆甲寅刊本、	是書卽卦爻以求象，卽象以明人事，故曰像象。
周易劄記	明逯中立撰、	三	抄本、	是書不載經文，但標卦名篇名，採舊說者十之六，出新義者十之四；大旨以義理爲主，
周易易簡說	明高攀龍撰、	三	抄孔義本、有刊本、	是書詮解易義，每條不過數言，故名曰易簡。大旨主學易以檢心，
易義古象通	明魏濬撰、	八	路有抄本、明刊本、	是書於漢魏晉唐諸儒所謂象義取其近正者錄之，故名古象通，而冠以易義，言卽象以通義也。

周易像象述	明吳桂森撰、	五	四庫著錄係抄本、	是書乃踵其師錢一本像象管見而作，故以述爲名。
易用	明陳祖念撰、	五	許氏有陳第撰伏羲圖贊二卷刊本、	是書不載經文，但於每卦詳論其義，務以切於人事爲主，故名曰用。
易象正	明黃道周撰、	一六	黃石齋九種本、許氏有道周所撰易本象四卷抄本、	是編於每卦六爻皆卽之卦以觀其變，蓋卽左氏內外傳所列古占法也。
兒易內儀以	明倪元璐撰、	六	有刊本、字畫惡劣、解亦穿鑿、特以人重耳、	名兒易者，蓋取孩始之義，專以大象釋經，以六十四卦大象皆有以字，故以爲名也。
卦變考略	明董守諭撰、	一	有刊本、	是書以朱子卦變圖與本義相矛盾，因考郎顗京房蜀才虞翻諸家之說，定爲此圖以存古義。
古周易訂詁	明何楷撰、	一六	乾隆辛未刊本、路小洲有壬午刊本、	前六卷以傳附經，七卷以下則仍列十翼原文，以還田何之舊，漢晉以來之古義，頗藉以見梗概。

周易玩詞困學記	明張次仲撰、	五	康熙刊本、	大旨切於人事，以義理爲宗。
易經通註	傅以漸等撰、	九	湖北叢書本、	是書鎔鑄衆說，薈聚微言。可爲說經之圭臬。
日講易經解義	清牛鈕等編、	一八	內府刊本、各省翻本、	是書不取莊老之虛無，亦不取焦京之術數，惟即辭占象變敷陳人事以明法天建極之實功。
周易折衷	清李光地等撰、	二二	內府刊本、各省翻本、官修七經俱有翻刊本、謂之外板、殿刊本、浙局刊本、	大旨根據程朱，而參考羣言亦頗切當。
周易述義	清傅恆等撰、	一〇	內府刊本、各省翻本、	以本御纂周易衷折而推闡之，故名述義。大旨謂易因人事以立象，故不涉虛渺之說與術數之學。

讀易大旨	清孫奇逢撰、	五	原刊本、全集本、	是書爲奇逢讀易有得撮其體要以示門人，非逐句作解，故曰大旨。其大意在發明義理切近人事，以象像通一卦之旨，由一卦通六十四卦之義。
周易稗疏	清王夫之撰、	四	船山遺書本（一道光二十二年湘潭王氏刊、一同治四年湘鄉曾氏刊）昭代叢書本、抄本、續經解本、	大旨不信焦京，亦不信陳邵，亦不取王弼之清言，惟引據訓詁，考求古義。
易酌	清刁包撰、	一四	雍正中刁承祖刊本與潛室劄記合刻於江西、道光重刊本、	大旨以程子傳朱子本義爲主，間亦兼言象數。
田間易學	清錢澄之撰、	一二	黃登賢家藏本、桐城刊本、	大旨詳於數學，兼求義理。

易學象數論	清黃宗羲撰、	六	西麓堂刊本、路有抄本、廣雅局刊本、	大旨謂聖人以象示人，有八卦之象，六爻之象，象形之象，爻位之象，反對之象，方位之象，互體之象，七者備而象窮矣。
周易象詞	清黃宗炎撰、	二一	昭代叢書本、四庫著錄係寫本、許氏有圖學辨惑一卷抄本、	是書力闢陳摶之學。其解釋爻象，一以義理爲主。
周易筮述	清王宏撰、	八	乾隆癸丑滋德堂刊本、抄本、	以朱子謂易本卜筮之書，故作此編以述其義。大旨悉推本於經義。
仲氏易	清毛奇齡撰、	三〇	西河全集本、阮刻經解本、	是書述其兄錫齡之遺說，故以仲氏爲名。大旨謂易兼五義：一曰變易，一曰交易，一曰反易，一曰對易，一曰移易。
推易始末	清毛奇齡撰、	四	西河全集本、龍威祕書本、	其名推易，蓋本繫辭剛柔相推之文，即仲氏易所謂移易也。

書名	撰者	卷數	版本	提要
春秋占筮書	清毛奇齡撰、	三	西河全集本、龍威祕書本、	摭春秋傳所載占筮以明古人之易學。
易小帖	清毛奇齡撰、	五	西河全集本、	大旨徵引前人之訓詁，以糾近代說易之失；於王弼陳摶二派攻擊尤力。
喬氏易俟	清喬萊撰、	一八	道光辛丑戴絲刊本、	是書雜采宋元後諸家易說，而參以己意。其解經多推求人事，證以史文。
讀易日鈔	清張烈撰、	六		是書以朱子本義爲宗，謂易者象也，言有盡，象無窮。大旨在因象設事，就事陳理。
周易通論	清李光地撰、	四	榕村全書本、	是書總論易理，各自爲篇。一卷二卷發明上下經大旨。三卷四卷發明繫辭說卦序卦雜卦之義。

周易觀象	清李光地撰、	一二	榕村全書本、貴州刊本、嘉慶九年梅映壁刊本、無圈點、文有周易觀彖大指一卷、每卦爲一論、	是書取繫辭觀其彖辭則思過半之義，實詮全經，非止解彖辭。大旨雖與程朱二家頗有出入，而理足相明。
周易淺述	清陳夢雷撰、	八	內府藏本、	大旨以朱子本義爲主，而參以王弼注孔穎達疏蘇軾傳來知德注。所解以朋象爲注，持論多切於入事。
易源就正	清包儀撰、	一二		是書自序謂皇極經世爲易之本旨，書中雖兼講先天，而實則發明易理者爲多。
大易通解	清魏荔彤撰、	一五		是書論畫卦謂河圖洛書祇可云其理相通，謂先天圖非生卦之次序，論爻謂當兼變爻，謂泰否損益四卦爲上下經之樞紐。
易經衷論	清張英撰、	二	張文端全集本、	是書所釋惟六十四卦，每卦爲論一篇。立說主於顯易，大旨以朱子本義爲宗。

易圖明辨	清胡渭撰、	一〇	耆學齋刊本、守山閣本、粵雅堂本、續經解本、	是書專爲辨定圖書而作。其引據經典亦元元本本。
合訂删補大易集義粹言	清納喇性德撰、	八〇	通志堂本、	是書取宋陳友文大易集義方聞一大易粹言删除重複合爲一篇，其中理數兼陳，不主一說。
周易傳註 附周易筮考	清李塨撰、	七 一	繡石亭有抄本、道光刊本、	每卦以人事立言，以觀象爲主，間亦兼用互體。
周易劄記	清楊名時撰、	二	楊氏全書三卷本、	氏詮解經傳，純以義理爲宗，不涉象數。
周易傳義合訂	清朱軾撰、	一二	朱高安全書本、鄂氏刊本、乾隆刊本、	是編因程子易傳朱子易本義互有異同，爲參校以歸一，使不涉兩歧而附以諸儒之論，其有實勝傳易者，亦舍傳義以從之，軾所見亦各附於後。

周易玩詞集解	清查慎行撰	一〇	昭代叢書己集刊本	是編於河圖說卦變說天根月窟考八卦相錯說辟卦說中爻互體說廣八卦說。辨證俱有根據，詮釋經文亦純正簡明。
易說	清惠士奇撰	六	璜川吳氏刊本、阮刊經解本	是書雜釋卦爻專宗漢學，大旨以象爲主，而訓詁尤所加意。
周易函書約存	清胡煦撰	一八	乾隆癸巳胡氏刊本	此書乃其子季堂以其論易之語分爲原圖原卦原爻原占者編爲約存；以其依經釋義者編爲約註；而以篝燈約旨易解辨異易學須知編爲別集。其持論酌於漢學宋學之間，與朱子頗有異同。
周易函書約注		一八		
周易函書別集		一六		
易箋	清陳法撰	八	京師刊本、敬和堂刊本	大旨以易爲專言人事，故彖爻之辭未嘗言天地雷風諸象亦並不言陰陽。

楚蒙山房易經解	清晏斯盛撰、	一六	原刊本、	是書言象數而不爲方技術數之曲說；言義理而不爲理氣心性之空談。
周易孔義集說	清沈起元撰、	二〇	學易堂刊本、	是書大旨以十翼爲孔子所手著，又未經秦火，其書獨完；故學易者當以孔傳爲主。
易翼述信	清王又樸撰、	一二	詩禮堂刊本、	是書大旨專以彖象文言諸傳解釋經義，自謂篤信十翼述之爲書，故名曰易翼述信。
周易淺釋	清潘思榘撰、	四	有刊本、抄本、	是書皆即卦變之法以求象，而即象以明理。
周易洗心	清任啟運撰、	九	釣臺全書本、閣抄本、	大旨謂讀易者當先觀圖象，其說多發明圖學。
豐川易說	清王心敬撰、	一〇	原刊本、	是書謂陰陽消長不過借作影子，乃取諸人事闡發易理。

周易述	清惠棟撰、	二三	乾隆庚辰雅雨堂刊本、阮刻經解本、	是書主發揮漢儒之學，以荀爽虞翻爲主，而參以鄭元宋咸干寶諸家之說，融會其義，自爲注而自疏之。
易漢學	清惠棟撰、	八	畢氏經訓堂叢書本、昭代叢書壬集刊本、又坊刊本、	是書考漢易宗派源流，發明漢易之理，以辨正河圖洛書先天太極之學。
易例	清惠棟撰、	二	貸園叢書本、指海本、阮刻經解本、	是書皆考究漢儒之傳，以發明易之本例。所採摭多老師宿儒之微旨。
易象大意存解	清任陳晉撰、	一	程晉芳家藏本、	是編不載經文，惟折衷諸家之說以明易象之大意，故以爲名。
大易擇言	清程廷祚撰、	三六		大旨力排象數，以義理爲宗。

周易辨畫	清連斗山撰、	四〇	刊本、路有抄本、	大旨謂一卦之義在於爻，爻畫有剛有柔。因剛柔之畫而立之象，即因剛柔之畫而繫以辭，其道先在於辨畫，故以爲名。
周易圖書質疑	清趙繼序撰、	二四		是書以象數言易，而不主先天河洛之說，其詁經多從卦變起象，而兼取漢宋之說。
周易章句證異	清翟均廉撰、	一一	路有抄本、	是書取周易古今諸本同異之處互相考證，間附以己意，所宣均有依據。
乾坤鑿度		二	阮氏刊本、古經解彙函本、聚珍本、藝海珠塵本、七緯本、明楊之森本、天一閣刊本、錢曾有宋刊本、閩刊本、	是書爲易緯八種之一，分上下二篇：上篇四門四正取象取物以至卦爻蓍策之數；下篇論坤有十性，而推及於蕩配凌配。

周易乾鑿度	舊本標鄭康成註、	二	雅雨堂刊本、聚珍本、七緯本、天一閣本亦佳、阮氏刊本、盧氏刊本、閩刊本、古經解彙函本、	是書爲易緯八種之二。其太乙行九宮法，即後世洛書所從出。
易緯稽覽圖		二	藝海珠塵本、聚珍本、七緯本、阮刊本、抄校本古經解彙函本、三單本、閩刊本、	是書爲易緯八種之三。首言卦氣取中孚，而以坎離震兌爲四正卦，又以自坤至復十二卦爲消息，餘雜卦主公卿侯大夫候風雨寒温以爲徵應。
易緯辨終備		一	聚珍本、七緯本、阮刊本、古經解彙函本、閩刊本、	是書爲易緯八種之四。一作辨中備，傳寫異文也。其文頗近是類謀，而史記正義所引辨中備孔子與子貢言世運之說，與此反不類，或其書早佚，而後人雜取他緯以成之者。
易緯通卦驗		二	聚珍本、七緯本、阮刊本、古經解彙函本、閩刊本、	是書爲易緯八種之五。大旨爲卦氣發，分上下二卷：上卷言稽應之理，下卷言卦氣之徵驗。

易緯乾元序制記		一	聚珍本、七緯本、阮刊本、古經解彙函本、閩刊本、	是書爲易緯八種之六。其文與諸書所引是類謀坤靈圖稽覽圖之文相同。
易緯是類謀		一	藝海珠塵本、聚珍本，七緯本、古經解彙函本、閩刊本、	是書爲易緯八種之七。書中多言機祥推驗，並及於姓輔名號。
易緯坤靈圖		一	聚珍本、七緯本、阮刊本、古經解彙函本、閩刊本、	是書爲易緯八種之八。今僅存論乾无妄大畜卦辭及史注所引日月連璧數語而已。

書名	著者	卷數	版本	本書旨
尚書正義	漢孔安國傳、唐孔穎達疏、	二〇	閩刊本、北監本、汲古閣本、殿本、江西本、元刊本、單孔傳武英殿仿宋岳氏本日本丁未年新刊影宋本、葛本、陳仲魚有婺刻重言重意巾箱本、陸有明刊九行本又有明覆宋八行大字本、又有宋刊十行本、張氏擇是居仿宋八行本、	安國傳雖梅賾所依託，然於訓詁皆有所受。朱子語錄謂：穎達五經疏周禮最好，易書爲下，然名物典制終賴之以有考。
洪範口義	宋胡瑗撰、	二	閣抄本、張刊墨海金壺本、	是書發明天人合一之旨、不務新奇。其要皆歸於建中出治，定皇極爲九疇之本。
東坡書傳	宋蘇軾撰、	一三	閔刊硃墨本、學津討原本、兩蘇經解本、萬歷刊二十卷本、順治刊二十卷本、	軾究心經世之學，明於事勢，又長於議論，故此書於治亂興亡，披抉明暢。

尚書全解	宋林之奇撰、	四〇	通志堂本、闕第三十四卷多方篇、別下齋單刻多方篇入叢書、	是書頗多異說，如以陽鳥爲地名，三俊爲常伯常任準人，皆未嘗依傍前人；至其辨析異同，貫串史事，實卓然成一家言。
鄭敷文書說	宋鄭伯熊撰、	一	藝海珠塵本、函海本、經苑本、	是書凡二十九條，每條各標題其目，於經世立教之義，頗多闡發。
禹貢指南	宋毛晃撰、	四	聚珍本、閩覆本、杭縮本、	是書參考爾雅周禮漢志水經注九域志諸書，而旁引他說，以證古今山水之原委，頗爲簡明。
禹貢論	宋程大昌撰、	五	通志堂本、指海本有圖二卷、抄地理圖本、	前論於江水河水淮水漢水濟水弱水黑水皆糾舊傳之失；後論則專論河水汴水之患。其地理圖三十有一，原本久佚。四庫館從永樂大典中錄出二十八圖。
後論		一		
山川地理圖		二		

尚書講義	宋史浩撰、	二〇	路有抄本、	是書順文演繹，頗近經幄講章之體，大旨以註疏爲主，融會諸說以佐之。
尚書詳解	宋夏僎撰、	二六	聚珍本、閩覆本、昭文張氏有舊抄本、十六卷、宋淳熙間麻沙劉氏書坊本、	是書纂輯註疏及宋儒之說，而取於林之奇者特多。
禹貢說斷	宋傅寅撰、	四	聚珍本、閩覆本、墨海金壺本、守山閣本、經苑本、義烏陳坡刊本、金華叢書本、通志堂刊集解二卷本、近刊本、	是書博引衆說，斷以己意，具有特解。
書說	宋呂祖謙撰、其門人時瀾增修、	三五	通志堂本、金華叢書本、天祿後目有宋刻巾箱本、	是書原著始洛誥，終秦誓，其召誥以前，堯典以後，則門人雜記之語錄。
尚書說	宋黃度撰、	七	明呂光洵與唐順之校本、昭文張氏有舊抄本、通志堂本、黃氏家塾刻本、	是書立論專以孔傳爲主，先儒舊義，往往而存。

五誥解	宋楊簡撰、	四	墨海金壺本、	是書推本於心學，喜穿鑿字義；又能兼綜羣言，不專主一家之說。
絜齋家塾書鈔	宋袁燮撰、	一二	路有抄本、四庫本從永樂大典本中錄出、	燮之學出陸九淵，是編大旨在於發明本心，引申師說；而於帝王治蹟，尤能標舉其要領。
書集傳	宋蔡沈撰、	六	正統十二年刊五經四書本、明嘉靖丙辰刊本、明建寧太守楊一鶚刊本、明熊振宇刊本、明萬歷陳奇泉刊本、陽湖孫氏有元坊刻本、陳仲魚有宋刊本、蔣寅方新得元刊本與舊藏本不同、山淵堂刊本、公善堂刊本、左氏刊本、袖珍刊本、吳勉學刊本、書業堂刊本、怡府刊本、嘉靖癸未贛州府刊集注十卷巾箱本、	是書疏證明通，且淵源有自，元時與古注疏並立學官，而人置注疏肄此書；清時與夏僎解並立學官，而人亦置僎解肄此書，固有由矣。

尚書精義	宋黃倫撰、	五〇	經苑本、余氏萬春堂刊本、劉定裕刊本、	是書薈萃諸說，不加論斷，間有異同亦兩存之，其所徵引自漢迄宋，亦極賅博；惟編次不以時代，每條皆首列張九成之說。
尚書詳解	宋陳經撰、	五〇	汪如藻家藏本、聚珍板本、閩刊本、	是書多取古注疏，間參以新意，往往發先儒所未發，實可與林之奇夏僎諸家相爲羽翼。
融堂書解	宋錢時撰、	二〇	聚珍板本、閩覆本、杭縮本、	是書闕伊訓梓材秦誓三篇，說命呂刑亦間有闕文。其大旨在尊崇書序及排斥錯簡之說。
洪範統一	宋趙善湘撰、	一	函海本、經苑本、藝海珠塵本、文瀾閣傳鈔本、	是書以皇極爲九疇之統，故名曰統一。大旨根據歐陽修五行志蘇洵洪範圖論遺意。
尚書要義 序說	宋魏了翁撰、	一七 一	浙江鄭大節家藏本、路有抄本、杭氏有抄本、蘇局刊二十卷本、	是書皆摘注疏中精要之語，標以目次，頗便循覽。

尚書集傳或問	宋陳大猷撰、	二	通志堂本、昭文張氏有舊抄本、	是書皆論集傳去取諸說之故，與朱子四書或問例同。
尚書詳解	宋胡士行撰、	一三	通志堂本、從天一抄本刊、	是書多以孔傳爲主，而列諸說於後，諸說有所未備，則以己意解之。
尚書表注	宋金履祥撰、	二	通志堂本、金仁山全書本、昭文張氏有宋刊本、金華叢書本、率祖堂叢書本、張氏適園有宋刊十行本、	是書大旨攟摭舊說，折衷己意，與蔡沈集傳頗有異同。
書纂言	元吳澄撰、	四	通志堂本、嘉靖中顧應祥刊本、	是編專注今文，尚有合於古義，非王柏等刪經者比也。
尚書集傳纂疏	元陳櫟撰、	六	通志堂本、昭文張氏有元泰定刊本、日本刊本、	是書以疏通蔡傳之意，故命曰疏；以採集諸家之說，故命曰纂。

讀書叢說	元許謙撰、	六	吳玉墀家藏本、學海類編本、許氏有抄本、昭文張氏有舊抄本、金華叢書本、	宋末元初，說經者多尙虛談，不復參考諸書，而謙獨博覈事實，多考典制，猶有先儒篤實之遺。
尙書輯錄纂註	元董鼎撰、	六	通志堂本、陸有元翠巖精舍刊本、元建安余氏勤有堂刊本多書序纂註一卷、	是書以蔡傳爲主，傳後繼以朱子語錄，謂之輯錄；朱子說後，乃附以諸家之說，謂之纂註。
尙書通攷	元黃鎭成撰、	一〇	通志堂本、昭文張氏有元刊殘本、	是書徵引舊說以考四代之名物典章，亦間附以論斷，頗爲詳賅。
書蔡傳旁通	元陳師凱撰、	六	通志堂本、昭文張氏有元至正乙酉四月余氏勤有堂刊本、	是編於名物度數蔡傳所引稱而未詳者，皆一一補註。其蔡傳歧誤之處，則不復糾正。
讀書管見	元王充耘撰、	二	通志堂本、許氏有抄本、拜經樓有千頃堂所藏舊抄本、後有梅跋語、	是編所說與蔡傳多所異同。

書義斷法	元陳悅道撰、	六	四庫依抄本、	是書首冠以科場備用四字，蓋爲應舉經義而作。其書不全載經文，僅摘錄其可以命題者載之；至其經義則以義理爲宗。
尙書纂傳	元王天與撰、	四六	通志堂本、元至大刊本、	是書大旨以朱子爲宗，而以眞德秀說爲輔，據兩家以去取註疏。
尙書句解	元朱祖義撰、	一三	通志堂本、天祿後目有元至正刊鄒氏音釋本、昭文張氏亦有元至正刊本、盱眙吳氏望三益齋新刊本、	大旨爲啟迪幼學而作，故多宗蔡義，不復攷證舊文；於訓詁名物之間亦罕所引據。
書傳會選	明劉三吾等撰、	六	明官刊本、明味經堂刊本、	是編爲刊定蔡傳之誤而作，所正凡六十六條，於字義字音字體辨之甚悉。

尚書大全	明胡廣等撰、	一〇	明官刊本、詩庾閣本、明刊五經大全本、	大旨本二陳，二陳者，一爲陳櫟尚書集傳纂疏，一爲陳師凱書蔡傳旁通。
尚書攷異	明梅鷟撰、	五	平津館叢書本、道光五年旌德朱琳刊本、	是書爲辨正古文尚書而作，立論具有根據。
尚書疑義	明馬明衡撰、	六	四庫係天一閣抄本、天一閣目四卷、	是編自序稱：凡於所明而無疑者從蔡氏，其有所疑於心而不敢苟從者輒錄爲篇。大旨廣求古義，兼採衆長。
尚書日記	明王樵撰、	一六	明刊尚書日記未定本有二、又有書帷別記刊本、樵晚年增删日記又以別記併入成此十六卷、萬歷乙未刊本、崇禎五年莊繼光重刊本、	大旨亦以蔡傳爲宗，蔡傳所未詳者，則採舊說以補之。

書名	撰人	卷數	版本	提要
尚書砭蔡編	明袁仁撰、	一	學海類編本題尚書蔡注考誤、明袁黄刊袁氏叢書本、瓶花齋寫本、	是編爲糾正蔡傳而作，大旨皆引據古義以相詰難。
尚書註考	明陳泰交撰、	一	海山仙館叢書本、四庫係瓶花齋抄本、姚若有抄本、	大旨皆考訂蔡沈書傳之譌。
尚書疏衍	明陳第撰、	四	四庫依開萬樓抄本、陳一齋全書刊本、路有抄本、	是書參取古今注疏，而以素得於深思者附著之。
洪範明義	明黄道周撰、	四	石齋九種本、翻刊本、	是書推說災祥，頗涉附會；配隸名目，更爲穿鑿。
日講書經解義	清庫勒納等編、	一三	康熙中內府刊本、	大旨在敷陳政典，闡發心源；而名物訓詁，不復瑣瑣求詳。
書經傳說彙纂	清王頊齡等撰、	二四	內府刊本、各省覆刊本、	是編以蔡傳居前，衆說列後。其義可兩通者，則別爲附錄。

書經稗疏	清王夫之撰、	四	昭代叢書本、船山遺書本、	是編詮釋名物多出新意，間有失之太鑿者。
古文尚書疏證	清閻若璩撰、	八	吳氏刊本、武億刊本、乾隆乙丑刊本、其板閒在杭州汪小米家、續經解本、	是書辨正古文尚書凡二百二十八條，一一皆推求實證。
古文尚書冤詞	清毛奇齡撰、	八	西河全書本、	氏攻駁儀禮而不平閻若璩之辨正古文尚書，作此以與之辨；大旨以孔傳爲僞，以古文爲眞。
尚書廣聽錄	清毛奇齡撰、	五	西河全書本、	大旨爲辨正三代事實而作。其曰廣聽者，用漢志書以廣聽語也。
尚書埤傳	清朱鶴齡撰、	一七	康熙中刊本、一本十五卷、附錄一卷、	是書前有考異一卷，辨經文同異，後有逸篇僞書及書說餘一卷，大旨以孔傳爲眞。

禹貢長箋	清朱鶴齡撰、	一二	有刊本、	是書專釋禹貢一篇。自禹貢全圖以及導山導水，皆依次詮解，多引古說而以己意折衷之。
禹貢錐指	清胡渭撰、	二〇	康熙中漱六軒刊本、阮刻經解本、	書首爲圖四十有七，皆開方界畫，條理分明。其禹河初徙再徙圖，漢唐宋元明河圖，尤考證精密。
洪範正論	清胡渭撰、	五	康熙中刊本、	大旨以禹之治水本於九疇，洪範爲體，禹貢爲用。
尚書七篇解義	清李光地撰、	一	榕村全書本、	是書僅解二典三謨禹貢洪範七篇，不以訓詁爲長。
書經衷論	清張英撰、	四	張文端全集本、	此書不全載經文，但各篇各立標題，逐條繫說，如其說易之例，凡三百一十四條，每條多採錄舊文，參以新義。

尙書地理今釋	清蔣廷錫撰、	一	借月山房彙抄本、澤古堂叢抄本、阮刻經解本、指海本、昭代叢書本、	是書辨證地理，皆卽今考古，足訂正舊說之譌，釋後儒之惑。
禹貢會箋	清徐文靖撰、	一二	位山六種本、乾隆十八年趙氏刊本、同治刊本、	是書首列禹貢山水，次爲圖說十八各係以說。書中皆先引蔡傳而續爲之箋，博據諸書，而斷以己意。
尙書大傳 補遺	舊本題漢伏勝撰、	四 一	魏漢遺書本、盧抱經校補本、樊氏刊本、雅雨堂刊本、嘉慶庚申刊本、又附盧文弨考異一卷、孫晴川叢書本三卷不全、陳壽祺重校補本五卷、愛日草堂本古經解彙函本、崇文局本、	尙書大傳諸史志皆著錄尙書家，然其文或說尙書或不說尙書，大抵如詩外傳春秋繁露，與經義在離合之間。
書義衿式	元王充耘撰、	六	近年廣東仿元刊本、四庫著錄係天一閣抄本、	此書乃科舉程文，而大要有冒題原題講題結題以爲標準。

書名	著者	卷數	版本	本書旨
詩序	著者爲誰、衆說不一、	二	學津討原本、汲古閣本、經餘必讀本、蔣氏刊本、唐宋叢書本、	序首二語爲毛萇以前經師所傳，以下續申之詞爲毛萇以下弟子所附。
毛詩正義	漢毛亨傳、鄭玄箋、唐孔穎達疏、	四〇	閩本、監本、殿本、江西本、天祿後目有宋刊活字本毛詩白文四卷單傳箋武英殿仿岳氏本、明有程應衢刊本、蘇州周孝垓刊本、阮氏校勘記所據有宋光宗時所刻小字傳箋本、汲古閣本、同文局本、錫州刊三十卷本，	是書大致以劉焯毛詩義疏劉炫毛詩述義爲稾本。
毛詩草木鳥獸蟲魚疏	吳陸璣撰、	二	說郛本、漢魏叢書本、祕笈本、鹽邑志林本、續百川學海本、唐宋叢書本、丁杰校刊本、趙佑校刊本、佳、焦氏叢書本、古經解彙函本、	蟲魚草木今昔異名，璣去古未遠，於詩人所咏諸物，尚能得其梗概。

毛詩陸疏廣要	明毛晉撰、	二	學津討原本、津逮祕書本、	是編因陸璣之書爲之註釋，足資參證。
毛詩指說	唐成伯璵撰、	一	通志堂本、藝圃搜奇本、	是書凡分四篇：一曰興述，二曰解說，三曰傳受，四曰文體，皆述詩之源流體格。
毛詩本義	宋歐陽修撰、	一六	通志堂本、昭文張氏有明刊本、陸有明刊本、	自唐以來，說詩者莫敢議毛鄭，至宋而新義日增，舊說幾廢，推所始實發于修。
詩集傳	宋蘇轍撰、	二〇	兩蘇經解本、許氏有抄本十九卷、明刊十九卷本、	是書以詩之小序反復繁重，類非一人之詞，因惟存其發端一言，而以下餘文悉從刪汰。自序謂：獨採其可者見於今傳，其尤不可者皆明註其得失。
毛詩名物解	宋蔡卞撰、	二〇	通志堂本、	大旨以字說爲宗，所解毛詩名物凡十一類，亦足資參攷。

毛詩集解	不著編錄者名氏、	四二	通志堂本題宋李樗黃櫄、	是書集宋李樗黃櫄兩家詩解共爲一編，而附以李泳所訂呂祖謙釋音。
詩補傳	宋范處義撰、	三〇	通志堂本不著撰人、	大旨病諸儒說詩好廢序以就己說，故自序稱以序爲據而兼取諸家之長。
詩總聞	宋王質撰、	二〇	經苑本、四庫著錄係周亮工家鈔本聚珍本、閩覆本、宋淳熙癸卯吳興陳日強刊本、	是書取詩三百篇，每篇說其大義，復有聞音聞訓聞章聞句聞字聞物聞用聞跡聞事聞人凡十門，又有聞風聞雅聞頌三篇冠於卷首。
詩集傳	宋朱子撰、	八	通行本、天祿後目有宋刊本、吳氏拜經樓有不全宋本、司禮監刊本、又有明正統內府本、左氏刊本、袖珍刊本、明吳勉學刊本、	是書初稿亦用小序，嗣因與呂祖謙相爭，遂改從鄭樵廢小序。自是以後，說詩者分攻序宗序兩家。

慈湖詩傳	宋楊簡撰、	二〇	路有鈔本、長洲文氏有宋刊本、頁二十行行二十五字、	大要歸本於孔子無邪之旨。並謂小序出自衛宏，不足深信。
呂氏家塾讀詩記	宋呂祖謙撰、	三二	天祿後目有宋刊巾箱本、許氏有明仿宋本、昭文張氏有刊本、墨海金壺本、經苑本、蔣寅昉有十四行十九字本、嘉靖四年陸釴刊本、萬曆癸丑陳氏刊本、嘉慶中聽彝堂刊本、金華叢書本、	是書以小序爲主，而兼採諸家。
續呂氏家塾讀詩記	宋戴溪撰、	三	聚珍本、閩覆本、經苑本、墨海金壺本、許氏有盧抱經校本、錢氏小萬卷樓本、	溪以呂氏家塾讀詩記取毛傳爲宗，折衷衆說，於名物訓詁最爲詳悉，而篇內微旨詞外寄托，或有未貫，乃作此書以補之，故以續記爲名。
絜齋毛詩經筵講義	宋袁燮撰、	四	聚珍本、閩覆本、蘇杭縮本、	是編議論和平，深得風人本旨，其中式微揚之水黍離諸篇，於振興恢復之事，尤三致意。

毛詩講義	宋林岊撰、	一二	路有抄本、	是編皆其講論毛詩之語。大旨取裁於毛鄭。
詩童子問	宋輔廣撰、	一〇	吳玉墀家藏本、路小洲有元刊本、汲古閣刻童子問十卷、末附詩叶韻考異一卷、學海類編單刻本、	是書大旨主於羽翼詩集傳以述平日聞於朱子之說，故曰童子問。
段氏毛詩集解	宋段昌武撰、	二五	宋有淳佑八年刊本、昭文張氏有千頃堂舊鈔本、四庫箸錄係孫承澤家鈔本、	是書大致似呂祖謙讀詩記，而詞義較爲淺顯。
詩緝	宋嚴粲撰、	三六	明趙府居敬堂刊本、味經堂刊本、嘉慶刊本、近年刊本甚劣、錯誤極多、	是書以呂祖謙讀詩記爲主，而雜采諸說以發明之，舊說有未妥者，則斷以己意。
詩傳遺說	宋朱鑑編、	六	通志堂本、	是編因重槧朱子集傳而取文集語錄所載論詩之語足與集傳相發明者，彙而編之，故曰遺說。

詩考	宋王應麟撰、	一	明修本、今刊本、津逮本、學津本、玉海後附元刊本、昭文張氏有元刊本、許氏有盧抱經補鈔本、陸氏有元泰定單刊六卷本、又有元刊元印本一卷、	是編乃考齊魯韓三家之詩說，並採掇諸書所引以存梗概。
詩地理考	宋王應麟撰、	六	玉海附元刊本、明修本、今刊本、津逮本、學津本、陸有元刊本、	是書全錄鄭氏詩譜，又旁採爾雅說文地志水經以及先儒之言凡有涉於詩中地名者，薈萃成編。
詩集傳名物鈔	元許謙撰、	八	通志堂本附詩譜、金華叢書本、	是書多採陸氏釋文孔氏正義，而所攷名物音訓亦有根據。
詩傳通釋	元劉瑾撰、	二〇	路小洲有元刊本、翟氏有昭文張氏所藏元至正刊本、拜經樓有舊鈔本、曾藏秋岳曹氏、陸有元至正刊本、日本刊本、	大旨在發明朱子詩集傳，與輔廣詩童子問相同。

詩傳旁通	元梁益撰、	一五	昭文張氏有抄本、	是書仿孔賈諸疏證明注文之例，凡集傳所引故事，一一引據出典辨析源委因杜文瑛先有語孟旁通，體例相似，故亦以旁通爲名。
詩經疏義	元朱公遷撰、	二〇	克勤堂余氏刊本、明安定書院本、正統甲子刊本、題詩傳會通嘉靖二年安正堂重刊本、	是書亦爲發明集傳而作，如注有疏，故曰疏義。
詩疑問	元朱倬撰、	七	通志堂本、	是書略舉詩篇大旨發問，而各以所答註於下，亦有闕而不註者。
詩纘緒	元劉玉汝撰、	一八	路有抄本、	是書大旨專以發明朱子詩集傳，故曰纘緒。體例與輔廣詩童子問相近。
詩演義	元梁寅撰、	一五	天一閣藏本、路有抄本、	是書推演朱子詩傳之義，故以演義爲名。

詩解頤	明朱善撰、	四	通志堂本、明有兩刊本、	是書不載經文，但以詩之篇題標目。大旨推演朱子集傳爲說，亦有缺而不說者。
詩經大全	明胡廣等撰、	二〇	明殿刊本、通行本、明刊五經大全本、高麗刊本、	是書大旨根據劉瑾所著詩傳通釋而稍損益之。
詩說解頤	明季本撰、	四〇	明刊本、抄本、	是書凡總論二卷，正釋三十卷，字義八卷，大致多出新意，不襲前人。
讀詩私記	明李先芳撰、	二	有刊本、	是書大旨以毛鄭爲宗，兼採取呂氏讀詩記嚴氏詩緝諸書。
詩故	明朱謀㙔撰、	一〇	抄本、有刊本、謀㙔著述合名天寶藏書刊本、	是書以小序首句爲主。其曰故者，蓋取漢儒魯故韓故毛詩故訓傳之義。故其說詩亦多以漢學爲宗，與朱子集傳多所異同。
六家詩名物疏	明馮應京撰、	五四	萬曆乙巳刊本、	是書因宋蔡卞詩名物疏而廣之，引證頗爲賅博。所謂六家者，齊魯毛韓及鄭箋朱傳也。

詩經疑問	明姚舜牧撰、	一二	明刊本、	是編釋詩兼用毛傳朱傳及嚴粲詩緝，時亦自出新論。
詩經世本古義	明何楷撰、	二八	明末刊本、嘉慶己卯謝氏刊本、閩新刊本、	是書專主孟子知人論世之旨，依時代爲次，故名曰世本古義。
待軒詩記	明張次仲撰、	八	有刊本、或作十卷、	大旨以小序首句爲據，而參取朱傳及諸家之說以會通之。
讀詩略記	明朱朝瑛撰、	六	四庫著錄係抄本、海昌朱海曙曰、共有七經略記、三禮最佳、惜四庫僅收詩春秋二種、	是書亦以小序首句爲據，而訓釋則多從詩集傳。大旨與待軒詩記相近。
詩經傳說彙纂	清王鴻緒等撰、	二〇	內府刊本、各省覆本、浙局刊本、	是書於小序集傳，頗能斟酌持平。
詩義折中	清傅恆等撰、	二〇	內府刊本、各省覆本、浙局刊本、	是書分章多準康成，徵事率從小序，而宋儒微論亦不廢參考。

田間詩學	清錢澄之撰、	一二	桐城刊本、	是書大旨以小序首句爲主。所採諸儒論說，自注疏集傳以外凡二程何楷等二十家。
詩經稗疏	清王夫之撰、	四	船山遺書本、續經解本、抄本、	是書皆辨正名物訓詁以補傳箋諸說之遺。
詩經通義	清朱鶴齡撰、	一二	康熙乙巳刊本、	是書專主小序，而力駁廢序之非。所採諸家：於漢用毛鄭，唐用孔穎達，宋用歐陽修蘇轍呂祖謙嚴粲，清用陳啟源顧炎武。
毛詩稽古編	清陳啟源撰、	三〇	嘉慶十八年龐氏刊本、阮刻經解本、	此編訓詁準諸爾雅，篇義準諸小序，詮釋則準諸毛傳，佐以鄭箋，名物則多以陸璣疏爲主。題曰毛詩明所宗也，曰稽古編明爲唐以前專門之學也。
詩所	清李光地撰、	八	榕村全書本、雍正丁未刊本、	是編大旨不主於訓詁名物，而主於推求詩意。

毛詩寫官記	清毛奇齡撰、	四	西河合集本、	是書皆自記其說詩之語，凡一百八十八條。取漢書藝文志武帝置寫書之官語爲名。
詩札	清毛奇齡撰、	二	西河合集本、	氏既作寫官記，復托與寫官以札問訊，而寫官答之之辭以成此書，凡八十四條。
詩傳詩說駁議	清毛奇齡撰、	五	西河合集本、	明豐坊僞撰子貢詩傳申培詩說二書，奇齡因其託名於古，乃引證諸書以糾之。
續詩傳鳥名	清毛奇齡撰、	三	西河合集本、龍威祕書本、續經解本、	是書大旨在續毛傳而糾朱傳，每條皆先列集傳之文於前，而一一辨其得失。
詩識名解	清姚炳撰、	一五	刊本、嘉慶丁卯校修本、	是編以鳥獸草木分列四門，故以多識爲名。大致與蔡卞諸家相近。
詩傳名物集覽	清陳大章撰、	一二	康熙中刊本、湖北叢書本、	是書體近類書，每條首錄集傳，大意以紫陽爲主。

詩說	清惠周惕撰、	三	嘉慶十七年金氏刊本、阮氏經解本、指海本、昭代叢書本、王辟岐抄本、經學叢書本、澤古齋本、	是編於毛傳朱傳無所偏主，惟自以己意攷證。其大旨謂大小雅以音別，不以政別。
詩經劄記	清楊名時撰、	一	楊氏全書本、抄本、	是編乃其讀詩所記，大抵以其師李光地詩所爲宗，而參酌於小序朱傳之間。
讀詩質疑	清嚴虞惇撰、	三一	乾隆中刊本有沈淑補輯經文考異百三十餘條附刊卷首、	大旨以小序爲宗，而參以朱子詩集傳。
毛詩類釋	清顧棟高撰、	二一	路有抄本、	是編分二十一門，多採用舊說。大旨爲名物而作。
詩疑辨證	清黃中松撰、	六	路有抄本、	是書主於考訂名物，折衷諸說之是非，故以辨證爲名。

三家詩拾遺	清范家相撰、	一〇	嘉慶中葉鈞重訂本、守山閣本、古趣亭刊本、	是編因王應麟之書重加裒益而少變其體例。首爲古文考異，次爲古逸詩，次以三百篇爲綱，而三家佚傳一一併見。
詩瀋	清范家相撰、	二〇	嘉慶中與三家詩拾遺合刊本、路有鈔本、古趣亭刊本、	是書大旨斟酌於小序朱傳之間而斷以己意。
詩序補義	清姜炳璋撰、	二四	乾隆二十七年孫人寬刊本作廣義、	是書以詩序首句爲據，如蘇轍之例，但轍刪其以下之語，炳璋則存其原文，間一字書之，而一一訂其疎舛。
虞東學詩	清顧鎮撰、	一二	乾隆中誦芬堂刊本、	是書大旨以講學諸家尊集傳而抑小序，博古諸家又申小序而疑集傳，故作是編調停兩家之說以解其紛。

韓詩外傳

漢韓嬰撰、

一〇

漢魏叢書本、津逮本、學津本、元至正錢惟善刊本、沈辨之野竹齋刊本、明通津草堂本、嘉靖吳人蘇獻可刊本、嘉靖初金臺汪諒刊本、嘉靖己亥歷下薛來刊本、明新都唐琳刊本、陸有明芙蓉泉屋刊本、望三益齋刻周趙合校本、日本刊本、古經解彙函本、

是書雜引古事古語，證以詩詞，與經義不相比附，故曰外傳。所述多與周秦諸子相出入。

書名	著者	卷數	版本	書旨
周禮註疏	漢鄭玄註、唐賈公彥疏、	四二	閩、監、毛、殿、江西、五本、開人詮本、同文局本、	玄於三禮之學本爲專門，故朱子語錄稱：五經疏中周禮疏最好。
周禮新義附考工記解	宋王安石撰、	一六 二	明萬曆刊本、墨海金壺本、河南經苑本、粵雅堂本、	是書惟訓詁多用字說，頗嫌牽合。其餘依經詮義，則具有發明。
周禮詳解	宋王昭禹撰、	四〇	路有宋刊本、振綺堂有抄本、孫氏經微室有鈔本、	是書多引用王安石字說。其闡發經義，頗有註疏所未及者。
周禮復古編	宋俞廷椿撰、	一	明刊本、附元陳友仁周禮集說後、淡生堂餘苑本、	復古之說始於庭椿，厥後邱葵吳澄皆襲其說，談周禮者遂有冬官不亡之一派。
禮經會元	宋葉時撰、	四	通志堂本、藤花榭刻本、汪氏叢書本、乾隆五年刊本、近年賀長齡刊本、陸有元刊本、經學五種本、	是編括周禮以立論，大旨不失醇正，惟必欲復封建井田肉刑之類，頗爲迂闊。

大平經國之書	宋鄭伯謙撰、	一一	通志堂本、學津本、汪氏叢書本、明嘉靖中山西布政司刊本、藤花榭刊本、經學五種本、	是書多發揮周禮之義。其曰太平經國書者，取劉歆周公致太平之迹語也。
周官總義	宋易祓撰、	三〇	路有抄本、乾隆刊十八卷本、	是編大旨多以經證經，與舊說頗有異同。
周禮訂義	宋王與之撰、	八〇	通志堂本、	是書所採舊說凡五十一家，大旨以當代諸儒爲主，古義特附存而已。故言義理者多，考典制者少也。
鬳齋考工記解	宋林希逸撰、	二	通志堂本、	諸工之事，非圖不顯。希逸以三禮圖之有關於記者，采摭附入，亦頗便於省覽。
周禮句解	宋朱申撰、	一二	永樂中刊本、正統刊本、	是編逐句詮釋，大旨根據注疏，義取簡約。

周禮集說	宋陳友仁增修、	一一	明初刊本、成化刊本、汪如藻藏本、閣本缺第十一卷、張金吾從成化本補錄、	是書所引注疏及諸儒之說，均能擷其精華。而於王安石新經義采摘尤多。
周官集傳	元毛應龍撰、	一六	路有抄本、	是編於諸家訓釋引據頗博，而於鄭鍔之解義徐氏之音辨及歐陽謙之之說所采尤多。其出自己意者，則題應龍曰以別之。
圖說 周禮傳 翼傳	明王應電撰、	二 一〇 二	明刊本、	此三書雖各爲卷帙，實相輔而行。核其大致周禮傳近於割裂序官圖說亦不甚精核。至於翼傳則強半皆經外之餘文。
周禮全經釋原	明柯尙遷撰、	一四	明隆慶四年刊本、	是書自天官至冬官凡十二卷，附以周禮通論一卷周禮通今續論一卷，書中題曰釋者，皆採輯古註；題曰原者，尙遷之自爲說也。

周禮註疏刪翼	明王志長撰、	三〇	崇禎己卯刊本、	是書於鄭注賈疏多刊削其繁文，故謂之刪；又雜引諸家之說以發明其義，故謂之翼。周禮一書得鄭註而訓詁明，得賈疏而名物制度考究大備。
周官義疏	乾隆撰、	四八	內府刊本、浙局刊本、	是書博徵約取，持論至平。於考工記注奧澀不可解者，不強爲之詞，尤合闕疑之義。
周禮述註	清李光坡撰、	二四	原刊本、	是編取註疏之文，刪繁舉要，以溯訓詁之源；又旁采諸家參以己意，以闡制作之義。
周禮訓纂	清李鍾倫撰、	二一	乾隆中刊本、	是編惟註五官，體例與光坡述註相類。
周官集註	清方苞撰、	一二	望溪全書本、	是編集諸家之說，詮釋周禮，謂其書皆六官程式，非記禮之文。

禮說	清惠士奇撰、	一四	紅豆齋原刊本、阮氏經解本、嘉慶丁巳上海彭氏校刊本、	是經不載周禮經文，惟標其有所考證辨駁者。依經文次序編之。於古音古字多所分別；疏通於周制及鄭註所云漢制，皆旁引經史，考求源委。
周官祿田考	清沈彤撰、	三	果堂集刊本、阮氏經解本、	是編因歐陽修有周禮官多田少祿且不給之疑，後人多從其說，故詳究周制以與之辨。
周禮疑義舉要	清永江撰、	七	阮刻經解本、敷文閣叢書本、守山閣本、乾隆辛亥許作屏刊本、	是書融會鄭註，參以新說。於經義多所闡發。其解考工記二卷，尤爲精核。
儀禮註疏	漢鄭元註、唐賈公彥疏、	一七	閩監毛殿江西五本、閩人詮刊於常州本、嘉靖中徐氏仿宋刊單注本、又鍾人傑重刊徐本、廣東刊本、汪士鍾仿宋單疏刊本、黃丕烈仿宋嚴州本、	三禮以鄭氏爲宗，儀禮尤以鄭氏爲絕學，鄭註古奧，得賈疏乃明。

儀禮識誤	宋張淳撰、	三	聚珍本、閩覆本、杭縮本、	是書株守釋文，舛謬誠所不免，然得是書而古經漢註之譌文脫句藉以考識，舊槧諸本之不傳於今者，亦藉以得見崖略。
儀禮集釋	宋李如圭撰、	三〇	聚珍本、閩覆本、墨海金壺本、經苑本、許氏有盧抱經校連釋宮本、	是書出入經傳，其全載鄭註，皆用當時善本，尤可據以校今本之譌。
儀禮釋宮	宋李如圭撰、	一	聚珍本、閩覆本、墨海金壺本、守山閣本、經苑本、朱修伯曰曾見宋本朱子集所載略與此本同、	是書仿爾雅釋宮考論古人宮室之制。
儀禮圖	宋楊復撰、	一七	嘉靖中呂柟刊本、通志堂本、許目有宋刊本、明正德刊本、張目有宋十行本、又有元崇安余志安勤有堂刊本、吳槎客以元刊校通志堂本、通志本圖甚多謬誤、東湖叢記有宋刊本、陸有宋刊本、	是書以儀禮十七篇各詳其陳設之方位，爲圖二百有五；其旁通圖則分宮廟門、弁冕門、牲鼎禮器門三種，爲圖二十有五。
儀禮旁通圖		一		

儀禮要義	宋魏了翁撰、	五〇	吳興嚴氏藏有宋刊本、內府有宋刊本、振綺堂有影宋抄本、	是書每篇各爲條目，而節取注疏錄於下方，與周易要義略同。
儀禮逸經傳	元吳澄撰、	二	通志堂本、學津本、陸有元刊本、	儀禮本殘缺之書，是編採掇逸禮之見於他書者以補所遺，凡經八篇，傳十篇。
儀禮集說	元敖繼公撰、	一七	元板大字本、通志堂本、陸有元刊元印本、	是書於鄭註有所去取而無所攻擊，於鄭註字句隱奧者爬抉詮釋，較賈疏頗爲分明。
經禮補逸	元汪克寬撰、	九	洪武刊本、通志堂本、明宏治中程敏政校刊本、	是書大致鈔合三禮三傳諸經之文，以五禮統之，五禮又分子目一百八十四，每類皆聯屬書之。
儀禮義疏	乾隆撰、	四八	內府刊本、外省翻本、	是書大旨以敖繼公所說爲宗，而參核諸家以補正其舛漏。至於今文古文之異同，則全採鄭註；而分章段則多從朱子儀禮經傳通解。

監本正誤 儀禮鄭注句讀 石經正誤	清張爾岐撰、	一 一七 一	乾隆八年高氏刊本、和衷堂本、	是書全錄儀禮鄭註，摘錄賈疏而略以己意發明之。因其文古奧，難通，故並爲之句讀。所附監本正誤石經正誤，考訂亦詳。
儀禮商	清萬斯大撰、	二	經學五書本、	是書取儀禮十七篇，篇爲之說，頗有新義，而亦勇於信心。
儀禮述註	清李光坡撰、	一七	乾隆三十二年刊本、	是書取鄭註賈疏，總撮大義而節取其辭；亦間取諸家異同之說附於後。其義例與所作周禮述註同。
儀禮析疑	清方苞撰、	一七	望溪全書本、	是書大旨在舉儀禮之可疑者而詳辨之。其無可疑者並經文亦不錄。
儀禮章句	清吳廷華撰、	一七	乾隆丁丑刻本、嘉慶刊本、阮刻經解本、	是書以張爾岐儀禮鄭註句讀過於墨守，王文清儀禮分節句讀又箋疏大略，因參考舊說以補二家所未及，然大旨仍以註疏爲本。

補饗禮	清諸錦撰、	一	藝海珠塵本、昭代叢書本、	是書以儀禮十七篇中獨闕饗禮，吳澄所撰逸經獨於饗禮之文未有專篇，其佚文散見諸經傳者尚可考見，因綴以補其闕。
禮經本義	清蔡德晉撰、	一七	路有抄本、	是編前十六卷皆儀禮本經，第十七卷附吳澄逸經八篇，皆引宋元明以來諸家之說，與註疏互相參證。大旨皆不戾於古。
宮室考	清任啟運撰、	一三	任釣臺清芬樓六種本、續經解本、	是編於李如圭釋宮之外，別爲類次，分十三；目視如圭書爲加密。
肆獻祼饋食禮	清任啟撰、	三	清芬樓本、續經解本、	是編以儀禮特牲少牢饋食禮皆士禮，因據三禮及他傳記之有關於王禮者推之，不得於經則求諸註疏，凡祭統吉蠲朝踐正祭擇祭五編。其名則取周禮肆獻祼享先王饋食享先王也。

儀禮釋宮增註	清江永撰、	一	成都龍氏敷文閣彙鈔本、指海本、續經解本、	是編取朱子儀禮釋宮一篇爲之詳註，多所發明補正。
儀禮小疏	清沈彤撰、	一	果堂集本、阮刻經解本八卷、	是書取儀禮士冠禮士昏禮公食大夫禮喪服士喪禮五篇爲之疏箋，各數十條，每篇後又各爲監本刊誤，卷末附左右異尙攷一篇。
儀禮集編	清盛世佐撰、	四〇	嘉慶辛酉馮氏刊本十七卷、	是編裒合古今說儀禮者一百九十七家，而斷以己意。
內外服制通釋	宋車垓撰、	七	四庫依抄本錄原九卷、佚末二卷、續台州叢書本、	是書一仿文公家禮，而補其所未備；有圖，有說，有名義，有提要。
讀禮通考	清徐乾學撰、	一二〇	康熙間刊本、今附五禮通考後、	是編大綱有八：即喪期，喪服，喪儀節，喪考，喪具，變禮，喪制，廟制是也。

禮記正義	漢鄭玄註、唐孔穎達疏、	六三	閩監毛殿江西五本、乾隆乙卯和珅仿宋刊本、宋刊禮記正義精校本、嘉靖三年三禮合刊本、廣刊本、同文局本、	貞觀中敕孔穎達等修正義，以皇侃爲本，以熊安生補所未備。穎達序稱：皇氏雖章句詳正，微稍繁廣；熊則違背本經，多引外義。
月令解	宋張虙撰、	一二	路有抄本、原書注多重複，四庫本依永樂大典本删汰、	是編乃虙所疏進，以一月爲一卷，請每月之初以一卷奏御，以爲裁成輔相之本。
禮記集說	宋衛湜撰、	一六〇	通志堂本、宜稼堂郁氏有宋本極精、今在豐順丁氏、	是編採漢至宋說禮之書，凡一百四十四家。其他書之涉及禮記者，尙不在此數，最爲賅博。
禮記纂言	元吳澄撰、	三六	明正德庚辰刊本、明嘉靖中新安黃氏刊本、崇禎中刊本、高安全書本、	是書每一卷爲一篇，大旨以戴記經文龐雜，疑多錯簡，故每一篇中其文皆以類相從，俾上下意義聯屬貫通，而識其章句於左。

雲莊禮記雜說	元陳澔撰、	一〇	元明刊本、前有凡例若干條、今通行本不存矣、建安鄭德明刊本、許氏有正德十二年刊本、嘉靖丁亥南安府六老堂刊本、嘉靖丙辰刊本、並三十卷、袖珍刊本、	是書註釋淺顯而且簡便，乃明永樂以來科舉用以試士者。
禮記大全	明胡廣等撰、	三〇	明刊本、明刊五經大全本、	是編所採諸儒之說凡四十二家，大旨以陳澔集說爲主。
月令明義	明黃道周撰、	四	康熙中刊本、石齋全書本、	是編測驗天文，推以數學。其臚舉史傳，亦意存警戒，非侈語禨祥。
表記集傳	明黃道周撰、	二	康熙中刊本、石齋全書本、	是書以表記之表爲立表測晷之表。其詮釋全以春秋之義立說。
坊記集傳	明黃道周撰、	二	康熙中刊本、石齋全書本、	是書之體，以坊記爲經，而每章之下，皆臚舉春秋事迹以證。

緇衣集傳	明黃道周撰、	二	康熙中刊本、石齋全書本、	是傳略采經史關於好惡刑賞治道之大者凡三百餘條以繫於篇。
儒行集傳	明黃道周撰、	二	康熙中刊本、石齋全書本、彭蘊章補刊本、二酉樓刊本、	是書分爲一十七章，雜引歷代史傳，舉其人以實之以定去取之衡。
日講禮記解義	不著撰人名氏、	六四	內府刊本、	大旨歸於謹小愼微，皇自進德以納民於軌物。
禮記義疏	乾隆撰、	八二	內府刊本、各省覆本、	是編於郊社樂舞裘冕車旗尊彝圭鬯燕飲饗食以及月令內則諸名物，皆一一辯訂，卽諸軼聞百家雜說可以參考古制者，亦詳徵博引曲證旁通。
深衣考	淸黃宗羲撰、	一	四庫依瓶花齋抄本、澤古齋本、借月本、南菁書院本、	是書前列己說，後附深衣經文，並列朱子吳澄朱右黃潤玉王廷相五家圖說，各摘其謬。其說大致排斥前人務生新義。

陳氏禮記集說補正	清納喇性德撰、	三八	通志堂本、此書本嘉與陸元輔撰、見方望溪集及陸清獻日記、續經解本、	是編專爲糾駁陳澔禮記集說而作。凡澔所遺者謂之補，澔所誤者謂之正，皆先列經文，次列澔說。
禮記述註	清李光坡撰、	二八	乾隆三十二年刊本、	是書大旨以陳澔集說掊擊鄭孔爲非。
禮記析疑	清方苞撰、	四六	望溪全書本、	是書大旨皆融會舊說，斷以己意。
檀弓疑問	清邵泰衢撰、	一	有刊本、與其史記疑問合刊、兩淮馬裕家藏本、	是書以禮記出自漢儒，檀弓一篇尤多附會，乃摘其可疑者條列而論辨之。
禮記訓義擇言	清江永撰、	八	乾隆辛亥刊本、墨海金壺本、守山閣本、	是書自檀弓至雜記，於註家異同之說，擇其一是爲之折衷。與陳澔註頗有出入。

深衣考誤	清江永撰	一	阮氏經解本、	是書以深衣之制，衆說糾紛，乃據玉藻之文，以考證諸家之誤。
大戴禮記	漢戴德撰	一三	元刊本、聚珍本閩覆本、漢魏叢書本、雅雨堂本、王聘珍解詁本、天祿後目有宋刊大戴禮記三部、元劉廷翰有注無注兩本、清高安本、明沈泰刊本、瞿氏有孔刊精校本、陸有明覆本、朱文端集附刻本、趙氏校本、	是書正文併注譌舛幾不可讀，今以永樂大典所載宋本重爲校正。
夏小正戴氏傳	宋傅崧卿撰	四	通志堂本、明袁褧本、士禮居重刊袁本、經訓堂有校刊考注本、莊述祖考釋本、洪震煊義疏本、宋有抄本、	是書列正文於前而列傳於下，每月各爲一篇而附以註釋。

三禮圖集註	宋聶崇義撰	二〇	通志堂本、四庫以錢曾藏影宋本傳鈔、天祿後目有宋刊本三部、	三禮圖有鄭玄阮諶夏侯伏朗張鎰梁正及開皇官撰六家，崇義參互考訂，定爲此書。
三禮圖	明劉績撰	四	四庫依曝書亭鈔本、孫星衍有三禮圖三卷、	是書所圖一本陸佃禮象陳祥道禮書林希逸考工記解諸書，而取於博古圖者尤多，與聶崇義所圖不同。
學禮質疑	清萬斯大撰	二	經學五書本、阮氏經解本、	是書考辨古禮多新說，與毛奇齡相伯仲。
讀禮志疑	清陸隴其撰	六	學海類編十二卷本、書三味齋叢書本、張清恪公刊本、	是編取鄭孔諸家注疏，折衷於朱子之書，其有疑而未決者則仍闕之，故曰讀禮志疑。
郊社禘祫問	清毛奇齡撰	一	西河全書本、藝海珠塵本、經訓堂叢書有惠棟禘說二卷、讀經解本、	是書前答門人李塨問南北郊分祀及問有禘無祫之說。末附艾堂問。

參讀禮志疑	清汪紱撰、	二	棲碧山房刊本、	是編取陸隴其讀禮志疑，援據諸說，以己意參訂於各條之下。
禮書	宋陳祥道撰、	一五〇	宋刊本每頁二十行、行二十字、明張溥盛順本、振綺堂有禮書樂書元刊本、嘉慶郭龍光刻本、陸有元刊本、福建刊本、光緒廣東刊本、	是書多掊擊鄭學，而依據王氏新經義。
儀禮經傳通解	宋朱子撰、	三七續二九	天祿後目有元刊本、明有正統刊本、呂氏寶誥堂刊本、振綺有明刊本、陸有宋刊本、	是書以儀禮為經，而取禮記及諸經史雜書所載以類附之為傳。
禮書綱目	清江永撰、	八五	嘉慶庚午刊本、近年婺源刊本、	是書略仿儀禮經傳通解之例，而參攷羣經，足補朱子所未及。
五禮通考	清秦蕙田撰、	二六二	乾隆中刊本、	是書因徐乾學讀禮通考惟詳凶禮，乃因其體例蒐羅經傳補為五禮，凡為類七十有五，固說禮者之淵藪也。

書儀	宋司馬光撰、	一〇	雍正元年汪氏影宋刊本、學津討原本、天祿後目有宋紹熙二年刊本云卽汪刊所出、姚若有宋刊足本、日本刊本、廣東刊本、	是編有表奏公文私書家書式一卷，冠儀一卷，昏儀二卷，喪儀六卷，朱子語錄稱二程橫渠多是古禮，溫公則大抵本儀禮而參以今之可行者。
家禮	宋朱子撰、	五	汲古閣有宋刊本、與今世行本不同、鄧鐘岳仿宋刊本、康熙辛巳汪氏刊本、御兒呂氏刊本、佳孝慈堂目有宋板文公家禮五卷本、東湖叢記有宋刊纂圖集注本、望三益齋刊本、	據王懋竑白田雜著所考，謂家禮非朱子之書，然自元明以來流俗沿用，故仍錄而存之。
泰泉鄉禮	明黃佐撰、	七	香山黃氏刊本、錢塘費丙章刊本、近年廣東祁墳刊本、	是書首舉鄉禮綱領，次爲冠昏喪祭四禮條教，次論鄉約鄉校社倉鄉社保甲五事，末以士相見禮及投壺鄉射禮附之。

書名	撰者	卷數	版本	提要
朱子禮纂	清李光地撰、	五	榕村全書本、	是書於朱子儀禮經傳通解家禮二書外，採其說禮之言散見於文集語錄者以類纂輯，分爲五目：曰總論，曰冠昏，曰喪，曰祭，曰雜儀。
辨定祭禮通俗譜	清毛奇齡撰、	五	西河全書本、	是書所論祭禮務協人情，故以通俗爲名。

書名	著者	卷數	版本	書旨
春秋左傳正義	周左丘明撰、晉杜預注、唐孔穎達疏	六〇	閩監毛殿江西五本、汪氏叢書本、單杜氏集解有武英殿仿宋相台本、單左氏古經有段氏經韵樓本、天祿後目有宋刊左傳無注二十卷本、宋刊蜀大字本、淳熙種德堂小字本、粵刊本、同文局本、	是編所述事迹皆徵國史，故說春秋者多以是書爲根柢。
春秋公羊傳註疏	周公羊高撰、漢何休注、唐徐彥疏、	二八	單何氏解詁有汪氏問禮堂仿宋紹熙余仁仲十二卷刊本、閩監毛殿江西五本、陸有宋刊十行本、明刊九行本、粵刊本、同文局本、	是書實高所傳述，而其玄孫壽及胡母子都助成之。休註釋傳而不釋經，彥疏多自設問答。
春秋穀梁傳註疏	周穀梁赤所述、晉范甯注、唐楊士勛疏、	二〇	閩監毛殿江西五本、宋紹熙余仁仲本、陸有宋刊十行本、明刊九行本、粵刊本、同文局本、	赤學與公羊同師而傳義之精者，甯註矜愼，士勛疏多割裂。

箴膏肓　起廢疾　發墨守	漢鄭玄撰、	各一卷	漢魏叢書本、藝海珠塵本、問經堂本、鄭學本、武億王秀復重訂本、武進莊述祖輯本、孔廣森集本、後知不足齋本、	初何休好公羊學，遂著公羊墨守左氏膏肓穀梁廢疾，鄭玄乃作此以攻之。
春秋釋例	晉杜預撰、	一五	嘉慶二年莊氏刊本、岱南閣刊本、聚珍板本、掃葉山房重刊本、孔氏微波榭刊杜氏長歷一卷地名一卷、古經解彙函本、	是書比事以求屬詞之旨，大意以左氏發凡五十爲根。左氏大行於世者，預力爲多。
春秋集傳纂例	唐陸淳撰、	一〇	明刊本、龔氏玉玲瓏閣本、乾隆中刊本、經苑本、蜀有小字本、張金吾有舊抄本、天一閣有宋刊本、古經解彙函本、	是編蓋釋其師啖助其友趙匡之說。大旨陰主公穀。

春秋微旨	唐陸淳撰、	三	玉玲瓏閣本、學海類編本、學津討原本、河南經苑本海昌陳氏刊巾箱本、袁桷有皇佑間汴本、古經解彙函本、田居刊本、	是書先列三傳異同，參以啖趙之說而斷其是非。
春秋集傳辨疑	唐陸淳撰、	一〇	明嘉靖乙未刊本、汪文藻刊小字本、玉玲瓏閣本、海昌陳氏巾箱本、	是編乃舉傳文之不入纂例者縷列其失，一字一句而詰之，故曰辨疑。
春秋名號歸一圖	蜀馮繼先撰、宋岳珂重編、	二	通志堂本、武英殿仿宋本汪刻叢書本、	是編取春秋經傳所載人名，核其異稱使歸於一，蓋左氏學也。
春秋年表	不著撰人名氏、	一	通志堂本、岳本翻刊、左氏刊本、明刊春秋大全附刻本、	是書所列凡二十國，與春秋名號歸一圖本各自爲書。
春秋尊王發微	宋孫復撰、	一二	通志堂本、吳兔牀有影宋抄本、陸有錢遵王舊藏抄本、	是編陰祖公穀而加以深刻，是以申韓之學說春秋者也。

春秋皇綱論	宋王晳撰、	五	通志堂本、	是書爲論二十有二，皆發明筆削之旨。
春秋通義	不著撰人名氏、	一	小萬卷樓叢書本、	是書僅存一卷，凡四十八條，編端冠以小序，小序之後以特筆二字爲標題。
春秋權衡	宋劉敞撰、	一七	通志堂本、三劉全集本、呂鶴田有宋刊權衡意林二書本、	是編皆評論三傳之得失。
春秋傳	宋劉敞撰、	一五	通志堂本、三劉全集本、又單刻本、有宋刻本、內府所藏寫本、	是書皆節錄三傳事蹟，斷以己意。其褒貶義例，多取諸公穀。
春秋意林	宋劉敞撰、	二	通志堂本、聚珍本、閩覆本、三劉全集本、有單刻本、宋刊本、明刊本、	是書雜論春秋之義，猶未成之稾本。
春秋傳說例	宋劉敞撰、	一	聚珍本、閩覆本、藝海珠塵本、	是編比事以發論，乃其傳文褒貶之大旨。

春秋經解	宋孫覺撰、	一五	聚珍本、閩覆本、通志堂單刻本、汪刻叢書本、陸有朱竹垞舊鈔本、	是書大旨宗穀梁，而參以左氏公羊啖趙諸儒之說，所未盡者補以其師胡瑗之說。
春秋集解	宋蘇轍撰、	一二	明刊本、兩蘇經解本、經苑本、陸有元刊元印本、	是書以左氏之主，左氏有不可通，乃取公穀及啖趙說以左之。
春秋辨疑	宋蕭楚撰、	四	聚珍本、閩覆本、杭縮本、海甯新刊本、許氏有盧抱經校本、汪氏有宋本十卷、	是書大旨在於尊王，蓋爲蔡京盜竊威福而作。
春秋經解	宋崔子方撰、	一二	永樂大典本、有宋本、	是書宗旨推本經義，於三傳多所糾正。雖其中過泥日月之例，持論不無偏駁，而實足自成一家。
春秋本例	宋崔子方撰、	二〇	通志堂刊用汲古閣舊抄本、	是書大旨以爲聖人之書編年以爲體，舉時以爲名，著日月以爲例，而日月之例又其本，故曰本例。

春秋例要	宋崔子方撰、	一	附刊本例、閣本無、	是書大旨與本例相發明。
春秋五禮例宗	宋張大亨撰、	七	昭文張氏有舊抄本十卷、胡心耘見過宋刊、續粤雅堂本、	是書取春秋事迹，以吉凶賓軍嘉五禮依類別記，而各爲總論。
春秋通訓	宋張大亨撰、	六	墨海金壺本、	是書以苛細繳繞爲戒。
葉氏春秋傳	宋葉夢得撰、	二〇	通志堂本、	是書參考三傳以求經，不得於事則考於義，不得於義則考於事。
春秋考	宋葉夢得撰、	一六	聚珍本、閩覆本、昭文張氏有舊抄本、宋開禧中與春秋傳春秋讞同刻於南劍州、	是書大旨在申明所以攻排三傳者，實本周之法度制作以爲斷，初非有所臆測於其間。
春秋讞	宋葉夢得撰、	二二	路有抄本、	是書大旨主於信經不信傳。

春秋集解	宋呂本中撰、	三〇	通志堂本、	是書用李鼎祚周易集解例，除采取三傳以外，並取陸氏兩孫氏兩劉氏蘇氏程氏許氏胡氏九家。
春秋傳	宋胡安國撰、	三〇	宋刊本、明湖廣刊本、崇道堂刊本、明正統十二年刊六經本、內府刊六經本、成化甲午崇仁書院刊本、嘉靖癸未贛州清獻堂刊本、天祿後目有元刊本二部、懷永堂刊本、怡府刊巾箱本、	是書於高宗紹興十年奏御，多借以託諷時事。
春秋集註	宋高閌撰、	四〇	聚珍本、閩覆本、	是編以程子春秋傳爲主。其說則雜采唐宋諸家，鎔以己意。
春秋後傳	宋陳傅良撰、	一二	通志堂本、	是書以公穀之說參之左氏。大旨主張三傳滙通。

春秋左氏傳說	宋呂祖謙撰、	二〇	通志堂本、昭文張氏有刊本、張目有影鈔宋刊本、金華叢書本、	是書持論與博議略同，皆隨事立義以評其得失。
春秋左氏傳續記	宋呂祖謙撰、	一二	路有刊本、金華叢書本、	是書大旨在補左氏傳說之遺。
詳註東萊左氏博議	宋呂祖謙撰、	二五	明正德中書林劉氏安正堂刊本、清吟閣本、金華叢書本、	是書爲課試之文，乃取左氏書理亂得失之迹，疏其說於下。
春秋比事	宋沈棐撰、	二〇	路有刊本、四庫著錄係吳玉墀家抄本、王氏抄本、	是書取春秋事迹相近者，以類相比，各爲之說。
春秋左傳要義	宋魏了翁撰、	三一	此書本末有萬歷戊申中秋後三日龍池山樵彭年手跋、	是書刪削注疏，去其日月名氏之曲說，而存其徵實之要語。
春秋分紀	宋程公說撰、	九〇	路有抄本、四庫著錄係影抄宋本、袁漱六有舊抄本、蔣生沐有抄本、	是書取左傳事迹以史家表志之例分編。

春秋講義	宋戴溪撰、	四	宋嘉定癸未刊本、寶慶丙戌刊本、路有抄本、	是編乃開禧中溪爲太子詹事時所進，即其春秋說也。
春秋集義	宋李明復撰、	五〇	四庫係從無錫鄒氏蕉錄草堂藏本傳鈔、	是書所采不第周程張三子，即楊時謝湜胡安國朱熹呂祖謙之說亦均采入。
春秋集註	宋張洽撰、	一一	通志堂本、路有不全元刊本春秋集傳、何子貞有宋本集注、務滋堂刊本、	是書多據理而不核其事。
春秋王霸列國世紀編	宋李琪撰、	三	通志堂本、乾隆末當塗朱煌刊本、	是編以諸國爲綱，而以春秋所載事迹類編。爲目前有序，後有論斷。其說多爲時事而發。
春秋通說	宋黃仲炎撰、	一三	通志堂本、	是編大旨謂春秋爲聖人教戒天下之書。直書事蹟，義理自見。
春秋說	宋洪咨夔撰、	三〇	路有鈔本、洪氏刊本、	是書大概多從左氏，而間亦參取於公穀。

春秋經筌	宋趙鵬飛撰、	一六	通志堂本、何云據天一閣抄本有脫文、	此書主於據經解經，而不拘泥三傳。
春秋或問 附春秋五論	宋呂大圭撰，	二〇 一	通志堂本、	是編大旨主持左氏而排詆公羊。
春秋詳說	宋家鉉翁撰、	三〇	通志堂本、	氏謂春秋主乎埀法不主乎記事。其或詳或略或書或不書，大率皆抑揚予奪之所繫。
讀春秋編	宋陳深撰、	一二	通志堂本、	是編以胡安國傳爲宗，而兼采左氏。
春秋提綱	元陳則通撰、	一〇	通志堂本、	是編綜論春秋大旨，分征伐朝聘盟會雜例四門。體如史論，於春秋家別爲一格。
春秋集傳釋義大成	元俞臯撰、	一二	通志堂本、	是書於經文之下備列三傳及胡安國傳，吳澄序謂兼列胡氏以從時尚。然胡傳過偏激者亦多所糾正。

春秋纂言	元吳澄撰、	一二	元刊大字本、昭文張氏有舊抄本、許氏亦有抄本、振綺堂有鈔本、陸有張雋藏鈔本、	是編採輯諸家傳注，而間以己意論斷之。
春秋諸國統紀	元齊履謙撰、	六	通志堂本、陸有朱臥庵藏舊鈔本、	是書凡二十二篇，與李琪列國世紀體例略同。
春秋本義	元程端學撰、	三〇	通志堂本、何云元刊有句讀圈點甚精、東海盡刪去、	是書所採自三傳而下，凡一百七十六家。大旨仍主常事，不書有貶無褒之義。
春秋或問	元程端學撰、	一〇	通志堂本、	是書大旨在列舉諸說得失以明去取之意。
春秋三傳辨疑	元程端學撰、	二〇	四庫著錄係吳玉墀家鈔本、知聖教齋抄本、	是書以攻駮三傳爲主。凡端學以爲可疑者，皆摘錄經文傳文而疏辨於下。

春秋讞義	元王元杰撰、	九	路有抄本、昭文張氏有抄本十二卷、振綺堂有抄本十二卷、萬卷樓抄本、陸亦有舊鈔本十二卷、	是書輯程子朱子說春秋之語，分綴經文之下，復刪掇胡安國傳以盡其意。
春秋諸傳會通	元李廉撰、	二四	通志堂本、張目有元至正刊本、吳兔牀有元虞氏明復齋刊本、陸有元刊元印本、	是書以諸家之說薈萃成編。大旨以胡安國傳爲主。
春秋經傳闕疑	元鄭玉撰、	四五	康熙辛卯鄭氏刊本、	是編以經爲綱，以傳爲目。叙事則專主左氏而附以公穀；立論則先以公穀而參以歷代諸儒之說。
春秋集傳	元趙汸撰、	一五	通志堂本、明刊藍印本、朱修伯曰、明初刊本每半頁十三行、行二十七字、	是編謂人必知策書之例，然後筆削之義可求；筆削之義既明，則凡以虛詞說經者，皆不攻而自破，可謂得春秋之要領。

春秋師說	元趙汸撰、	三	通志堂本、明初刊本、陸有元刊本、宏治癸丑太平黃倫刊幷下二種、覆明初本、	氏本其師黃澤之說，而演之，故曰師說。其說春秋以左氏爲主，而深戒刻削繁碎之弊。
春秋屬詞	元趙汸撰、	一五	通志堂本、明初刊本、陸有元刊本、	是編以春秋之義在於屬詞比事，用作此以推筆削之旨。大致以杜預釋例陳傅良後傳爲本。
春秋左氏傳補註	元趙汸撰、	一〇	通志堂本、明初刊本、趙吉士刊本、玉玲瓏閣叢刊本、陸有元刊本、	是書卽採傅良之說，以補左傳集解所未及。大旨爲杜偏於左，傅良偏於穀梁。
春秋金鎖匙	元趙汸撰、	一	抄本、學海類編本、微波榭刊本、學津討原本、	是書撮舉聖人之特筆與春秋之大例，以事之相類者互相推勘，以考究其異同而申明其正變。
春秋胡傳附錄纂疏	元汪克寬撰、	三〇	路有元刊本、張目有元至正八年建安劉叔簡刊於日新堂本、十一行行二十一字、	是書序稱：以諸家之說而裨胡氏之闕遺，以辨疑權衡而知三傳之得失，然其大旨終以胡氏爲宗。

春王正月考	明張以寧撰、	二	通志堂本、宣德元年刊本、	是書皆援據經典以證春秋之用周正。
春秋書法鉤元	明石光霽撰、	四	四庫依吳玉墀家藏本、淡生堂餘苑本、繡谷亭書錄此書只一卷不全、不知何故、	是書大旨以三傳胡氏張氏爲主，義有未備者，則採啖趙諸儒之說，而以己意折衷之。
春秋大全	明胡廣等撰、	一〇	明刊本、	是編所採諸說，惟憑胡氏定去取，而不復考論是非。
春秋經傳辨疑	明童品撰、	一	四庫著錄係天一閣抄本、云刊本久佚、	是編論左氏所載事蹟凡九十三條，於三傳異同者，大抵多主左氏而駁公穀。
春秋正傳	明湛若水撰、	三七	明刊本、乾隆乙卯湛氏刊、甘泉全書本、	是編大旨以春秋本魯史之文，不可強立義例，汨以臆說，因作此書以釐訂諸家。其曰正傳者，謂正諸傳之謬也。

左傳附註	明陸粲撰、	五	有明刊本、許氏有陸粲撰左氏春秋鐫二卷刊本、	是編前三卷駁正杜預註，第四卷駁正孔穎達疏，第五卷駁正陸德明音義。
春秋胡氏傳辨疑	明陸粲撰、	二	指海本、	是書力攻胡傳之失。大旨主於信經而不信例。
春秋明志錄	明熊過撰、	一二	四庫依鈔本、振綺堂有抄本、	此書多自出新意，辨駁前人。於公羊穀梁及胡安國傳俱有所糾正，而攻左傳者尤甚。
春秋正旨	明高拱撰、	一	墨海金壺本、守山閣刊本、明刊全集中本、	是編謂有宋以來，說春秋者多穿鑿附會，而不知推原經義，故作此書以訂其謬。
春秋輯傳	明王樵撰、	一三	四庫著錄係商邱宋氏抄本二十三卷、	輯傳博采諸家。附以論斷。大旨以朱子爲宗。
春秋億	明徐學謨撰、	六	明徐氏海隅集刊本、	大旨謂春秋所書皆據舊文，舊史所闕，聖人不能增益。

春秋事義全考	明姜寶撰、	一六	有刊本、	大旨以胡傳爲主，而亦參以己意。
春秋胡傳考誤	明袁仁撰、	一	學海類編本、學津討原本、袁氏叢書本、原名鍼胡編、	是書攻駁胡傳之失，與陸粲書同旨。
左傳屬事	明傅遜撰、	二〇	明萬曆乙酉刊本、	是書變傳文編年爲屬事，事以題分，題以國分，傳文之後各檃括大意而論之。
左氏釋	明馮時可撰、	二	此書與左氏討左氏論合爲一書、題曰元敏天池集、	是書皆發明左傳訓詁，不載傳文，惟有所論說者乃著之。
春秋質疑	明楊于庭撰、	一二		是書以糾正胡傳爲宗。
春秋孔義	明高攀龍撰、	一二	崇禎庚辰刊本、	是編斟酌於左氏公羊穀梁胡安國四家之傳。意主以經解經，故名曰孔義。

春秋辨義	明卓爾康撰、	三九	有刊本、朱修伯曰、爾康自刊、其板猶存、	是編大旨分爲六義：曰經義，曰傳義，曰書義，曰不書義，曰時義，曰地義。
讀春秋略記	明朱朝瑛撰、	一〇	四庫著錄係抄本、朝瑛爲黃石齋門人、所著諸經略記、尚有詩三册、書三册、禮六册、此春秋四册皆不分卷、	是編輯錄舊文，補以己意。所採上自啖助趙匡，下及季本郝敬。大抵多自出新義，不肯旁三傳以說經者。
春秋四傳質	明王介之撰、	二	明吉澄校刊本、又嘉靖庚寅湖廣合刻春秋經傳本、	是書取三傳及胡安國傳異同斷以己意。
左氏杜林合註	明王道焜趙如源同編、	五〇	汲古閣刊本、芥子園本、崇正中杭州刊本、大文堂刊本、天啟問奇閣刊本、林註句解七十卷有元刊本、	是編以宋林堯叟左傳句解散附杜註之下，俾學者得因林之明顯以求杜之深奧。
日講春秋解義	康熙編、	六四	內府刊本、	是編每條先列左氏之事蹟，次明公穀之義例，大旨歸本於王道。

春秋傳說彙纂	康熙撰、	三八	內府刊本、外省覆本、浙局刊本、	是書攷證特詳，凡有乖經義者一一駁正。先儒舊說以不合胡傳見棄者亦一一采錄，藉以表章古學。
春秋直解	清傅恒等撰、	一五	內府刊本、外省覆本、	是編大旨在發明尼山本義，而剷除種種迂曲之說，故名曰直解。
左傳杜解補正	清顧炎武撰、	三	指海本、阮經解本、亭林十種本、璜川吳氏刊本、康熙中蘇州刊杜注本附後、	是編以杜預左傳集解時有闕失，於是博稽載籍作爲此書。
春秋稗疏	清王夫之撰、	二	湘潭湘鄉兩刊船山遺書本、昭代叢書本、澤古齋本經學叢書本、阮刻經解本、	是編論春秋書法及名物典制之類僅十之一；考證地理者居十之九。
春秋平義	清俞汝言撰、	一二	四庫依汝言手稿傳鈔、	是編多引舊文，自立論者無幾。

春秋四傳糾正	清俞汝言撰、	一	四庫依汝言手稿傳鈔、昭代叢書本、	是編摘列春秋三傳及胡安國傳之失，隨事辨正，區爲六類，計一百三條。
讀左日鈔	清朱鶴齡撰、	一二	原刊本、	是書採諸家之說以補正杜預左傳註之闕譌。集舊解者十之七，出新意者十之三，故以鈔名。
左氏事緯 附錄	清馬驌撰、	一二 八	許元淮刊本、函海內別本四卷、翻刊本無附錄、嘉慶六桐書屋刊本、	是書取左傳事類分爲百有八篇，篇各繫以論斷。
春秋毛氏傳	清毛奇齡撰、	三六	西河全集本、阮刊經解本、	是書以左傳爲主，間及他家，而最攻擊者莫著胡安國。
春秋簡書刊誤	清毛奇齡撰、	二	西河全書本、阮刻經解本、	是書刊正三傳經文之誤。其以簡書爲名者，蓋仍執其傳據策書經據簡書之說也。

春秋屬辭比事記	清毛奇齡撰、	四	西河全書本、阮刻經解本、龍威祕書本、	奇齡長於辨禮。春秋據禮立制，而是書據禮以斷春秋。
春秋地名考略	清高士奇撰、	一四	康熙中高氏刊本、又有姓名考四卷入存目、	是書以春秋經傳地名分國編次，各爲考證於條下。
春秋管窺	清徐庭垣撰、	一二	總目云舊帙蠹蝕、無別本可校、蓋亦未有刊本、	是書以左傳之事實質經，以經之異同辨例，因以考定公穀以下諸說。
三傳折諸	清張尙瑗撰、	四四	乾隆中刊本、	是編取揚雄羣言淆亂折諸聖語爲名。凡左傳三十卷，公羊穀梁各七卷，多取漢魏以下史書以證傳文。
春秋闕如編	清焦袁熹撰、	八	四庫依袁熹手稿傳抄、許目有刊本、嘉慶甲子錢氏刊本、	自孫復倡春秋有貶無褒之論，說者日流於刻酷。袁熹此書獨深酌情理之平。

春秋宗朱辨義	清張自超撰、	一二	有刊本、世耕堂刊本、	是編本朱子春秋據事直書之說，不以深曲繳繞汨亂聖經，故題曰宗朱。
春秋通論	清方苞撰、	四	望溪全書本、又春秋比事目錄四卷入存目、	是編本孟子其文則史其義則某竊取之意，貫穿全經，按所屬之辭合其所比之事，辨其孰爲舊文孰爲筆削，分類排比爲篇四十。
春秋長歷	清陳厚耀撰、	一〇	路有抄本、續經解本、	是書補杜預長歷而作。其凡有四：一曰歷證，二曰古歷，三曰歷編，四曰歷存。
春秋世族譜	清陳厚耀撰、	一	吳玨刊本、當塗朱煌刊本、揚州刊本、	是書爲補杜預世族譜而作。與顧棟高春秋大事表世系一門互有詳略，可以相輔而行。
半農春秋說	清惠士奇撰、	一五	阮刻經解本、吳氏璜川書屋刊本、經學叢書本、	是書以禮爲綱，而緯以春秋之事，比類相從，約取三傳附之，間證以史記諸書。大抵事實多據左氏，而論斷多採公穀。

書名	撰者	卷數	版本	提要
春秋大事表　輿圖　附錄	清顧棟高撰、	五〇	乾隆十三年刊本、萬卷樓本、續經解本、	是書以春秋事迹排比爲表。大致與程公說春秋分紀相出入。
春秋識小錄	清程廷祚撰、	九	原刊本、藝海珠塵本、傳氏刊本、	是書凡春秋職官考略三卷，春秋地名辨異三卷，左傳人名辨異三卷。
惠氏左傳補註	清惠棟撰、	六	貸園叢書本、阮刻經解本、墨海金壺本、守山閣本、	是編皆援引舊詁以補杜預左傳註之遺。
春秋左氏傳小疏	清沈彤撰、	一	果堂集本、阮刻經解本、	是編以趙汸顧炎武所補左傳杜註爲未盡，更爲訂正。
春秋地理考實	清江永撰、	四	阮刻經解本、	是編所列春秋山川國邑地名，悉從經傳之次，凡杜預以下舊說已得者仍之，其未得者始加辨證，皆確指今爲何地，故曰考實。

三正考	前吳鼐撰、	二	勵守謙家藏本、經學叢書本、	是編取李濂夏周正辨疑，張以寧春王正月考，刪其繁複，益以近時諸儒所論，勒爲一編，以明春秋之用周正。
春秋究遺	清葉酉撰、	一六	原刊本、	是編多宗其師方苞春秋通論，而亦稍有從違。其曰究遺者，用韓愈贈盧同詩語也。
春秋隨筆	清顧奎光撰、	二	敷文閣叢書本、	是編不載經文，但偶有所得則錄之，故名隨筆。
春秋繁露	漢董仲舒撰、	一七	聚珍本、閩覆本、漢魏叢書本、抱經堂刊本最善、凌曙注本、嘉慶乙亥刊本、明蘭雪堂活字本、重刻閣本、兩經遺編本、鍾評祕書本、嘉靖甲寅張爲陽刊本天啟乙丑王道焜刊本、乾隆十六年董氏刊本、浙局本、崇文局本、古經解彙函本、廿一子彙函本、	是編發揮春秋之旨。大致多主公羊。

書名	著者	卷數	版本	書旨
古文孝經孔氏傳 附宋本古文孝經一卷	舊本題漢孔安國撰、	一	知不足齋本、佚存叢書本、陽湖孫氏有日本國寶永三年單刊孝經本、	是編傳文不類漢儒釋經之體，並不類唐宋元以前人語，殆舶來品也。
孝經正義	唐玄宗註宋邢昺疏、	三	通志堂本、明李元陽刊本、汪諒刊本、南宋相臺岳氏刊本、姑蘇張氏翻正德本、陸有明宣德刊本、汲古閣本、廣東刊本、同文局本、殿刊本、北監韓世能刊本、	孝經有鄭玄註今文孔安國古文二本，自玄宗此註用今文而古文遂晦。
古文孝經指解	宋司馬光撰、	一	通志堂本、明覆宋本、評花仙館本、	光遵孔氏古文，而指解之中乃備載玄宗今文註，可知今文古文不甚相遠。

孝經刊誤	宋朱子撰、	一	朱子遺書本、經苑本、明朱鴻編孝經十書本、	是書取古文孝經分爲經一章，傳十四章，又刪削經文二百二十二字。
孝經大義	宋董鼎撰、	一	通志堂本、明崇禎中汪某刊孝經大全內載鼎註、	是書用朱子刊誤本而註多參以方言，如語錄之體。
孝經定本	元吳澄撰、	一	通志堂本、明朱鴻編孝經十書本、陸有明刊吳澄注四卷本、	此書以今文孝經爲本，仍從朱子刊誤之例分列經傳。
孝經述註	明項霦撰、	一	路有抄本、借月山房叢書本、澤古齋本、續台州叢書本、	是編用古文孝經本，其所詮釋不務爲深奥之論。
孝經集傳	明黃道周撰、	四	石齋九種本、	是編用鄭氏今文每章雜引經典以證之，謂之大傳；道周自爲說者謂之小傳。
御註孝經	順治撰、	一	順治中內府刊本、閩刊本、	是編用石臺本，不用孔安國本，亦不用朱子刊誤本。

御纂孝經集註	雍正撰、	一	內府刊本、	是編仿朱子論語孟子集註之體，以權衡衆說之是非。
孝經問	清毛奇齡撰、	一	西河全集本、續經解本、	是編皆駁詰朱子孝經刊誤及吳澄孝經定本二書。設爲門人張燧問而奇齡答，凡十條。

書名	著者	卷數	版本	書旨
駁五經異義 補義	漢鄭元撰、	一 一	問經堂本、藝海珠塵本、武億刊本、孔氏鄭學本、許鄭遺書本、陳壽祺疏證本三卷、後知不足齋本、	是編舉許慎五經異義條舉而駁其說。
鄭志 補遺	魏鄭小同撰、	三 一	聚珍本、閩覆本、問經堂本、汗筠齋刊本、武億刊本、粵雅堂刊本、後知不足齋本、古經解彙函本、	劉知幾史通稱鄭玄弟子追論師說及應答，謂之鄭志。
經典釋文	唐陸德明撰、	三〇	通志堂本、抱經堂本、錢遵王家有葉林宗影抄北宋本、武林顧豹文有宋本、天祿後目有宋刊本、廣東刊本、	是書採輯諸經音義，及文字異同，依經傳篇第編次，考證精博。
七經小傳	宋劉敞撰、	三	通志堂本、藤花榭本、三劉文集本、天祿後目有北宋刊本、汪刊叢書本、元進士劉聞庭臨川刊本、經學五種本、	是編乃敞雜論經義之語。其曰七經者，尚書毛詩周禮儀禮禮記公羊傳論語也。

程氏經說	不著撰人名氏、	七	呂刊二程全書本、寶誥堂刊八卷本、	是書皆程伊川解經之語，書錄解題謂之河南經說。
六經圖	宋楊甲撰、毛邦翰補、	六	萬曆乙卯吳氏刊本、郭氏刊本、明新都吳繼仕仿宋本極精、明御史光州胡賓刊本、康熙中江氏潘氏二刊本、乾隆五年六安王皜輯錄本、	六經者，以五經併周禮爲六也。凡三百二十三圖。
六經正誤	宋毛居正撰、	六	通志堂本、嘉靖癸未南京重刊宋本、	陳振孫書錄解題謂此編惟講偏旁之疑似。
刊正九經三傳沿革例	宋岳珂撰、	一	經學叢書本、經學五種本、宋有抱經樓抄本、粵雅堂刊本、吳志忠刊宋本、知不足齋叢書本、汪氏藤花榭刊本、淡生堂餘苑本、	柯嘗校刊九經三傳，此書其總例也。其目一曰書本，二曰字畫，三曰註文，四曰音釋，五曰句讀，六曰脫簡，七曰考異。

融堂四書管見	宋錢時撰、	一三	四庫著錄係瓶花齋抄本、姚若有抄本、宋景定辛酉天台錢可則刊本、	此編凡論語十卷，孝經一卷，大學一卷，中庸一卷，皆先列經文，略加音訓，而詮釋其大旨於後。
四如講稿	宋黃仲元撰、	六	嘉靖丙午刊本、張目有舊抄本、題六經四書講稿六卷、經學五種本、	是書所講兼及諸經，不止四書。其說多述朱子之緒論。
六經奧論	舊本題宋鄭樵撰、	六	明刊本、通志堂本、藤花榭本、	書中引及樵說稱夾際先生，又稱朱子爲文公，蓋託名也。
明本排字九經直音	不著撰人名氏、	二	四庫著錄係元初刊本、陸有元刊本、十萬卷樓本、	曰明本者，明州所刻板也。即今甯波府也。是書不用反切，故曰直音。
五經說	元熊朋來撰、	七	通志堂本、惠氏校本、明錫山安氏活字本、	朋來恪守宋儒，於古義古音多所出入，但於禮經則疏證明白。

十一經問對	元何異孫撰、	五	通志堂本、何云有序文未曾補刊、盧云後二卷闕文最多、予從影抄元刊本校補、	是編以論語孝經孟子大學中庸書詩周禮儀禮春秋三傳禮記爲十一經，仿朱子或問之體設爲問答。
五經蠡測	明蔣悌生撰、	六	通志堂本、明嘉靖戊戌浮梁閔元振刊本、	是編以五經爲名而獨無禮記，其說易取程朱，說書取蔡沈，說詩取鄭玄，說春秋者僅六條，於胡安國在從違之間。
簡端錄	明邵寶撰、	一二	雍正壬子華氏劍光閣刊本、明崇禎辛未刊本、外孫秦榛刊本、	是編說五經者十卷，說四書者二卷，皆其誦讀有得題諸簡端之語。
五經稽疑	明朱睦㮮撰、	六	四庫著錄係抄本、振綺堂有抄本八卷、易書詩禮各一卷、春秋四卷、	是編於春秋時有精義，於易書詩禮四經殊嫌草略。
經典稽疑	明陳耀文撰、	二	淡生堂餘苑本六卷、	是經取漢唐以來說經之異於宋儒者分條輯載，上卷爲四書，下卷爲易詩書春秋禮記周禮。

七經孟子考文補遺	舊本題西條掌書記山井鼎撰、	一九九	日本原刊本、嘉慶二年阮氏刊本、	是書係以中國所刊諸本與其國古本參校，頗稱詳備。
九經誤字	清顧炎武撰、	一	亭林十種本、指海本、續經解本、	氏以明國子監所刊九經多譌脫，乃考石經及諸舊刻，作是書以正之。
經問 經問補	清毛奇齡撰、	一八 三	西河合集本、阮刻經解本、	是書皆一問一答，故題曰經問。其後三卷，則其子遠宗所補錄也。
十三經義疑	清吳浩撰、	一二		是書取諸經箋註，標其疑義，足資考證。
九經古義	清惠棟撰、	一六	貸園叢書本、蔣氏省吾堂刊本、阮刊經解本、昭代叢書本、	是編所解凡周易尚書毛詩三禮三傳論語十經。其中左傳補註先已別本孤行，故惟存九經，曰古義者，漢儒專門訓詁之學得以考見於今者也。

經稗	清鄭方坤撰、	六	抄本、	是編雜採前人說經之文，凡易書詩春秋各一卷。三禮共一卷，四書共一卷，以多摭諸說部之中，故名曰稗。
十三經註疏正字	清沈廷芳撰、	八一	路有抄本、盧云嘉善浦鏜原編仁和沈椒園先生覆加審定、其子南雷禮部世煒上之四庫館、	是編取十三經註疏以諸本互校，各以本句標題而列其異同得失於句下。
朱子五經語類	清程川撰、	八〇	雍正乙己刊本、	是編取朱子語錄之說五經者，州分部居各以類從頗便參考。
羣經補義	清江永撰、	五	敷文閣叢書本、阮刻經解本、經學叢書本、讀書隨筆本、	是書取易書詩春秋儀禮禮記中庸論語孟子，隨筆詮釋，末附以雜說。
經咫	清陳祖范撰、	一	昭代叢書本、乾隆甲申陳氏刊司業集本、廣雅局本、	是書皆祖范說經之文。名經咫者，用國語晉文公咫聞意也。

九經辨字瀆蒙	清沈炳震撰、	一二	四庫著錄係抄本、振綺堂陔華學均有抄本、	是經校正九經文字，共分十類：曰經典重文。曰經典闕文，曰經典傳譌，曰經與傳異，曰經典通借，曰先儒異讀，曰同音異義，曰異音異義，曰異字同義，曰註解傳述人。
古經解鉤沈	清余蕭客編、	三〇	乾隆中刊本、道光刊本、竹簡齋本、	是編採錄唐以前解經遺說，並備述所引先儒爵里及著書之名。
古微書	明孫瑴撰、	三六	鄭學本、許鄭遺書本、照曠閣本、墨海金壺本、明刊本、嘉慶丙子刊本、守山閣本、餘杭刊本、嘉興本、吳興本、嘉慶庚午山淵堂活字板本、學津討原輯本、	是編取五經緯之佚文，各爲編次，以存原書之梗概。

書名	著者	卷數	版本	本書旨
孟子正義	漢趙岐註、其疏則舊本題宋孫奭撰、	一四	陸有宋刊本、又有明刊九行本、單趙註有孔氏微波榭刊本、又乾隆辛丑安邱韓氏刊本、錢曾有舊抄本、季滄葦書目有岳氏相臺本、汲古閣本、殿刊本、廣東刊本、同文局本、	岐註箋釋文句，頗似後世之口義。
論語義疏	魏何晏註、梁皇侃疏、	一〇	乾隆五十二年內府刊本、知不足齋本、古經解彙函本、昭文張氏有單集解十卷抄本、遵義黎氏日本刊本、考校頗精、日本抄本、	此書經文註文多與今本不同，然多存古義。
論語正義	魏何晏註、宋邢昺疏、	二〇	明正德刊本、錢大昕養新錄有跋語、似即阮氏校勘記所据之十行本、黄氏仿宋刊本單音義一卷、十行、行大十八字、小二十五字、粵東刊本、同文局本、閩監毛殿江西五本、	是書大旨在窮皇氏之枝蔓而稍傳以義理。

論語筆解	唐韓愈撰、	二	續百川學海本、天一閣刊本、明世學山本、唐宋叢書本、墨海金壺本、藝海珠塵本、宋刊附五百家注韓集本、振綺堂有筆解七卷本、古經解彙函本、	此書係韓愈箚記之稿，錄之成帙，故名筆解。
孟子音義	宋孫奭撰、	二	微波榭本、通志堂本、抱經堂校本、乾隆辛丑安邱韓氏岱雲刊本、黃堯圃翻蜀大字三經音義本、十行行大十八字、小二十五字、續粵雅堂本、日本刊本、廣東刊本、	唐陸德明經典釋文於羣經皆有音義，獨闕孟子，奭因刊正唐張鎰丁公著陸善經三家之音義以成此編。
論語拾遺	宋蘇轍撰、	一	兩蘇經解本、指海本、陸有明刊本、	氏以其兄軾所撰論語說有所未安，因作此書以正之。

孟子解	宋蘇轍撰、	一	兩蘇經解本、指海本、	是編凡二十四章，其說瑕瑜互見。
論語全解	宋陳祥道撰、	一〇	路有抄本、張目有舊抄本、題重廣陳用之學士眞本八經論語全解、義振綺堂有抄本亦題全解義、	是書每以莊子之說證論語，祥道長於三禮之學故詮釋論語亦於禮制爲最詳。
孟子傳	宋張九成撰、	二九	汲古閣有影宋精抄本、季目有宋刊本三十二卷九成孟子解、四庫係宋抄本、南潯劉氏藏宋刊本、缺盡心一篇、	是編明孟子尊王賤霸有大功撥亂反正有大用，每章爲解一篇主於闡揚宏旨，不主於箋詁文句。
尊孟辨 續辨 別錄	宋余允文撰、	三 二 一	守山閣本、	是書取司馬光李覯鄭厚叔三家駁詰孟子之詞一一與辨，又以辨王充刺孟及蘇軾論語說者爲續辨。其別錄則允文所作原孟三篇也。

書名	撰者	卷數	版本	提要
中庸集解	宋石憝編、	二	元本、据朱子集解序以簡帙重繁分爲兩卷、總目無此條、見後中庸輯略條內、不別出、	是編採周子二程子張子呂大臨謝良佐游酢楊時侯仲良尹焞十家解說中庸之語，朱子中庸輯略卽據此書爲藍本。
大學章句	宋朱子撰、	一	內府仿宋淳佑刊本、明嘉靖丙辰廣東崇正堂刊本、嘉靖丁亥南康府六老堂刊本、吳志忠翻宋本、論語集註陸有宋刊本、日本刊本、左氏刊本、淮南局刊本、大文堂刊本、稽古樓本、	四書之名自此始、而章句集註亦遂爲說四書者之所祖。
論語集註		一〇		
孟子集註		七		
中庸章句		一		
四書或問	宋朱子撰、	三九	墨潤齋刊本、論孟或問朱子遺書本、大學中庸或問大全書及元明四書集註刻本、	朱子既作四書章句集註，復以諸家之說紛錯不一，設爲問答，明所以去取之意以成此書。

論孟精義	宋朱子撰、	三四	朱子遺書本、公善堂刊本、明抄本、	是編取二程張子及范祖禹呂希哲呂大臨謝良佐游酢楊時侯仲良尹焞周孚先十二家解釋論孟子之語，薈稡條疏，名之曰論孟精義。
中庸輯略	宋朱子編、	二	朱子遺書本、明嘉靖呂信卿刊本、境潤齋刊本、車鼎豐重刊本、	是編因石𡼖中庸集解而刪其繁亂，故名曰輯略。
論語意原	宋鄭汝諧撰、	二	聚珍本、閩覆本、墨海金壺本、指海本、經苑本、	是編以程張楊謝諸說於論語之義尚有所遺，因發明其所未盡，而斷以己說，且以諸說附於後。
癸巳論語解	宋張栻撰、	一〇	通志堂本、學津討原本、康熙丁丑仇兆鰲刊本、	是編成於乾道癸巳，因以為名。考朱子大全集中有與栻商訂此書之語一百一十八條。
癸巳孟子說	宋張栻撰、	七	通志堂本、係据天一閣抄本、後得最精宋本、未能校正修板、康熙丁丑仇兆鰲刊本、	是書亦成於乾隆癸巳，於王霸之辨，義利之分，言之最明。

石鼓論語問答	宋戴溪撰、	三	姚仲芳有抄本、	此書乃溪爲石鼓書院山長時與湘中諸生集所聞而成者。
蒙齋中庸講義	宋袁甫撰、	四	路有抄本、	此書所闡多與陸九淵相合。
四書集編	宋眞德秀撰、	二六	通志堂本、浦城遺書本、	是書皆採朱子文集語錄之說以發明章句集註，而間附己意以斷制異同。
孟子集疏	宋蔡模撰、	一四	通志堂本、何云尙有論語集疏、應訪求刊之、	是書備列朱子集註原文而發明其義，故曰集疏，言如註之有疏也。
論語集說	宋蔡節撰、	一〇	通志堂本、	是書雜採諸說，亦附己見。大旨率從集註。
中庸指歸 中庸分章 中學發微 中學本旨	宋黎立武撰、	一 一 一 一	學海類編本、	此書蓋傳郭忠孝郭雍之學，立論多與朱子異。

四書纂疏	宋趙順孫撰、	二六	通志堂本、	是書備引朱子之說，以羽翼章句集註。
大學疏義	宋金履祥撰、	一	雍正己酉金氏刊本、金華叢書本、	是書大致在疏通朱子大學章句之旨。
論語集註考證 孟子集註考證	宋金履祥撰、	一〇 七	金氏刊本、金華叢書本、	是書於朱子未定之說，俱辨訂歸一；於事跡典故考證尤多。
四書集義精要	元劉因編、	二八	路有抄本、	是書乃採取四書集義精要以成者。
四書辨疑	元陳天祥撰、	一五	通志堂本、不著撰人、經義攷定爲陳氏之書、	是書多引王若虛說。王氏對於朱子四書章句集註極力攻擊。

讀四書叢說	元許謙撰、	四	路有抄本、疑即張本、昭文張氏有舊抄本八卷完全、又有不全元刊本六卷、經苑本、東湖叢記有元刊本八卷、何夢華刊本、金華叢書本、	元史本傳：謙讀四書章句集註有叢說二十卷。
四書通	元胡炳文撰、	二六	通志堂本、近年有重刻本、靖江朱氏刊本、	是編皆闡朱子之緒論，而尙有與朱子相戾者，因重爲刊削附以己說以成此書。
四書通證	元張存中撰、	二六	通志堂本、東湖叢記有元刊本、	存中以胡炳文四書通詳於義理略於名物，因作此書以補之。
四書疑節	元袁俊翁撰、	一二	四庫著錄係元板抄本、許氏有抄本、	是編以四書同異，參互比較，各設問答以明之。
四書經疑貫通	元王耘充撰、	八	四庫著錄係抄本、許氏有抄本、	是編與袁俊翁四書疑節體例相同，皆程試之式也。

四書纂箋	元詹道傳撰、	二八	通志堂本二十六卷、	是書取朱子四書章句集註或問，正其句讀，考其名物訓詁，各註於本句之下，亦間釋朱子所引之成語。
四書通旨	元朱公遷撰、	六	通志堂本、	是編取四書之文，條分縷析，以類相從，凡爲九十八門。
四書管窺	元史伯璿撰、	八	四庫著錄係汲古閣抄本、云明初有二刊本皆佚、	是編大旨與劉因四書集義精要同，而因但爲之刊除，伯璿更爲之別白。
大學中庸集說啓蒙	元景星撰、	二	通志堂本一卷、	是書大旨宗朱子，而亦頗有出入。
四書大全	明胡廣等撰、	三六	明刊五經大全本、明刊小字本、明天順戊寅刊本、高麗國刊本、	有明取士，推重四書義，四書義惟尊此書。漢宋經術至此始盡變矣。
四書蒙引	明蔡清撰、	一五	明刊本、初稿十四卷蔡氏門人李墀刊本、四明張家傳訂本六卷、	是書爲科舉而作，猶有宋儒遺意。

四書因問	明呂柟撰、	六	嘉慶戊午重刊本、	是編皆記其門人質問四書之語。其學則宗法薛瑄。
問辨錄	明高拱撰、	一〇	明刊本、	此編取朱子四書章句集註疑義，逐條辨駁，足資參考。
論語類考	明陳士元撰、	二〇	明刊本、湖海樓叢書本、歸雲別集本、湖北叢書本、	是編皆考證論語名物典故，分十八門。大致遵履祥之例，於集註不爲苟同，每條必先列舊說。
孟子雜記	明陳士元撰、	四	明刊本、湖海樓叢書本、歸雲別集本、	此書第一卷敍孟子事蹟，後三卷發明孟子之言。
學庸正說	明趙南星撰、	三	順治李濙刊本、	是編凡大學一卷，中庸二卷，每節衍爲口義，逐句闡發，而又以不盡之意附載於後。
論語商	明周宗建撰、	二	明季杭州刊本、	此書乃其授徒湖州之時與諸生所講論者。

論語學案	明劉宗周撰、	一〇	四庫著錄係抄本、劉子全書本、	宗周以愼獨爲宗。是書所論雖或與先儒異議，而大旨終醇。
四書留書	明章世純撰、	六	原刊本作章子留書原十卷、餘四卷泛作儒家言、入存目、	氏詮釋四書，不規規於訓詁，發前人所未發。
日講四書解義	清庫勒納撰、	二六	康熙內府刊本、	是編以四書爲聖學之總滙。
四書近指	清孫奇逢撰、	二〇	容城刊本、	是編於四子之書挈其要領，統論大旨，間引先儒之說以證異同。
孟子師說	清黃宗羲撰、	二	有刊本、	是編乃宗羲述其平日所聞而作。其曰師說者，猶趙仿述黃澤之學爲春秋師說也。
大學翼眞	清胡渭撰、	七	小酉山房刊本、小山堂有竹軒寫本、歐書絕精、原刊板片今歸仁和勞氏丹鉛精舍、	是書大旨以朱子爲主，力闢王學改本之誤。

四書講義困勉錄	清陸隴其撰、	三七	康熙中刊本、又有續錄六卷、	是書因彥陵張氏講義原本刪掇精要，益以明季諸家之說，而參酌己意。
松陽講義	清陸隴其撰、	一二	天德堂刊本、	是書乃其官靈壽知縣時與諸生講論而作。所說止一百一十八章，以四書不能遍及，蓋隨時舉示，非節節而爲之解也。
大學古本說	清李光地撰、	一	榕村全書本、	是編大旨皆主於尋求義理，宛轉發明，不似近代講章惟以描摹語氣爲工。
中庸章段		一		
中庸餘論		一		
讀論語劄記		二		
讀孟子劄記		二		
論語稽求篇	清毛奇齡撰、	四	西河合集本、阮刻經解本、	是編大旨皆與朱子集註相詰難。

書名	撰者	卷數	版本	提要
四書賸言補	清毛奇齡撰、	四 二	西河合集本、阮刻經解本、	是編皆隨時雜記，不以經文次序爲先後，亦不以四書分編。
大學證文	清毛奇齡撰、	四	西河合集本、	是書備述諸家大學改本之異同。
四書釋地	清閻若璩撰、	一	乾隆八年閻氏眷西堂刊本、山陰樊廷枚刊本、阮刻經解本、	是編因解四書者昧於地理，往往致乖經義，遂撰釋地一卷，凡五十七條。
四書劄記	清楊名時撰、	四	楊氏全書本、	是編乃名時讀四書所記也。大學主用古本，中庸立論切實，論語多所心得，至於孟子一卷，則最簡略。
此木軒四書記	清焦袁熹撰、	九	康熙丙子刊本、書三味齋叢書本、	自明以來講四書者，多爲時文而設。袁熹是書獨能深求於學問。

書名	撰者	卷數	版本	提要
鄉黨圖考	清江永撰、	一〇	通行本、潛德堂本、阮刻經解本、又有巾箱本、	是書取經傳中典制名物有關於鄉黨者分爲九類。其中深衣車制宮室諸條，尤爲專門之學。
四書逸箋	清程大中撰、	六	乾隆中刊本、墨海金壺本、海山仙館叢書本、粵雅堂叢書本、	是編採輯諸書之文與四書相發明者，或集註所已引而語有舛誤，或集註所未發而義可參訂者，皆爲之箋，末卷兼載四書人物遺事及雜記數十條。

書名	著者	卷數	版本	書旨
皇祐新樂圖記	宋阮逸胡瑗撰、	三	路有抄本、學津討原本、胡心耘有校本、許氏有舊抄本、	是書上卷具載律呂黍尺四量權衡之法，皆以橫黍起度；中下二卷則攷定鐘磬晉鼓及三牲鼎鸞刀制度。
樂書	宋陳暘撰、	二〇〇	明刊本、許氏有宋慶元庚申南豐主簿林子冲校刊本、元至正丁亥刊本明鄭世子刊本、張溥刊本、光緒廣東刊本、	此書前九十五卷引諸經論樂之文各爲之訓義，後一百五卷則專論律呂本義樂器樂章及五禮之用樂者爲樂圖論。
律呂新書	宋蔡元定撰、	一	性理大全本、雍正中周模注本、乾隆中羅登撰箋義本、墨海金壺本、經苑本韓邦奇苑洛志樂全載此書加以注釋、	是編上卷爲律呂本源，下卷爲律呂辨證。
瑟譜	元熊朋來撰、	六	指海本、墨海金壺本、經苑本、陶氏刊本、粵雅堂本、	是書首爲二圖，次爲譜例指法，詩舊譜。詩新譜。終爲瑟譜後錄，皆詳論鼓瑟之法。

韶舞九成樂補	元余載撰、	一	墨海金壺本、	是書所定舞圖，皆根據河洛以起數。
律呂成書	元劉瑾撰、	二	墨海金壺本、	是編以氣候爲定律之本，因而推其方圓周徑以攷求其積分。
苑洛志樂	明韓邦奇撰、	二〇	明嘉靖刊本、康熙二十二年吳氏刊本、陸清獻日記述孟長安言容城舊有苑洛志樂板、陝西又另有板與近日吳巡道所刊爲三、	是書爲註釋律呂新書而作。其於律呂之原較明人所得爲密。
鐘律通考	明倪復撰、	六	路有抄本、四庫依天一閣抄本、明刊本、	是書於呂不韋司馬遷記黃鐘之數，朱子蔡元定論旋宮之法，均能參互詳審。
樂律全書	明朱載堉撰、	四二	明刊本、實三十八卷、此書有二刊行款悉同、惟字稍有大小之別、一刊於內府、一刊於藩邸、	此書大旨盡於律呂精義一書，與蔡元定說多所異同。

律呂正義	清康熙撰、	五	內府刊本、京板本、	是書凡分三編：上編曰正律審音，下編曰和聲定樂，續編曰協均度曲。
律呂正義後編	清乾隆撰、	一二〇	京板本、	此編凡分十類：曰祭祀樂，曰朝會樂，曰宴饗樂，曰導引樂，曰行幸樂，曰樂器考，曰樂制考，曰樂章考，曰度量權衡考，曰樂問。
詩經樂譜	清乾隆撰、	三〇	聚珍板本、	是書於三百五篇各正其宮調，諧其音律，定爲簫譜笛譜鐘譜琴譜瑟譜。
樂律正俗	清乾隆撰、	一	聚珍板本、閩覆本、	此書列載堉舊譜，糾其悖謬以正世俗之惑。
古樂經傳	清李光地撰、	五	榕村全書本、	是書取周禮大司樂以下二十官爲經，以樂記爲之傳，又有附樂經附樂記統爲五卷。
古樂書	清應撝謙撰、	二	四庫著錄係抄本、	是書上卷論律呂本原，下卷論樂器制度。

聖諭樂本解說	清毛奇齡撰、	二	西河全集本、昭代叢書本、	是因大學士伊桑阿有論樂原疏本於徑一圍三隔八相生之聖諭，故推闡考證，分條註釋。
皇言定聲錄	清毛奇齡撰、	八	西河全集本、	是書因康熙論樂而自附其九聲七調之說。
竟山樂錄	清毛奇齡撰、	四	西河全集本、	是書據明甯王權唐樂笛色譜，申明其七調九聲之說以攻駁古人。
李氏學樂錄	清李塨撰、	二	西河全集本、龍威祕書本、	是書根據奇齡五音七聲十二律器色相配之論，演爲七圖而各爲之說。大旨與笛色譜相出入。
樂律表微	清胡彥昇撰、	八	耆學齋刊本、	是書凡度律審音製調考器各二卷，多糾正古人之謬。

律呂新論	清江永撰、	二	守山閣本、	是書大旨以琴音立說。蓋卽京房造均以弦求聲之意。
律呂闡微	清江永撰、	一〇	抄本、	是書大旨以鄭世子樂書爲宗，惟方圓周徑用密率起算與之微異。
琴旨	清王垣撰、	二	抄本、許氏有刊本、	是書考定音調，皆以律呂正義爲本。

書名	著者	卷數	版本	書旨
爾雅註疏	晉郭璞註、宋邢昺疏、	一一	閩監毛殿江西五種本、雪窗書院刊本、黄丕烈藏宋刊單疏本、元刊明修註疏本曹氏進德齋刊巾箱本、瞿氏有明仿宋刊單注本福禮堂(一作福履堂)刊本清芬閣重刊本、曲阜孔氏本郎奎金五雅本、鍾人傑本、格致叢書本、臧鏞堂仿元雪窗本佳、陳抱獨仿明景泰中刊本、顧廣圻仿明吳元恭刊本佳、曾燠刊影宋繪圖單注本、單疏本、近吳興陸氏十萬卷樓已付刊、顧仿吳本、今揚州有重刻本、日本覆監本、粵覆殿本、同文局本、	爾雅所解，或出諸子雜書，不盡釋經，而釋經者爲多。

爾雅註	宋鄭樵撰、	三	津逮祕書本、學津討原本、侯官鄭杰己亥刊巾箱本、嘉慶黔中刊本、又鄭垣刊本、注亦大字、	是書通其所可通而闕其所不可通，於說爾雅家爲善本。
方言	漢楊雄撰、	一三	漢魏叢書本、格致叢書本、古今逸史本、胡文煥百名家書本、聚珍板本、閩覆本、抱經堂校本、戴震疏證微波榭本、盧手校本、小學彙函本、舊抄本、	許慎說文引雄說皆不見於方言，其義訓用方言者又不言楊雄，疑係後人依託。
釋名	漢劉熙撰、	八	漢魏本、格致本、古今逸史本、百名家書本、鍾評祕書本、經訓堂吳氏疏證本、明儲邦倫刊本一卷、小學彙函本、明郎奎金刊逸雅本、	是書二十篇，以同聲相諧，推論稱名辨物之意。

廣雅	魏張揖撰、	一〇	漢魏本、格致本、五雅本、逸史本、明正德庚辰吳都本、畢效欽本、王念孫疏證本、許氏亦有鈔本、小學彙函本、	是書因爾雅舊目，採漢儒箋註及三倉說文方言諸書以補所未備。
匡謬正俗	唐顏師古撰、	八	雅雨堂本、藝海珠塵本、明刊顏氏傳書本、崇文局本、小學彙函本、	是書前四卷皆論諸經訓詁音釋，後四卷皆論諸書字義字音及俗語相承之異。
羣經音辨	宋賈昌朝撰、	七	張氏澤存堂刊本、天祿後目有宋刊本二部、樂意軒有翻宋本、粵雅堂刊本、鐵華館本、石印本、	是編聚諸經之字同而音訓各異者以類相從，分為五門，一一詳為辨別。
埤雅	宋陸佃撰、	二〇	格致叢書本、五雅本、明初顏楲刊本、成化己亥刊本、嘉靖元年贛州府清獻堂本、乾隆間有活字本、桐城蕭茂才穆有元刊本、蕭山陸氏刊本、粵雅新義本、	埤雅者，言為爾雅之輔也。其說諸物大抵略於形狀而詳於名義。

爾雅翼	宋羅願撰、	三二	明新安畢效欽刊本五雅本、格致叢書本、天啓中羅氏刊本、學津討原本、嘉慶己未重刊明本、	是編分草木鳥獸魚虫六類，大致與埤雅相類。
駢雅	明朱謀㙔撰、	七	澤古齋叢書本、近魏茂林注本、明朱氏刊本、借月山房本、	是書皆刺取古書文句典奧者，依爾雅體例分章訓釋，其說以爲聯二爲一，駢異爲同，故名曰駢雅。
字詁	清黃生撰、	一	乾隆五十二年刊本、指海本、	是編於六書多所發明，每字皆有新義。
續方言	清杭世駿撰、	二	杭氏七種本、藝海珠塵本、昭代叢書本、	是書採十三經註疏說文釋名諸書以補揚雄方言之遺，前後類次一依爾雅。
急就篇	漢史游撰、	四	格致叢書本、津逮祕書本、玉海附刊本、元本、學津本、岱南閣巾箱本、明刊顏氏傳書本、天壤閣本、古逸叢書本、小學彙函本、	是書凡三十四章，其字略以類從而不立門目。

說文解字	漢許慎撰、	三〇	汲古閣影刊北宋本、朱筠刊本、孫氏平津館仿宋小字本、藤花榭仿宋小字本、浦氏翻刻孫本、小學彙函本、揚局刊本、同文局本、	是書爲小篆之祖。其推究六書之義，分類部，從至爲精密。
說文繫傳	南唐徐鍇撰、	四〇	汪刊大字本、馬刊小字即龍威祕書本、祁相國刊本附札記佳、小學彙函本、吳氏刊本、	是書以許慎原本十五篇，每篇析而爲二，凡鍇所發明，列於慎註之後以別之。
說文繫傳考異 附錄	清汪憲撰、	四 一	瞿氏清吟閣刊本、八杉齋刊本、	是編因說文繫傳傳寫譌脫，乃雜考諸書核正其異同，附錄一卷，皆諸家論繫傳語。
說文解字篆韻譜	南唐徐鍇撰、	五	函海本、明巡撫李顯刊本、小學彙函本、馮刊十卷本、	是書取許慎說文解字，以四聲部分編次成書。

重修玉篇	梁顧野王撰、	三〇	明詹氏進德書堂刊本、張氏澤存堂刊本、曹楝亭五種本、天祿後目有宋刊本、明內府刊本、明南監本、小學彙函本、日本刊本、	是編分部與說文數同，而部母有所更易，又改篆書爲隸書，故所收字亦較說文爲多。
干錄字書	唐顏元孫撰、	一	明張延登刊本、石本、康熙五年陳上年刊本、柏鄉魏公刊本、夷門廣牘本、格致叢書本、龔氏刊本、小學彙函本、後知不足齋本、玲瓏山館本、	是書爲章表書判而作，故曰干錄。其例以四聲隸字，又以二百六部排比字之後先，每字分俗正通三體，頗爲詳核。
五經文字	唐張參撰、	三	石本、馬氏叢書樓本、微波榭刊本、汪刊叢書本、玲瓏仙館本、龔氏刊本、夷門廣牘本、柏鄉魏公本、後知不足齋本、小學彙函本、	是書所列凡三千三百三十五字，依偏旁分百六十部。

九經字樣	唐唐元度撰、	一	石本、叢書樓本、微波榭本、玲瓏山館本、汪刻叢書本、趙谷林重刻五代和凝本、小學彙函本、	是書以補張參五經文字之遺。其字糾正俗體亦頗適中。
汗簡目錄敘略	宋郭忠恕撰、	三一	汪立名仿宋刊本、馮巳蒼手鈔本、又有孫本芝鈔本、一隅草堂刊本、	是編皆錄古文，用古文之偏旁分部，頗不易於尋檢。
佩觿	宋郭忠恕撰、	三	澤存堂刊本、續知不足齋叢書本、唐宋叢書本、海寧許氏仿宋刊本、鐵華館本、石印本、	此書上卷備論形聲譌變之由，中下二卷則取字畫疑似者以四聲分十段。
古文四聲韻	宋夏竦撰、	五	乾隆己亥汪啟淑刊本、又曰集古文韻天一閣宋紹興己丑浮屠寶達重刊本、碧琳瑯館本、	是編即取汗簡而分韻錄之，然較汗簡易於檢字。
類篇	宋司馬光撰、	四五	棟亭曹氏揚州詩局刊本十五卷、每卷分上中下、粵東刊本、	是編凡五百四十三部，以集韻所收字爲本，而又補其所遺。

歷代鐘鼎彝器款識法帖	宋薛尚功撰、	二〇	阮刊本、明崇禎中朱謀垔校刊本、石刻宋拓本天祿後目有元刊硃印本三部、又影宋鈔一部、	是書皆鈎摹古器銘詞爲之箋釋，大致以考古博古二圖爲主而稍摭拾以附益之。
復古編	宋張有撰、	二	安邑葛氏刊本、昭文張氏有明初刊本明萬曆中黎民表刊本、淮南局本、石印本、	是書根據說文解字以辨俗體之譌，以四聲分隸諸字於正體用篆書別體俗體則附載註中。
漢隸字源	宋婁機撰、	六	汲古閣刊本、丁杰校刊本、張金吾有汲古舊鈔本、日本刊本、	是書前列考碑分韻辨字三例，次碑目一卷，以數目記其先後。
班馬字類	宋婁機撰、	五	叢書樓本、別下齋本、後知不足齋本、明刊本、馬氏仿宋本天祿後目有宋刊本六部、昭文張氏有鈔本、	是編採史記漢書古字僻字以四聲部分編次，有裨於小學。
字通	宋李從周撰、	一	知不足齋本、毛氏汲古閣影宋本、每頁十行行大字十八、小字夾行二十、精抄本、	是書以說文校隸書之偏旁，凡分八十九部，爲字六百有一。

六書故	宋戴侗撰、	三三	乾隆四十九年李鼎元刊本、明張萱刊本、通釋一卷、	是編大旨主以六書明字義，謂字義明則貫通羣籍理無不明。凡分九部，盡變說文玉篇之例。
龍龕手鑑	遼僧行均撰、	四	函海本、汪氏叢書本、遼刊本在錢塘瞿氏每半頁十行、每行大小三十字不等、原名手鏡宋刊改爲鑑、	是書以偏旁分部，部首之字以四聲爲序，每字之下詳列別體，於說文玉篇之外多所搜輯。
六書統	元楊桓撰、	二〇	明刊本、姚若有元刊本殘缺、即明南監本、其子守義奉敕在江浙刊行、	是編大旨以六書統諸字，故名曰六書統。
周秦刻石釋音	元吾邱衍撰、	一	姚若有貝鏞影鈔明本、十萬卷樓本、	是書因宋淳熙中楊文昺舊本重加删定而成。
字鑑	元李仲文撰、	五	澤存堂刊本、許槤校刊本、鐵華館本、石印本、	是書於字畫疑似舛謬者，以四聲二百六部分編，各爲辨證。

說文字原 六書正譌	元周伯琦撰、	一 五	元至正乙未刊本、嘉慶元年于氏刊本、成化本、崇禎甲戌胡正言重刊本、張目字原有影元刊本正譌、有元刊本	二書大致從許愼者半，自爲說者亦半。
漢隸分韻	不著撰人名氏、	七	格致叢書本、乾隆壬辰辨志堂刊本、海昌吳氏拜經樓有元翻宋刊本、	是編分韻以一東二冬三江等標目，以漢隸分韻編次，大致出於婁機書。
六書本義	明趙撝謙撰、	一二	明正德己卯于器之刊本、秦川胡文質刊本、	是編六書論及六書相生諸圖，大致祖述鄭樵之說。
奇字韻	明楊愼撰、	五	函海本祇一卷、	是編標字體之稍異者類以四聲，故曰奇字韻。
古音駢字 續編	明楊愼撰、	一 五	函海本、	是書取古字通用者以韻分之，各註引用書名於其下；由字體之通求字音之通，於秦漢以前古音頗有考證。

俗書刊誤	明焦竑撰、	一二	路有抄本、見過齋本、	是編前四卷以四聲隸字刊正其譌，五卷考字義，六卷考駢字，七卷考字始，八卷九卷考音同字異，十卷考字同音異，十一卷考俗字，十二卷考字形疑似。
字孿	明葉秉敬撰、	四	杭人潘之琮刊本、顧氏玲瓏山館重刊本、	是編取字形似而義殊者分類詁之，與郭忠恕佩觿大旨略同。每字綴以四言歌訣，則秉經自創之例。
康熙字典	清張玉書等撰、	四二	康熙內府刊本、江南覆本、海昌陳氏刊本、道光重校內刊本、	是書每字詳其聲音訓詁，皆先今韻後古韻，先正義後旁義，又備載古文以溯其本，兼列俗體以訂其譌。
西域同文志	清傅恒等撰、	二四	官刊本、	是編以通西域屬國之文分四大綱：曰地曰山曰水曰人。首列滿文爲樞紐，次列漢字以釋名義，次列三合切音以求聲韻，次列蒙古西番託忒回字，絲連珠貫，比例可求。

增訂清文鑑	清傅恒等撰、	三二	官刊本、	是書以滿文爲主。左列漢字切韻，右列漢語。
補編		四		
總綱		八		
補總綱		二		
滿洲蒙古漢字三合切音清文鑑	清阿桂等撰、	三三	官刊本、	是編以旗語漢語蒙古語通貫爲一，使互相音釋。凡旗語一句，必兼載蒙古語漢語以明其義，併各以蒙古字漢字對音以定其聲。
篆隸考異	清周靖撰、	二	四庫著錄係長州文倉手鈔本、云未有刊本、陸心源藏其手稿八卷、	是書用意與張有復古篇略同，惟有書以韻分，此以偏旁分，有書以篆領隸，此書以隸領篆耳。
隸辨	清顧藹吉撰、	八	項氏玉淵堂刊本、乾隆癸亥黃晟翻項本、	是書鈎摹漢隸之文，以宋禮部韻編次，每字下分註碑名，并引碑語。

廣韻	不著撰人名氏、	五	曹楝亭五種本、明經廠大字本、又有麻沙小字題乙未歲明德堂刊本、天祿後目有宋刊麻沙本顧亭林刊本、許氏有元刊本、澤存堂本、古逸叢書本小學彙函本、	是編註文簡當，係宋大中祥符重修以前之舊本。
重修廣韻	宋陳彭年邱雍等撰、	五	張士俊仿宋本汪氏明善堂本、曹楝亭本末入聲不全、陸丹叔藏有宋刊本、長沙郯刊張本劣、小學彙函本古逸叢書本、石印本、	是書二百六部仍從舊本，而註則加詳。
集韻	宋丁度等撰、	一〇	曹楝亭刊本、昭文張氏有余蕭客精校本、天祿閣後目有宋刊本、陳小鐵有段懋堂鈕匪石合校本、汪小米有從宋板校本、仁和瞿氏有影宋鈔本、粵刊本、	是書刪廣韶註文之冗，而多列重文，雅俗不辨，韻篆兼存。

切韻指掌圖 附檢例	宋司馬光撰、	二 一	昭文張氏有舊抄本較大典本完善、墨海金壺本、十萬卷樓本、同文局本、姚再洲有影宋鈔校本、毛鈔影宋本一卷、	考光自序實因集韻而成是圖。等韻之傳於今者，以此書爲最古。
韻補	宋吳棫撰、	五	明初刊本、嘉靖元年陳鳳梧重刊本上下二卷、山西楊氏新刊叢書本、天祿後目有宋刊本、高宰平有元刊本、徐氏刊本、	韻書始自齊梁，而古韻則以棫此書爲祖。
附釋韻互註禮部韻略 貢舉條式	宋丁度撰、	五 一	明南監本、曹楝亭刊本、常熟錢氏影宋鈔本多末附一卷、曹刊無之、粵刊本、	此書收字最狹，漏略殊多，然宋一代程試懸爲功令，不敢一字出入，末附貢舉條式一卷，於一切科舉程式及添減韻字之故，甚爲詳悉。
增修互註禮部韻略	宋毛晃增註、	五	明刊本多譌舛、四庫著錄係宋寶祐四年蜀中刊本、許氏有元刊本、	是書因禮部韻略收字太狹，乃蒐採典籍依韻增附。又韻略之例，凡字有別體別音，以及音義字畫之誤者，皆一一辨正。

增修校正押韻釋疑	宋歐陽德隆撰、	五	路有鈔本、四庫總目云、久無刊版、	是書卽永樂大典所謂紫雲韻，每字之下所註宋代場屋磨勘韻字之案牘頗爲賅備。
九經補韻	宋楊伯嵒撰、	一	百川學海本、古今逸史本、秦氏汗筠齋叢書本、附錢侗攷證本、學津討原本、粤雅堂本、	是書因官韻漏略，乃捃摭九經之字以補之，凡七十九字。
五音集韻	金韓道昭撰、	一五	明成化丁亥刊小字本、正德乙亥刊大字本、高宰平有元刊本、元至正庚寅重刊小字本、萬曆己丑刊本、	是編所收之字，大致以廣韻爲藍本。而增入之字則以集韻爲藍本。
古今韻會舉要	元熊忠撰、	三〇	昭文張氏有元刊本、李愚谷刊本、高宰平有元刊本、平津館有元刊本、日本據嘉慶本重刊本、淮局本、	是書以禮部韻略爲主，而佐以毛晃劉淵所增補。

四聲等子	不著撰人名氏、	一	曾一經刊本、萬曆五年崇德圓通菴僧如彩單刊本、元刊本每半頁十三行行十八字、	錢曾讀書敏求記以爲即劉鑑切韻指南，然大同小異截然兩書。
經史正音切韻指南	元劉鑑撰、	一	明成化刊本、附改併五音篇後、萬曆己丑刊本、亦附改併篇韵後、今康熙甲子釋恆遠單刊本、姚若有元刊本、	是書大旨以司馬光指掌圖爲粉本，而參用四聲等子，增以格子門法，於出切行韻取字乃始分明，
洪武正韻	明樂韶鳳撰、	一六	明初官本、隆慶辛卯重刊本，萬曆三年刊本、附玉鍵一卷、張士佩撰、	是編大旨斥沈約爲吳音，一以中原之音更正其失。其注釋則以毛晃增韻爲稿本，而稍以他書損益之。
古音叢韻	明	五	海函本、明嘉靖李元陽刊本、	是編皆用吳棫韻補之例，以今韻分部，而古韻之相叶者分隸之。
古音獵要	明楊慎撰、	五		
古音餘		五		
附錄		一		

古音略例	明楊愼撰、	一	函海本、李元陽刊本、	是書取易詩禮記莊荀管諸子有韻之詞，標爲略例。
轉註古音略	明楊愼撰、	五	函海本、李元陽刊本、	是書前有自序，大旨謂毛詩楚辭有叶韻。
毛詩古音考	明陳第撰、	四	龍氏敷文閣刊本、閩中徐氏明刊本、學津討原本、一齋全書本、乾隆刊本、明辨齋本、	是編大旨謂古人之音與今異，凡今所稱叶韻，皆古人之本音。
屈宋古音義	明陳第撰、	三	明刊本、一齋全書本、學津討原本、毛詩古音考屈宋古音義近有武昌張氏刊本、明辨齋本、	是書以屈原宋玉多三百篇之遺音，乃取其賦三十八篇，擇其中韻與今殊者二百三十四字，各推其本音，與毛詩古音考互相發明。
音韻闡微	清李光地撰、	一八	殿刊本、揚局本、	部分一如官韻，惟文部別出殷字爲子部，存廣韻之舊，其翻切則前列舊音以考古讀。

同文韻統	清允祿等撰、	六	殿刊朱墨本、	是書以天竺五十字母西番三十字母參考異同而音以漢字使華語梵音互相貫通。
叶韻彙輯	清梁詩正撰、	五八	殿刊本、	是編字數部分，皆仍佩文詩韻，惟以今韻之離合，別古韻之異同。
音韻述微	清乾隆撰、	三〇		是書合聲切字一本欽定音韻闡微，部分則從佩文詩韻，字則多所增加而互註之例尤詳。
音論	清顧炎武撰、	三	音學五書本、阮刻經解本一卷、近日有翻刊本、	自陳第作毛詩古音考屈宋古音義，而古音之門徑始明。至炎武乃探討本原，推尋經傳，作音論以正之。
詩本音	清顧炎武撰、	一〇	音學五書本、阮刻經解本、近日有銅板翻刊本、	是書卽本經所用之音，互相參考，證以他書，明古音原作是讀，非由牽就，故曰本音。

易音	清顧炎武撰、	三	音學五書本、阮刊經解本、	是書即周易以求古音，上卷爲彖辭爻辭，中卷爲彖傳象傳，下卷爲繫辭文言說卦雜卦。
唐韻正	清顧炎武撰、	二〇	音學五書本、	是編大旨皆以古音證唐韻之譌。
古音表	清顧炎武撰、	二	音學五書本、苗夔音韻鈎沈未刊、	是編凡分十部，皆以平聲爲部首而三聲隨之。其移入之字割併之部即附見其中。
韻補正	清顧炎武撰、	一	亭林十種本、指海本、明辨齋本、	是書於古音叶讀之舛誤今韻通用之乖方，各爲別白註之，使得失自見。
古今通韻	清毛奇齡撰、	一二	康熙甲子史館刊本、西河全書本、	是書爲排斥顧炎武音學五書而作。創爲五部三聲兩合兩界之說，欲以通之一字破炎武之門目。
易韻	清毛奇齡撰、	四	西河全書本、	奇齡韻書與炎武韻書互有出入，故其論易韻亦時有異同。

唐韻考	清紀容舒撰、	五	守山閣本、畿輔叢書本、	孫愐唐韻至宋已佚，而徐鉉等校註說文，尙存其音切，容舒因以其音切參考而得其部分，輯爲此書，以存唐人韻學之遺。
古韻標準	清江永撰、	四	貸園叢書本、黑海金壺本、守山閣本、指海本、韻學三書本、粵雅堂叢書本、	是書以詩三百篇爲主，而以周秦以下音之近古者附之。大旨於明取陳第，於清取顧炎武。
六藝綱目	元舒天民撰、	二	元至正甲辰刊本、近年劉喜海刊本、指海本、楊以增刊本、金陵朱述之刊本、汪氏刊本、	是書取周禮保氏六藝之文，因鄭玄之註標爲條目，各以四字韻語括之。

書名	史記
著者	漢司馬遷撰、褚少孫補、
卷數	一三〇
版本	北宋元祐間刊本、紹興三年官刊本、嘉定六年萬卷樓刊本、宋乾道蔡夢弼刊集解索隱足本、明葛氏刊本、秦藩本、南監嘉靖九年張邦奇本、南監萬歷初余有丁刊大字小字本、南監萬歷二十四年馮夢禎本、雲南劉維覆余有丁本、山西田樂翻余本、北監劉應秋刊本、馮應榴刊本、坊刊本、陳明卿本、陳臥子本、鍾伯敬本、鍾人傑本、黃嘉惠本、汪文盛刊史記注本、明武進吳中珩刊本、明李元陽高士魁校名史記題評本、安成郡彭寅翁崇道精舍刊本、百衲本、
本書旨	案遷自序凡十二本紀，十表，八書，三十世家，七十列傳，共爲百三十篇

史記集解	宋裴駰撰，	一三〇	汲古閣刊本、黃丕烈有蜀大字本、郁泰峯有蜀大字殘本爲婉眞舊藏初印絕精半頁九行行十六字註行二十一二十二字不等、金陵局本點石齋本、	是書採諸家史記音義，併參證以經傳，故名集解。
史記索隱	唐司馬貞撰、	三〇	汲古閣刊單行本、盧抱經有据三家注本索隱校毛氏單刻本、顧抱沖有淳熙辛丑澄江耿秉刊本、黃蕘圃有宋乾道三山蔡夢弼刊本、何子貞有游明校正元中統二年平陽道段氏刊本、明正德戊寅刊本、柯維熊校金臺汪諒本、廣雅局本、	是書首註駰序，次註司馬遷書，次爲述贊及補史記條例，終以三皇本紀。

史記正義

唐張守節撰、

一三〇

明柯氏刊本、嘉靖十三年秦藩本、何子貞有明李元陽高士魁校刊本、程容伯有安成郡彭寅翁崇道精舍刊本、錢遵王有百衲本、錢警石有詳校本、振綺堂有就柯板精校本、嘉靖四年莆田柯維熊校金臺汪諒刊本、嘉靖張邦奇本、萬歷二年余有丁大字本、小字本、萬歷二十四年馮夢禎本、北監本、嘉靖四年震澤王延喆刊本、殿本、孔氏翻古香齋本、湖北局本、金陵局本、同文局本、竹簡齋本、

是書徵引故實極爲賅博，於地理尤爲詳明。

讀史記十表	清汪越撰、	一〇	原刊本、鈔本、	是書獨排比舊文，鉤稽微義；雖其間一筆一削，務以春秋書法求之，未免或失之鑿，而訂譌砭、漏所得爲多。其存疑諸條，亦頗足正史記之牴牾。
史記疑問	清邵泰衢撰、	一	刊三卷本、鈔本、	史記徵引浩博，不免牴牾。此書參考事實，抉摘疵謬，往往多中其失。

漢書

漢班固撰、

一二〇

監本、閣本、殿本、明周采本、汪文盛本、歐陽鐸本、田汝成重刊歐陽本、評林本、汲古閣本、紹熙二年湖北庾司刊本、內府有宋景德刊本、蔣生沐有正統八年刊本、范目有嘉靖己酉福建按察司周采等校刊本、黃丕烈有宋景祐二年刊本、吳槎客拜經樓有不全宋建甯書鋪本、喬鶴儕有元大德九年太平路刊本、袁漱六有宋慶元劉之問元起刊本、聞商邱宋氏有百衲本、張目有宋刊元修本、宋鷺洲書院本、正統翻宋本、明德藩最樂軒刊白文無注本、明葛鼐刊無注本、鍾人傑刊百卷本、陳仁錫本、金陵局本、同文局本、竹簡齋本、北監劉應秋刊本、南監張邦奇刊本、

案固自言紀表志傳凡百篇，篇卽卷也。又言述紀十二，述表八，述志十，述列傳七十，是各爲次第之明證。且隋志作一百十五卷，今本作一百二十卷，皆以卷帙太重，故析爲子卷，卽今本紀分一子卷，表分二子卷，志分八子卷，傳分九子卷是也。

班馬異同	宋倪思撰、	三五	明永樂中刊本、嘉靖十六年汪佃校刊本、萬歷刊本、吳槎客拜經樓有不全宋本、喬鶴儕有元大德太平路刊本、	是編大旨以班固漢書多因史記之舊、而增損其文，乃考字句異同，以參觀得失。
後漢書	本紀列傳宋范曄撰、唐章懷太子注、志晉司馬彪續、梁劉昭註、	一二〇	監本、閣本、殿本、周采柯喬本、歐陽鐸本、汪文盛本、葛本顧起元批評一百卷本、昭文張氏有北宋刊本、宋刊元修本、元刊本、天一閣有嘉靖丁酉廣東崇正書院本、許氏有元大德九年甯國路儒學刊本、又有明陳祖苞刊本、吳勉學之子中珩刊白文無注本、毛本、宋景祐刊本牌漕司院本、正統覆宋本、南監張邦奇刊本、北監李廷機刊本、金陵覆毛本、同文局本、竹簡齋本、福建重修注本、	是編凡本紀十卷，列傳八十卷，志三十卷。

補後漢書年表	宋熊方撰、	一〇	刊本、愛日精廬有舊鈔本、四庫著錄保開萬樓鈔本、知不足齋本、嘉慶刊本、	是編以補後漢書之闕，凡同姓諸侯王表二卷，異姓諸侯表六卷，百官表四卷。
兩漢刊誤補遺	宋吳仁傑撰、	一〇	聚珍板本、閩刊本、知不足齋本、宋淳熙乙酉刊本、嘉慶己未刊本、兩淮馬裕家藏朱昆田鈔自山東李開先家本、傅氏刊本、	初劉攽作兩漢刊誤，此書蓋補所遺。然書中乃兼論劉敞劉奉世之說，蓋當時嘗以敞父子所校漢書與兩漢刊誤合刻一編故也。
三國志	晉陳壽撰、	六五	南北監本、汲古閣本、殿本、陳仁錫刊有評點本、路小洲有宋刊蜀志、蘇城汪氏有宋本、黃蕘圃有宋刊單行吳志二十卷、天一閣有元大德丙午朱天錫刊本、明嘉靖蔡宙等刊本、述古堂目有單行裴注本、金陵覆毛本、同文局本、活字本、竹簡齋本、孫銓百有蜀大字本魏志、	是編凡魏志三十卷，蜀志十五卷，吳志二十卷。其書以魏爲正統，頗爲後儒之論端。

三國志辨誤	不著撰人名氏、	三	聚珍板本、墨海金壺本、守山閣刊本、桐華館刊本、閩刊本、	是書所辨陳書及裴註之誤，凡魏志二十八，卷蜀志八條，吳志二十一條。
三國志補註 附諸史然疑	清杭世駿撰、	六 一	杭氏刊外集本、知不足齋單刊然疑本、鈔補注本、續粵雅堂單刊補注本七種單刊然疑本、昭代叢書單刊然疑本、	是書補裴松之三國志注之遺，凡魏志四卷，蜀志吳志各一卷，其諸史然疑一書，爲世駿未成之稿，以辨證頗有可採，今仍附載於末焉。
晉書	唐房喬等撰、	一三〇	宋刊本、元刊明修本、南監重修本、北監方從哲刊本、吳仲虛刊本、毛氏無音義本、殿刊本、明蔣之翹更定本、鍾人傑刊本、明仿宋本、萬歷吳琯西爽堂刊本、明藩府刊大字本、桂林唐子實有仿宋寶祐刊本、明有翻宋九行大字刊本、萬歷中周氏翻宋九行十六字本、金陵局本、同文局本、竹簡齋本、	考典午一代不乏名臣，而御贊者僅一工文之士衡，一工書之逸少，則全書宗旨大概可知。其所褒貶略實行而獎浮華，其所採擇忽正典而取小說，波靡不返，有自來矣！

宋書	梁沈約撰、	一〇〇	眉山七史本、南監本、北監方從哲刊本、毛本、殿本、許氏有九行邋遢本、同文局本、金陵局本、竹簡齋本、	據約進表稱紀傳合表志爲七十卷，今此書有紀志傳而無表，劉知幾史通謂此書爲紀十志三十列傳六十合百卷，不言其有表，隋書經籍志亦作宋書一百卷，與今本卷數符合，或唐以前其表早佚，今本卷帙，出於後人所編次歟。
南齊書	梁蕭子顯撰、	五九	南監趙用賢刊本、北監蕭雲擧刊本、毛本、殿本、許氏有九行邋遢本、金陵局本、同文局本、竹簡齋本、	此書原本六十卷，至唐已佚一卷，又其中良政高逸孝義倖臣諸傳皆有序，而文學傳獨無敍。
梁書	唐姚思廉撰、	五六	南監余有丁刊本、周子義重校本、北監蕭雲擧刊本、元刊明修本、毛本、殿本、許氏有九行邋遢本、金陵局本、同文局本、竹簡齋本、	是書舊唐書經籍志及思廉本傳俱云五十卷，新唐書作五十六卷，考劉知幾史通謂姚察有志撰勒，施功未周，其子思廉憑其舊稾加以新錄，述爲梁書五十六卷，則舊唐書誤脫六字審矣。

陳書	唐姚思廉撰、	三六	南監趙用賢刊本、北監李騰芳刊本、毛本、殿本、許氏有九行邋遢本、金陵局本、同文局本、竹簡齋本、	氏父先纂梁書，此書僅成二卷，其餘皆思廉所補撰。今讀其列傳體例，秩然出於一手，不似梁書之參差，亦以此也。
魏書	北齊魏收撰、	一一四	南監本、北監李廷機刊本、毛本、殿本、許氏有九行邋遢本、金陵局本、同文局本、竹簡齋本、	是書凡十二紀九十二列傳，分爲一百三十卷。今所行本爲宋劉恕范祖禹等所校定。
北齊書	唐李百藥撰、	五〇	宋刊明修本、南監趙用賢刊本、北監李騰芳刊本、毛本、殿本、天一閣有萬歷十年刊本、許氏有九行邋遢本、金陵局本、同文局本、竹簡齋本、	是書大致仿後漢書之體，卷後各繫論贊。惟自北宋以後，漸就散失。今本列傳之中，無論贊者十九卷，有贊無論者一卷，有論無贊者五卷，傳文亦似補綴而成，非其本書。

周書	唐令狐德棻等撰、	五〇	宋刊明修本、南監本、北監蕭雲舉刊本、毛本、殿本、許氏有九行邋遢本、金陵局本同文局本、竹簡齋本、	是書殘缺殊甚，多取北史以補亡。觀二十五卷二十六卷三十二卷三十三卷三十四卷之所載，其剽取北史之痕迹尤爲顯然。
隋書	唐魏徵等撰、	八五	元刊明修本、南監李道統刊本、北監方從哲刊本、毛本、殿本、內府有南宋嘉定間刊本、天一閣有景泰元年夏日永刊本、昭文張氏有元刊本、許氏有十行邋遢本、揚州局本、同文局本、竹簡齋本、	當時梁陳齊周隋五代史本連爲一書。十志卽爲五史而作，故亦通括五代。其編入隋書，特以隋於五史居末，非專屬隋也。
南史	唐李延壽撰、	八〇	元大德刊本、南監本、北監楊道賓刊本、毛本、殿本、張溥刊本、金陵局本、同文局本、竹簡齋本、	是書與北史出一手，而義例頗爲兩歧。大致因四史舊文稍爲刪潤。

北史	唐李延壽撰、	一〇〇	元大德刊本、南監本、北監方從哲刊本、毛本、殿本、許氏有十行邋遢本、金陵局本、同文局本、竹簡齋本、	氏世居北方，見聞較近，故於北史用力獨深。如載元韶之姦佞、彭樂之勇敢、郭琬沓龍超之節義，皆具見特筆，出酈道元於酷吏，附陸法和於藝術，離合編次，亦深有別裁。
舊唐書	晉劉昫等撰、	二〇〇	明聞人詮刊本、殿本依閣板排印本、浙局本、同文局本、竹簡齋本、道光中揚州岑氏懼盈齋依聞本、蘇城汪氏有殘宋本六十八卷半頁十四行行二十五字、	按是書所述，大致長慶以前惟書大事，簡而有體，列傳敍述詳明，贍而不穢，長慶以後本紀則詩話書序婚狀獄詞委悉具書，語多支蔓，列傳則多敍官資，曾無事實。
新唐書	宋歐陽修、宋祁同撰、	二二五	北宋刊本、元刊明修本、南監本、北監蕭良有刊本、毛本、殿本、內府有宋嘉祐刊本、天一閣有元大德刊本、蔣生沐有宋刊小字本、昭文張氏有元刊本、許氏有十行行二十二字邋遢本、浙局本、同文局本、竹簡齋本、	大旨以事增文省，求勝舊書，而事多採小說，文多成澀體，亦在於此。

新唐書糾謬	宋吳縝撰、	二〇	鈔本、知不足齋本、紹興長樂吳元美刊於湖州本、海虞趙開美校刊本、	此書專以駁正新唐書之譌誤，凡二十門，四百餘事，初名糾謬，後改為辯證，而紹興間長樂吳元美刊行於湖州，仍題曰糾謬，故至今尚沿其舊名。
舊五代史 目錄	宋薛居正等撰、	一五〇 二	聚珍板本、殿本、掃葉山房刊本、湖北局本、同文局本、竹簡齋本、	是書文體平弱，不免敍次煩冗之病，而遺聞瑣事反藉以獲傳，實足為考古者參稽之助。
新五代史	宋歐陽修撰、	七五	宋刊明修本、宗文書院刊本、汪文盛刊本、南監本、北監敖文禎刊本、毛本、殿本、季目有北宋本又元本、余有丁刊本、乾隆丙寅歐陽氏刊本、明鍾名臣刊楊愼評本、湖北局本、同文局本、竹簡齋本、	是書褒貶祖春秋，故義例謹嚴；敍述祖史記，故文章高簡；而事實則不甚經意。

五代史記纂誤	宋吳縝撰、	三	聚珍板本、知不足齋本、閩刊本、	是書南渡後，嘗與新唐書糾謬合刻於吳興，附唐書五代史末，今糾謬尚有槧本流傳，而是書久佚，惟永樂大典頗載其文，採掇裒集，猶能得其次序，晁公武稱所列二百餘事、今檢驗僅一百十二事，約存原書十之五六，然梗概已略具矣。
宋史	元托克托等撰、	四九六	明朱英刊本、南監重修本、北監方從哲刊本、殿本、許氏有元刊十行本、浙局本、同文局本、竹簡齋本、	大旨以表章道學為宗，餘事皆不甚措意，故舛謬不能殫數。
遼史	元托克托等撰、	一一六	元刊本、南監張邦奇刊本、北監沈漼刊本、殿本、昭文張氏有項墨林藏書明初鈔本、許氏有十行邋遢本、蘇局本、同文局本、竹簡齋本、	是書係成自耶律儼陳大任二家所紀，見聞既隘，又蕆功於一載之內，無暇旁搜，潦草成編，實多疏略，惟國語解一卷，仿古人音義之意，其例甚善。

遼史拾遺	清厲鶚撰、	二四	振綺堂刊本、	是書拾遼史之遺，有註有補，均摘錄舊文爲綱，而參考他書條列於下，凡有異同，悉分析考證，綴以按語。
金史	元托克托等撰、	一三五	南監張邦奇刊本、北監李騰芳刊本、殿本、昭文張氏有元刊本、天祿後目有金史初成時杭州所刊官本、許氏有十行邋遢本，蘇局本、同文局本、竹簡齋本、	是書所依據較遼史爲詳賅，體亦爲嚴整。舊本三十三卷有闕文，今以內府所藏元刻校補，仍爲完帙。
元史	明宋濂等撰、	二一〇	明洪武刊本、北監楊道賓刊本，殿本、許有十行邋遢本、昭文張氏有初印本、洪武時刊南監本、蘇局本、同文局本、竹簡齋本、	是書倉卒而成，最爲草略。碑誌之語，案牘之文往往不及修改。

遼金三史國語解	清乾隆撰、	四六	京板本、	是編以索倫語正遼史之誤，以滿洲語正金史之誤，以蒙古語正元史之誤。言必究其義，字必諧其音；一一州分部列，開卷粲然。
明史 目錄	清張廷玉等撰、	三三二 四	殿刊本、江蘇翻刻本、同文局本、竹簡齋本、	是書凡本紀二十四卷，志七十五卷，表一十三卷，列傳二百二十卷，目錄四卷。

書名	著者	卷數	版本	書旨
竹書紀年		二	漢魏叢書本、古今逸史本、天一閣刊本、五經翼本、史拾遺聞本、孫晴川考定本、平津館叢書本、陳詩集注本、陳逢衡集證五十卷本、雷學淇考訂本、洪稚存校本、林春浦補證本、張遂辰刊本、	是書稱魏之史記，由汲郡人發冢而得，晉書具載其事，隋志亦載其名，而考證最精之顧炎武亦往往引以爲據。然證以諸書所引，與今本多不相符，註文亦多勦取宋書符瑞志，然則此注亦依託耳。
竹書統箋	淸徐文靖撰、	一二	乾隆十五年崔氏刊本、位山叢書本、孫晴川刊本、浙局本、	是書首仿司馬貞補史記例，作伏羲神農紀元，題曰前編，次爲雜述，述竹書源流，皆不入卷數，其箋則仿注疏之例，發明於各條之下，蓋文靖誤以紀年爲原書，又誤以其注眞出沈約，故以箋自名。

漢紀	漢荀悅撰、	三〇	明呂柟校正翟清刊本、嘉靖戊申黃姬水刊本、萬歷二十六年刊本、康熙中蔣國祥刊本、天祿後目有前後漢紀三十卷宋紹興十二年刊本、	是書依左傳體爲漢紀三十篇，詞約事詳，論辨多美，歷代皆重其書顧炎武獨病其敘事索然無味，間或首尾不備，未免詆之過當。
後漢紀	晉袁宏撰、	三〇	明南監本、嘉靖戊申黃姬水刊本、呂柟校正翟清刊本、康熙中蔣國祥刊本、康熙丙子成德刊本、	是書體例全仿荀悅書，其取材則以張璠漢記爲主，而以謝承以下諸家益之。
元經	舊本題隋王通撰、	一〇	明程榮刊本、掃葉山房本、漢魏叢書本、明刊單行本每頁二十四行行二十二字、	是書唐志不著錄，至宋乃出於阮逸家，晁公武疑卽逸作，似爲近之。

大唐創業起居注	唐溫大雅撰、	三	胡氏祕冊彙函本、津逮祕書本、唐宋叢書本、學津討原本、汲古閣本、	是書凡三卷；上卷記起義旗至發引四十八日之事；中卷記起自太原至京城一百二十六日之事；下卷記起攝政至卽眞一百三十八日之事。
資治通鑑	宋司馬光撰、元胡三省音注、	二九四	元刊本、明刊本、胡刻本、日本刊本、浙局本、道光中湖南翻刻果泉本、明陳仁錫刊本、吳勉學刊本、路進刊本、天祿後目有北宋刊無注本、蜀大字本、崇禎中宜興刊本、	是書網羅完富，體大思精，而名物訓詁，亦浩博奧衍。
資治通鑑考異	宋司馬光撰、	三〇	明初刊本、許氏有單行考異本、劉菽雲有京口刊本、嘉靖甲辰刊本、局刊本、廣雅局本、蘇城汪氏有宋刊本、	是編所採書自正史以外，雜史至三百三十二種；記錄既繁，異同互出，因參校以作此書，明所以去取之意。

通鑑釋例	宋司馬光撰、	一	明陳仁錫刊附大目錄之首、昭文張氏有舊鈔原本、	是書乃光修通鑑時所定凡例。後附與范祖禹書，有光曾孫伋跋語：稱遺稾散亂，所藏僅存，脫略已甚，伋輒分類爲三十六例，末題丙仲戌秋。
資治通鑑目錄	宋司馬光撰、	三〇	明刊本、道光間揚州刊本、趙府君敬堂刊本、蘇局本、蘇城汪氏有宋本、郁泰峯家有宋本、	是書體裁全仿年表用史記漢書舊例。其標明卷數使知某事在某年，某年在某卷，兼用目錄之體，則光之創例，通鑑爲紀志傳之總會，此書又通鑑之總會矣。
通鑑地理通釋	宋王應麟撰、	一四	玉海後附刊本、津逮祕書本、學津討原本、雜海本、汲古閣本、學海類編本、	是書首州域，次都邑，次山川，次形勢，而以唐河湟十一州石晉燕雲十六州附於末。

書名	撰者	卷數	版本	提要
資治通鑑釋文辨誤	元胡三省撰、	一二	胡刊本、陳仁錫吳勉學本、元刊明修本、昭文張氏有刊本、	三省既自爲通鑑音註，復以司馬康釋文本出僞託，而史炤所作譌謬相傳。恐其貽誤後學，因作此書以刊正之。
通鑑胡註舉正	清陳景雲撰、	一	文道十書本、	是書刊正胡三省通鑑音註之誤，凡六十三條，其中論地理者居多，頗爲精核。
稽古錄	宋司馬光撰、	二〇	明宏治辛酉楊璋刻本、崇禎中長州陳氏刊本、天一閣刊本、學津討原本、明陳鳳梧刊本、天祿後目有宋刊本、	是書上溯伏羲下訖英宗治平之末，而爲書不過二十卷。蓋以各書卷帙繁重，又歷年圖刻於他人，或有所增損，亂其卷帙，故芟除繁亂，約爲此編，而諸論則仍歷年圖之舊。

通鑑外紀 目錄	宋劉恕撰、	一〇 五	明南監十六卷本、明陳仁錫本、石墩書塾本、嘉慶辛未璜川吳氏刊本、山淵堂本、	恕欲作通鑑前紀後紀而不果，迨病亟沒，乃口授其子羲仲以成此書，改名曰外紀。凡包羲以來紀一卷，夏商紀一卷，周紀八卷，又目錄五卷。
皇王大紀	宋胡宏撰、	八〇	鈔本、明萬歷辛亥高安陳邦瞻刻於閩中本、	是書所述上起盤古，下迄周末，前二卷皆粗存名號事蹟，帝堯以後始用皇極經世編年，博採經傳而附以論斷。
中興小歷	宋熊克撰、	四〇	路有鈔本、許氏有鈔本、廣雅局本、	是編排次南渡以後事蹟，首建炎丁未，迄紹興壬午年，經月緯，勒成一書，宋制凡累朝國史先修日歷，其曰小歷，蓋以別於官書也。
續資治通鑑長編	宋李燾撰、	五二〇	許氏有鈔本、天祿後目有宋刊本、愛日精廬活字本、浙局本、	燾因踵司馬光通鑑之例，備採一祖八宗事蹟，薈粹討論，作爲此書，以光修通鑑時先成長編，燾謙不敢言續通鑑，故但謂之續資治通鑑長編。

綱目續麟 校正凡例 附錄 彙覽	明張自勳撰、	二〇 一 一 三		是編首爲校正凡例一卷：列朱子凡例，及劉友益書法凡例而著其所疑；次附錄一卷：列朱子論綱目手書十二篇，多出趙師淵手；續麟十二卷摘列綱目考異書法發明考證之文；彙覽則列擬改正綱三千六百四十餘字，增刪分註四百餘字也。
綱目分註補遺	清芮長恤撰、	四	刊本、	長恤以通鑑綱目分註本出趙師淵手，非朱子之筆，故刪改通鑑往往舛謬，乃取通鑑原文與分註互勘，一一正其是非以成此書。
綱目訂誤	清陳景雲撰、	四	文道十書本、	是書取朱子綱目與諸史原文互相比較以訂其舛謬，一字一句皆證以實據。

大事記　通釋　解題	宋呂祖謙撰、	一二　三　一二	許氏有宋嘉定壬申刊本、明初刊本、胡氏刊本、呂柟刊本、聚珍板本、金華叢書本、	大事記十二卷始周敬王三十九年迄漢武帝征和三年，條下皆註據某書；通釋三卷如說經家之綱領；解題十二卷則如經之有傳也。
建炎以來繫年要錄	宋李心傳撰、	二〇〇	宋寶祐初揚州刊本、許氏有鈔本、蕭氏刊本、	是書述高宗朝三十六年之事，與李燾長編相續。
九朝編年備要	宋陳均撰、	三〇	路有鈔本、昭文張氏有影寫宋刊作皇朝編年備要二十五卷補刊編年備要五卷本、黃丕烈有宋精刊題皇朝編年綱目備要本。	是書用通鑑綱目之例記北宋九朝事蹟，大致據日曆實錄參以李燾長編，刪繁舉要而稍以他書附益之。
續宋編年資治通鑑	宋劉時舉撰、	一五	昭文張氏有元刊本、路有鈔本、學津討原本、振綺堂及許氏俱有鈔本、	是書所記起高宗建炎元年，迄甯宗嘉定十七年。載事有本末，繫年有考據，論人講學亦無門戶之見。

西漢年紀	宋王益之撰、	三〇	湖北局本、掃葉山房席氏刊本、金華叢書本、	是書排比西漢事迹，多搜採於馬班二史之外；條下所載考異，亦多司馬光三劉吳仁傑所遺，頗稱精密。
靖康要錄	不著撰人名氏、	一六	路有鈔本，振綺堂有鈔本、十萬卷樓本、刊本、	是書記欽宗在儲時及靖康一年之事，按日編次。凡政事制度及詔誥之類皆詳載焉。其與金和戰諸事編載尤詳。
兩朝綱目備要	不著撰人名氏、	一六	路有鈔本、昭文張氏有影寫宋刊作續編兩朝綱目備要本、	是書所記起光宗紹熙元年，迄甯宗嘉定十七年。敍次頗爲簡明，議論亦多平允。
宋季三朝政要	不著撰人名氏、	六	元刊本、明張萱刊本、守山閣刊本、學津討原本、精鈔本、袁氏鈔本、	是書以理宗度宗瀛國公稱爲三朝，而廣益二王則從附錄，體例頗公。

宋史全文	不著撰人名氏、	三六	路有元刊題續通鑑長編本、昭文張氏有元刊附宋季朝事實二卷本、元有鄞城游氏刊本、元刊題諸儒集議續資治通鑑本、明刊本、	是書自建隆以迄咸淳，用編年之體以次排纂。大致北宋刪掇李燾長編，高孝兩朝刪掇留正中興聖政草，光甯以後則不知其藍本於何書矣。
資治通鑑前編 舉要	宋金履祥撰、	一八 三	含經堂刊本、吳勉學吳中珩刊本、路進刊本、金仁山叢書本、元刊本、明劉弘毅音釋本、乾隆間刊本、	履祥以劉恕通鑑外紀失之好奇，乃引經據典作此以矯其失。上斷自唐堯下止於春秋，因春秋以前無編年之書故也。
通鑑續編	明陳桱撰、	二四	明刊本、平津館藏書記有元至正二十二年刊本、	此書首述盤古至高辛氏以補金氏通鑑前編之遺爲第一卷；次摭契丹在唐及五代時事以志其得國之故爲第二卷；其餘二十二卷皆宋事，始自太祖終於二王，以繼通鑑之後，故以續編爲名。

大事記續編	明王禕撰、	七七	明成化中刊本、正統刊七十三卷本、	此書乃續呂祖謙大事記而作，體例悉仍其舊，惟解題散附各條之下，不別爲一編。
元史續編	明胡粹中撰、	一六	天一閣目有刊本、振綺堂有明刊本、鈔本、	此書大旨以明初所修元史詳於世祖以前攻戰之事，而略於成宗以下治平之迹。順帝時事亦多闕漏，因作此以綜其要，其曰續編，蓋又續陳桱書也。
開國方略	清乾隆撰、	三二	殿本、石印本、	此書大旨記起兵討尼堪外蘭克圖倫城及入關定鼎等事。
通鑑輯覽 附明唐桂二王本末	清乾隆撰、	一一六 三	內府刊本、江南織造覆本、乾隆末內刊大字朱墨套板本、通行本、浙局本、	乾隆以明正德中李東陽所修通鑑纂要多所舛漏，乃詳考史傳定著此編。至明唐桂二王本末三卷，則備載稱兵遺事。

通鑑綱目三編	清乾隆撰、	四〇	內府刊本、翻印本、江西局本、古香齋二十卷本、巾箱二十卷本、	此書義例一本通鑑輯覽，譯語一本新定遼金元史國語解，分註則採明史紀傳，詳具始末，又作發明以闡書法，作質實以備考證，較舊本特爲精密。
資治通鑑後編	清徐乾學撰、	一八四	四庫箸錄，卽徐氏稾本、中闕第十一卷、此書未刊行、及畢書出而遂廢、	乾學以明人續通鑑者陳桱王宗沐諸本大都年月參差，事蹟脫落，乃與萬斯同閻若璩胡渭等，排比正史參考諸書作爲是編，起宋太祖建隆元年迄元順帝至正二十七年。

書名	著者		版本	本書旨
通鑑紀事本末	宋袁樞撰、	四二	明萬歷刊本，張溥增論正本、宋刊明修本、通行本、天祿後目有宋刊本、宋刊元印本、宋刊有嚴陵小字本、明岳州本、	樞因司馬光資治通鑑區別門目以類排纂，每事各詳起訖自爲標題，每篇各編年月自爲首尾，始於三家之分晉，終於周世宗之征淮南前後始末，一覽了然。
春秋左氏傳事類始末	宋章沖撰、	五	通志堂經解本、宋淳熙乙巳刊本、	是書以左傳所載事蹟排比年月各以類從，使節目相承首尾完具，與樞通鑑紀事本末體例相同。
三朝北盟會編	宋徐夢莘編、	二五〇	路有鈔本、開萬樓藏刊本、振綺堂有朱竹垞藏原本補鈔之本、許氏有舊鈔校本、活字板本、	是書分上中下三帙，皆紀宋金戰和之始末。上帙記政和宣和之事，中帙記靖康之事，下帙記建炎紹興之事，皆採集諸書編年條繫，不加論斷，同異並存，以備史家之採擇，故以會編爲名。

蜀鑑	宋郭允蹈撰、	一〇	明初刊本、明嘉靖中刊本、鈔本、守山閣本、	宋自南渡後，以荆襄爲前障，以興元漢中爲後戶，天下形勢恆在楚蜀，故允蹈是書所述皆戰守勝敗之蹟，於用兵故道尤拳拳示意云。
炎徼紀聞	明田汝成撰、	四	紀錄彙編本、澤古齋叢鈔本、指海本、借月山房本、明刊名行邊紀聞本、	書凡十四篇，皆紀平定西南苗猺之事。每篇各繫以論，所載較史爲詳。其論田州之事歸咎於王守仁之姑息，論黃玹、之事歸咎於于謙之隱忍，無所回護，亦公論也。
宋史紀事本末	明陳邦瞻撰、	二六	通行本、張溥刊一百九卷本、江西局本、明萬曆刊本、	是書本於馮琦者十之三，出於邦瞻者十之七。自太祖代周迄文謝之死，凡分一百九目，於一代興廢治亂之迹，梗概略具。

元史紀事本末	明陳邦瞻撰、	四	通行本、張溥刊二十七卷本、江西局本、明萬歷刊本、	是書所據僅元史及商輅續綱目二書，故不及宋史紀事本末之賅博，又元明開事皆以爲宜入明國史，遂於徐達破大都順帝駐應昌諸事，皆略而不書，故漏略殊甚。
平定三逆方略	清康熙撰、	六〇		是書皆記平定逆藩吳三桂耿進忠尙之信始末。
親征朔漠方略	清温達等撰、	四〇	京板本、	康熙三十五年二月以噶爾丹數爲邊患，親統六師往征，逆黨潰遁；是年九月再戰塞北，降其所屬諸部；明年二月又往征之，噶爾丹敗亡，朔漠悉平。
平定金川方略	清乾隆撰、	三二	殿板本、	是書記討定大金川始末，起於九姓之構釁，訖於郎卡之歸命。

平定準噶爾方略前編 正編 續編	清乾隆撰、	五四 八五 三三	京板本、	是書分爲三編，案年月記載。前編述入關以來征伐之事，正編述掃蕩伊犂俘達瓦齊及削平阿睦爾撒納殲馘波羅尼都霍集占之事，續編述一切善後之事。
平定兩金川方略	清乾隆撰、	一〇二	京板本、	是書詳記殲除小金川逆酋僧格桑大金川逆酋索諾木事。
臨清記略	清乾隆撰、	一六	京板本、	是書詳記平定山東王倫始末，王倫倡亂於壽張，而伏誅於臨清，故以臨清紀略爲名。
蘭州記略	清乾隆撰、	二〇	京板本、	是書詳記平定逆番蘇四十三始末。蘇四十三倡立新教於循化，嘯聚賊黨於河州。其盡殲無遺，則在蘭州龍尾山也。

石峯保紀略	清乾隆撰、	二一		是書詳記勦滅逆回田五等始末，田五爲官軍所蹙，先已自刭，其黨抵於石峯堡負嵎困守，復被官軍圍而殲之，故以石峯堡名書。
臺灣紀略	清乾隆撰、	七〇		是書詳載平定林爽文莊大田之始末。
綏寇紀略	清吳偉業撰、	一二	康熙中刊本、嘉慶十四年張氏照曠閣刊即學津討原本、墨海金壺本、此書又名鹿樵紀聞拜經樓有舊鈔本十五卷、	是編專記崇禎時流寇迄於明亡，分爲十二篇，每篇以三字標題，末各系以論斷。
滇考	清馮甦撰、	二	四庫箸錄係鈔本、雲南備徵志刊本、台州叢書本、	是編不載山川古蹟人物土產藝文之類，惟自莊蹻通滇至明末清初事迹，撮舉治亂大端，仿紀事本末之體，述爲三十七篇，皆首尾完具端緒分明。

明史紀事本末	清谷應泰撰、	八〇	原刊本、通行本、拜經樓有舊鈔本、 康熙中刊本、石印本、	是書仿袁樞通鑑紀事本末之例，編次明代典章事蹟，凡八十卷，每卷爲一目，每篇後各附論斷，皆仿晉書之體，行以駢偶，遣詞抑揚，隸事親切。
繹史	清馬驌撰、	一六〇	康熙中刊本、石印本、	是編纂錄開闢至秦末之事，首爲世系圖年表，不入卷數，次太古十卷，次三代二十卷，次春秋七十卷，次戰國五十卷，次外錄十卷。其每事各立標題，仿紀事本末之意。惟樞書排纂年月，鎔鑄成篇，此書則惟篇末論斷出驌自作。
左傳紀事本末	清高士奇撰、	五三	原刊本、高氏刊本、江西書局本、	此書因章沖左傳事類始末而廣之，以列國分門。其例有五：一曰補逸，二曰考異，三曰辨誤，四曰考證，五曰發明。

平臺紀略
附東征集

清藍鼎元撰、

二
六

雍正壬子刊本、鹿州全集本、龍威秘書本、昭代叢書本、王氏刊本、鈔本、

是編紀清康熙辛丑平定臺灣逆寇朱一貴始末，始於是年四月，迄於雍正元年四月，凡二年之事。

書名	著者	卷數	版本	本書旨
逸周書	晉孔晁注、	一〇	明姜仲文刊本、章蘗刊本、秘書二十一種本、三代遺書本、卜世昌何中允刊本、漢魏叢書本、古今逸史本、五經翼本、抱經堂校刊本、陳逢衡補注二十四卷本、丁宗洛管箋十六卷本、潘振解義本、鍾評秘書本、知服齋本、	考隋經籍志稱此書爲汲冢書。然晉書武帝紀及荀勗束晳傳載汲冢書無周書，漢志乃有周書七十一篇，是隋志誤也。今題曰逸周書，乃從郭璞爾雅註焉。
東觀漢記	隋志題劉珍撰、	二四	聚珍板本、掃葉山房刊本、閩刊本、鈔本、	是書始於漢明帝時，後遞有增續。至熹平中乃成書。其稱東觀者，後漢書註引雒陽宮殿名云。
建康實錄	唐許嵩撰、	二〇	汪氏有宋本、張海鵬重刊宋本、上海郁氏有舊影宋鈔本、昭文張氏有舊鈔本、	書中備記六朝事迹，起吳大帝，迄陳後主，凡四百年，而以後梁附之，以六朝皆都建康，故以爲名。

隆平集	舊本題宋曾鞏撰、	二〇	明刊本、康熙辛巳刊本、淡生堂餘苑本、董氏萬卷堂刊本、天祿後目有宋刊本有紹興十二年趙伯衛序、	是書記太祖至英宗五朝之事，凡分目二十有六體，似會要，又立傳二百八十四，各以其官爲類，頗嫌瑣屑。
古史	宋蘇轍撰、	六〇	明刊本、掃葉山房刊本、天祿後目有宋刊小字本一部大字本二部、陽湖孫氏有元刊大字本、	轍以司馬遷史記多不得聖人之意，乃因遷之舊，上自伏羲神農，下訖秦始皇，爲本紀七，世家十六，列傳三十七，自謂追錄聖賢之遺意，以明示來世，至於得失成敗之際，亦備論其故。
通志	宋鄭樵撰、	二〇〇	元刊本、殿本、明刊大板本、明陳宗夔單刊二十略本、于敏中重刊陳本名通志略五十一卷本、陽湖孫氏昭文張氏均有元至治二年刊本、浙局本、	是編凡帝紀十八卷，皇后列傳二卷，年譜四卷，略五十一卷，列傳一百二十五卷，紀傳及譜皆勦襲舊史，略爲剛潤，殊無可觀，迹其精華，惟二十略。

東都事略	宋王偁撰、	一三〇	眉山程氏五峯閣刊本、掃葉山房刊本、翻宋刊本、楊局刊本、宋板十二行行二十四字、	是書述北宋九朝之事，凡本紀十二，世家五，列傳一百五，附錄八。敘事簡核，論斷亦皆持平。
路史	宋羅泌撰、	四七	明豫章刊本、明萬曆喬可傳刊本、乾隆元年羅氏刊本、坊刻本、敦化堂本、酉山堂本、石印本、	是書凡前紀九卷，述初三皇及陰康無懷之事，後紀十四卷述太昊至夏之事，國名紀八卷述諸國姓氏地理，發揮六卷，餘論十卷，皆辨博考證之文。
契丹國志	宋葉隆禮撰、	二七	掃葉山房刊本、陸香圃依元槧校正本、昭文張氏有元刊本、	是書凡帝紀十二卷，列傳七卷，雜記舊事者八卷。大致掇拾傳聞，不能有所考證。
大金國志	舊本題宋宇文懋昭撰、	四〇	掃葉山房刊本、刊本、舊刊本、	是書凡紀二十六卷，傳三卷，雜錄三卷，雜載制度七卷，行程錄一卷，體例詞格與契丹國志同。

古今紀要	宋黃震撰、	一九	天祿後目有宋刊本、至元三年孫禮之刊本、明刊附黃氏日抄仿元刊本、乾隆丁亥新安汪氏覆元本、	是書撮舉諸史，括其綱要，上自三皇，下迄哲宗元符，每載一帝之事，則以一帝之臣附之。其僭竊割據，亦隨時附見，詞約事該，頗有條貫。
蕭氏續後漢書	宋蕭常撰、	四七	墨海金壺本、道光二十一年上海郁氏宜稼堂刊附札記一卷本、	常因述父志爲此書，以昭烈帝爲正統，作帝紀二卷年表二卷列傳十八卷，以吳魏爲載記凡二十卷，又別爲音義四卷義例一卷。大旨在書法不在事實。
郝氏續後漢書	元郝經撰、	九〇	郁氏宜稼堂刊附札記四卷本、	大旨與蕭常書同，惟作八錄以補陳壽之闕，則蕭常書所未及。論斷多激昂慷慨，於世教有裨。

春秋別典	明薛虞畿撰、	一五	嶺南遺書本、墨海金壺本、守山閣刊本、鈔本、	是書略仿左例，分十二公以統其世，稽三傳人名以繫其事，凡十五卷。末又有其弟虞賓跋稱先仲氏輯春秋別典未脫稿而病卒，乃刪其繁複者十一，補其闕略者十三云云。是此書乃虞畿兄弟二人相續而成也。
歷代紀事年表	清王之樞撰、	一〇〇	殿刊本、刊本、	是編所載事蹟，上起帝堯，下迄元順帝，凡三千七百二十五年，仿史記年表通鑑目之體，編年繫月，條列其大事，經緯交貫，始末兼賅，足爲讀史之綱領。
續通志	清乾隆撰、	五二七	殿本、浙局刊本、	是書記宋遼金元明五朝之事，而兼補唐代之紀傳。
歷代史表	清萬斯同撰、	五三	原刊本、留香閣刊五十九卷本、廣雅局本、	是編體例參取史記漢書，惟刪新唐書宰相世系表及自增宦者侯表大事年表耳。

後漢書補逸	清姚之駰編、	二一	原刊本、康熙癸巳姚氏刊本、	是編蒐輯後漢書之不傳於今者八家：曰東觀漢記八卷，謝承後漢書四卷，薛瑩後漢書，張璠後漢紀，華嶠後漢書，謝沈後漢書，袁山松後漢書各一卷，司馬彪續漢書四卷。
春秋戰國異詞 通表 摭遺	清陳厚耀撰、	五四 二 一		是編採摭羣書所載與春秋三傳國語戰國策有異同者，分國編次，以備考證，亦間爲辨定。又取史記十二諸侯表六國年表，聯合之以爲通表。其瑣事異聞無關體要者，則別爲摭遺附於末。
尙史	清李鍇撰、	一七〇	刊本、	是編以驌書爲稿本，而離析其文，爲之翦裁連絡，改爲紀傳之體，作世系圖一卷，本紀六卷，世家十五卷，列傳五十八卷，繫六卷，表六卷，志十四卷，序傳一卷。

書名	著者	卷數	版本	本書旨
國語	吳韋昭註、	二一	明張一刊鯤本、明嘉靖戊子金李刊於澤遠堂本、明閩中葉邦榮刊本、黃氏仿宋明道二年刻本附黃丕烈札記一卷本、明許宗魯刊本、葛端調刊本、盧之頤刊本、明刊黑口本，高麗刊本、段王裁校訂本、衍聖公刊本、昭文張氏有元刊附補音三卷本、萬歷乙酉新都吳汝紀重刊張本、朱墨套本、明刊無注本、	國語出自何人，說者不一，然終以漢人所說爲近古；所記之事與左傳俱迄智伯之亡，時代亦復相合。中有與左傳未符者，猶新序說苑同出劉向而時復牴牾，蓋古人著書各據所見之舊文，疑以存疑，不似後人輕改也。
國語補音	宋宋庠補輯、	三	微波榭刊本、元刊本、明翻宋刊附國語後本、嘉靖刊本、明刊黑口本、	此本從宋槧錄出。其例以唐人所音居前，庠所增者題補註以別之。其釋正文者大書其字夾註其音；其釋註文者則冠以註字。

戰國策註	舊本題漢高誘註、	三三	四庫箸錄依汲古閣影宋鈔本、雅雨堂刊據宋梁溪安氏本、黃氏仿宋剡川姚氏附札記三卷本、昭文張氏有陸敕先精校梁溪安氏姚宏本、明刊本、惜陰軒本、	考是書實宋姚宏因誘註殘本而補之。其中二卷至四卷六卷至十卷爲誘原註，餘皆宏所補註也。
鮑氏戰國策註	宋鮑彪撰、	一〇	內府有宋紹興刊本、昭文張氏有元刊本、明嘉靖壬子杜詩刊本、嘉靖戊子吳門龔雷刊本、曲阜孔氏刊本、	是書於戰國策篇第先後，皆以己意改移，其註則疏通明顯。
戰國策校註	元吳師道撰、	一〇	四庫箸錄依元時舊刊本、李氏惜陰軒叢書本、陽湖孫氏有元至正中平江路學刊本、明翻黑口本、曲阜孔氏刊本、	是書乃取姚宏續註與鮑彪註參校而雜引諸書以證之。其篇第註文一仍鮑氏之舊，每條之下凡增其所闕者謂之補，凡糾其失者謂之正，各以補曰正曰別之。

貞觀政要	唐吳兢撰、	一〇	宋小字本、明洪武初南雍刊本、成化內府刊本、朱載震刊大字本、掃葉山房刊本、徐星伯以永樂大曲精校掃葉山房刊本、日本刊本、	唐書本傳宋中興書目稱：兢於太宗實錄外，采其與羣臣問答之語，作爲此書，用備觀戒。
渚宮舊事 補遺	唐余知古撰、	五 一	平津館刊本、墨海金壺本、	是書上起鬻熊，下訖唐代，所載皆荊楚之事，題曰渚宮者，左傳孔穎達疏渚宮在郢都之南是也。
東觀奏記	唐裴庭裕撰、	三	稗海本、唐宋叢書本，小石山房本、續粵雅堂本、	是書專記宣宗一朝之事，其稱奏記者，漢以來僚屬所上謂之記也。
五代史闕文	宋王禹偁撰、	一	明余寅刊本、汲古閣本、嘉靖間秦汴序刊本、懺花庵本、鈔本、	是書摭拾五代軼事以補史闕，凡十七條。王士禎香祖筆記稱其辨證精嚴，足正史官之謬、

五代史補	宋陶岳撰，	五	明余寅刊本、淡生堂餘苑本、汲古閣本、檝花庵本、鈔本、	是書所載梁二十一事。後唐二十事，晉二十事，漢二十事，周二十三事共一百四事。
北狩見聞錄	宋曹勛撰、	一	學海類編本、學津討原本、彭文勤云此書與靖康孤臣泣血錄俱全採入三朝北盟會編、	勛以靖康二年二月七日從徽宗入金營，以建炎二年七月歸至南京。所記北行之事，皆與諸書相出入。
松漠紀聞 續	宋洪皓撰、	一 一	元刊本、古今逸史本、學津討原本、顧氏文房小說本、歷代小史本、洪氏刊本、	是書皆記金國事迹，蓋使金居冷山時所作。冷山在上京會甯府，爲唐松漠都督府地，故以名書。
燕翼貽謀錄	宋王栐撰、	五	百川學海本、唐宋叢書本、學津討原本、歷代小史本、	栐以南渡之後，務爲一切苟且之計，祖宗良法多廢格不行，乃輯成憲之可爲世守者，上起建隆，下訖嘉祐，凡一百二十六條，各詳其興革得失之由，以爲法戒。

太平治迹統類前集	宋彭百川撰、	三〇	四庫箸錄係曝書亭鈔本、似無刊本、	是書採北宋舊事分門紀載。於朝廷大政及名臣始末，敍述頗詳。
咸淳遺事	不著撰人名氏、	二	墨海金壺本、守山閣本、粵雅堂本、	是書略於時政而詳於典制。
大金弔伐錄	不著撰人名氏、	四	墨海金壺本、守山閣刊本、許氏有精鈔本、鈔二卷本、	是編皆紀金用兵克宋之事，故以弔伐命名。
汝南遺事	元王鶚撰、	四	澤古齋本、指海本、借月山房本、文瀾閣傳鈔本、	是編卽隨哀宗在蔡州圍城所作，故以汝南命名。所記始天興二年六月迄三年正月，隨日編載，有綱有目，共一百有七條，皆所身親目擊之事，故紀載最爲詳確。
錢塘遺事	元劉一淸撰、	一〇	掃葉山房本、姚若有舊鈔本、文瀾閣傳鈔本、鈔本、掌故叢編本、	是編雖以錢塘爲名，而實紀南宋一代之事。

平宋錄	元劉敏中撰、	三	墨海金壺本、守山閣本、明南監本、	是編記至元十三年巴顏下臨安及宋幼主北遷之事，與史文無大異同。
弇山堂別集	明王世貞撰、	一〇〇	明萬歷庚寅刊本、	是編皆載明代典故，凡盛事述五卷，異典述十卷，奇事述四卷，史乘考誤十一卷，表三十四卷分六十七目，考三十六卷分十六目。
革除逸史	明朱睦㮮撰、	二	明刊本、指海本、鈔本、	是書亦曰遜國記；備述建文帝一朝始末。
蒙古源流	蒙古小徹辰薩囊台吉撰、	八	鈔本、	是書大旨以佛教爲綱，而蒙古之世系始末興衰治亂，即並見於其間。

書名	著者		版本	書旨
太祖高皇帝聖訓	清康熙二十五年編、	四	鈔本、五朝經訓本、	是編凡九十二章，別爲二十六目。
太宗文皇帝聖訓	清康熙二十六年續成、	六	鈔本、五朝經訓本、	是編凡一百一十一章，別爲二十三目。
世祖章皇帝聖訓	清康熙二十六年編、	六	鈔本、五朝經訓本、	是編凡一百一十三章，別爲三十二目。
世祖仁皇帝聖訓	清雍正九年編、	六〇	鈔本、五朝經訓本、	是編凡一千九百餘章，別爲三十二目。
世宗憲皇帝聖訓	清乾隆五年編、	三六	鈔本、五朝經訓本、	是編凡九百十六章，別爲三十類，
上諭內閣	清允祿等編、	一五九	原刊本、廣東刊本、浙江書局刊本、官刊本、	原本不標卷數，惟每月別爲起訖。

硃批諭旨	清雍正十年奉敕校刊、	三六〇	官刊本、朱墨套板本、金陵翻刻本、揚州排印本、江西排字本、金陵排字本、	所載奏摺凡二百二十三人。
上諭八旗	清允祿等編、	一三	京板本、	諭旨涉於八旗者曰上諭八旗。
上諭旗務議覆	清允祿等編、	一二	京板本、	諭旨列前而大臣所議列後者，曰上諭旗務議覆。
諭行旗務奏議	清允祿等編、	一三	京板本、	奏劄列前諭旨列後者，曰諭行旗務奏議。
唐大詔令	宋宋敏求編、	一三〇	路有鈔本、振綺堂有鈔本、許氏有舊鈔本、適園叢書校刊本、	敏求於唐代史事最爲諳悉，此集乃本其父綬手輯之本重加緒正，爲三十類。世無刊本，闕略無從校補，唐代制誥鴻篇略具於是矣。

兩漢詔令	宋林虙編、宋樓昉	二三	宋刊本、明南監本、	所錄不出班范兩書，然排比鱗次，使政治之得失文章之升降皆可互勘而知。
政府奏議	宋范仲淹撰、	二	張目有元元統二年甲戌歲寒堂刊本、范文正全集本、天一閣有明嘉靖辛酉范惟一校刊本、	是書凡八十五篇，分四類：曰治體，曰邊事，曰薦舉，曰雜奏。
包孝肅奏議	宋包拯撰張田編、	一〇	宋淳熙元年趙磻老廬州刊本、明正統元年胡儼刊本、嘉靖刊本、嘉靖三十四年雷逵刊本、萬歷刊本、朝宗書屋聚珍本、續粵雅堂本、康熙丁丑張修刊本、嘉慶八年張祥雲刊本、同治初李翰章刊本、廬陽三賢集本、	自應詔至求退，分三十門；惟所編次多不可曉。

盡言集	宋劉安世撰、	一三	明隆慶中刊本、	安世彈劾權貴，盡言不諱，當時有殿上虎之稱。集中所論諸事史不具載，頗足以考見時政。
讜論集	宋陳次升撰、	五	路有鈔本、	是集爲次升兄子南安丞安國所編，取哲宗顧問之語以名之。所錄奏疏凡二百七篇，久佚不傳，惟永樂大典錄出八十六篇，名臣奏議錄出三十篇，尚存崖略。
左史諫草	宋呂午撰、	一	鈔本、	是編凡奏議六首，附其子沆奏疏一篇，又附載家傳詩文之類及呂氏節女事。午兩爲諫官，以風節自勵，知無不言。其論宰相褒諫之弊，尤爲剴切。

商文毅疏稿略	明商輅撰、	一	刊板久佚、四庫箸錄係天一閣鈔本、	是書凡三十三篇，明史本傳所載諸疏咸在，蓋以散佚之餘，故名曰略。
王端毅奏議	明王恕撰、	一五	正德辛巳三原令王成章刊本、	恕歷仕四十五載，凡上三千餘疏，此集其汰而存之者，大致質實明暢，於時弊多所指陳。
馬端肅奏議	明馬文升撰、	一二	正德十五年刊本、嘉靖丁未魏尙綸編刻十六卷本、	書凡五十五篇，史傳所載讜論，其全文皆在集中，大致皆有關國計，不似明末臺諫徒事囂爭。
關中奏議	明楊一清撰、	一〇	天一閣書目有刊十八卷本、嘉靖初刊本、嘉靖二十九年刊本、道光中雲南刊本、	此編以其生平章疏分爲五類：曰馬政類，曰茶馬類，曰巡撫類，曰總制類，曰後總制類。以所陳多陝甘邊事，故以關中爲名。

書名	撰者	卷數	版本	提要
楊文忠三錄	明楊廷和撰、	七	刊本、	是書凡題奏前錄一卷，題奏後錄一卷，視草餘錄一卷，辭謝錄四卷，實共四種。題曰三錄者，以前三種皆關朝政；辭謝錄則辭職謝恩諸疏，僅一身之私事，特附載之而已。
胡端敏奏議	明胡世甯撰、	一〇	明嘉靖刊本、顧霑刊十二卷本、天一閣目有刊本、鈔本、浙局刊本、	是集所錄奏議，皆與史傳相發明。史稱世甯吶不出口，及具疏則援據古今，洞中窾會，今觀是集不誣也。
何文簡疏議	明何孟春撰、	一〇	萬歷初趙賢刊本、	孟春少從李東陽之門，學問該博，而詩文頗拙，卒不能自成一家，惟生平以氣節自許，歷官所至，於時事得失，敷奏剴切，章疏乃卓然可傳。

垂光集	明周璽撰、	二	温陵刊本、張純修刊本、刊本、	是集上卷載疏十三篇，言皆痛切。後附被禍時家書一通，亦忠義凜然。下卷則附錄祭文碑記之類。
孫毅菴奏議	明孫懋撰、	二	明刊本、鈔本、	集中諸疏，明史本傳僅載其大略。今備錄存之，以與本傳相參考，猶可想見其遺直也。
玉坡奏議	明張原撰、	五	刊本、鈔本、	原以疏論時事謫貴州，而志不少挫。於權璫國戚動相折抑，可謂不負其官。
南宮奏稿	明夏言撰、	五	明王廷瞻刊本、	明代典章至嘉靖而一大變，史志但撮舉綱要，不能具其建議之所以然，觀於是集端委一一具在，錄而存之亦議禮者得失之林也。

訥谿奏疏	明周怡撰、	一	明刊本、指海本、鈔本、	是集爲怡弟恪所編，許穀爲之序，凡吏科奏疏十一篇，太常奏疏二篇，雖卷帙無多而生氣凜然。
譚襄敏奏議	明譚綸撰、	一〇	康熙重刊本、	書分三集：曰閩稿，曰蜀稿。曰薊遼稿。大旨皆論兵之作。
潘司空奏疏	明潘季馴撰、	六	淡生堂目有刊本、	此集凡巡按廣東奏疏一卷，督撫江西奏議四卷，兵部奏疏一卷，皆其子大復從掖垣所貯掇拾而成也。
兩河經略	明潘季馴撰、	四	刊本、	是書皆萬歷初河決高家堰時相度南北河形奏疏，大旨在以隄束水以水刷沙，後卒以此奏功。

兩垣奏議	明逯中立撰、	一	附刊中立周易劄記後本、澤古齋本、借月山房本、指海本、	是書凡奏議六篇，皆中立爲給事中時所上。以歷官吏兵二科，故稱兩垣。
周忠愍奏疏	明周起元撰、	二	周氏裔孫刊本、鈔本、	是集凡西臺奏疏十一篇，撫吳奏疏十九篇，餘爲蘭言錄，崇祀錄，起元傳，皆附錄耳。
張襄壯奏疏	清張勇撰、	六	刊本、鈔本、	是集凡一百二十篇，始於順治六年謝實授甘肅總兵官疏，終於康熙二十三年甘州軍中遺疏。勇之戰功大概於斯可考。
靳文襄奏疏	清靳輔撰、	八	公子治豫刊本、	是編皆其前後治河奏疏。大旨在開引河以殺其勢，引淮水以刷其沙，築六壩以時其宣洩。

華野疏稿	清郭琇撰、	五	郭氏裔孫刊本、鈔本、	是編乃其歷官奏疏，起康熙二十七年，迄四十一年，凡四十四篇。
諸臣奏議	宋趙汝愚編、	一五〇	天祿後目有宋刊本、路少洲有宋淳祐刊本、明會通館活字本、	是編自稱：上可以知時事之得失，言路之通塞，下可以備有司之故實。其大旨以備史氏之闕遺，非夸飾也。
歷代名臣奏議	明楊士奇撰、	三五〇	明永樂刊本、太倉張溥刪正三百二十卷本、	所錄自商周迄於宋元，分六十四門，名目未免過繁；然漢自以後，收羅大備。凡歷代典制沿革之由，政治得失之故，實可與通鑑三通互相考證。
名臣經濟錄	明黃訓編、	五三	明新安刊本、	書凡分十門，皆採輯洪武至嘉靖九朝名臣經世之文，中闕建文一朝，以革除諱之也。
明臣奏議	清乾隆撰、	二〇	聚珍板本、閩覆本、	大旨在研求史傳，以後效驗其前言，考證情形，以衆論歸於一是。

書名	著者	卷數	版本	書旨
孔子編年	宋胡仔撰、	五	嘉靖戊寅胡氏耘經軒刊本、嘉慶中胡培翬刊本、同治刊本、	是書輯錄孔子言行，以論語春秋三傳禮記家語史記諸家所載，按歲編排，體例亦如年譜，其不曰年譜而曰編年，尊孔子也。
東家雜記	宋孔傳撰、	二	黃丕烈有宋刊本、四庫箸錄亦宋刊本、琳琅祕室本、	是書分上下二卷：上卷分九類，皆世系封爵之屬；下卷分十二類，皆孔林聖蹟。
晏子春秋	撰人名氏無考、	八	張目有元刊本、明李氏緜眇閣刊本吳勉學二十子四卷本、明吳懷保校刊本、子彙二卷本、閩刊本、孫星衍校刊本、黃氏仿元刊本、明刊楊愼評本、	書中皆述晏嬰遺事，實魏徵諫錄李絳論事集之流。

魏鄭公諫錄	唐王方慶撰、	五	明正德二年刊本、明嘉靖刊本、康熙中刊本、乾隆中刊本、	書中錄魏徵諫諍之語甚詳，司馬光通鑑所記徵事，多以是書爲依據。其未經採錄者亦皆確實可信，足與正史相參證。
李相國論事集	唐蔣偕撰、	六	路有鈔本、指海本、四庫箸錄係浙江孫仰曾家藏本、	是書乃唐史官蔣偕編緝奏議之文與論諫之事，雖以集名，實魏徵諫錄之類也。
杜工部年譜	宋趙子櫟撰、	一	杜氏刊本、方氏刊本、	譜中惟辨呂大防持論多不確，以宋人舊帙，存以備說杜詩者之參考爾。
杜工部詩年譜	宋魯訔撰、	一	杜氏刊本、方氏刊本、	：訔註杜甫詩，冠以此譜，今其註佚而譜存，頗有失考之處。

紹陶錄	宋王質撰、	二	路有鈔本、振綺堂有鈔本、張目有舊鈔本十萬卷樓本、	上卷載栗里華陽二譜，各摘其遺文遺事爲題，別爲詞以詠之；下卷記唐鹿事而附以林居詠物之詩。
金陀粹編 續編	宋岳珂撰、	二八 三〇	明南監本、明嘉靖唐一鵬刊本、岳志景重編本、昭文張氏有元至正二十三年刊本、嘉靖壬寅晋江洪富刊本、杭州刊本、	是編爲辨其祖岳飛之寃而作，珂別業在嘉興金陀坊，故以名書。
象臺首末	宋胡知柔撰、	五	明刊本、指海本、鈔本、	知柔以其父夢昱爭濟王事貶死象州，乃輯其奏疏遺文及贈答題跋之作，以成此書。
魏鄭公諫續錄前集	元翟思忠撰、	二	聚珍板本、閩覆本、元統中刊本、	此本雖摭拾衆說與史傳間有異同，且有實非諫諍之事而泛濫入之錄中者，然大旨明白切要，於治道頗爲有補。

忠貞錄 附錄	明李維樾林增志同編、	三 一	鈔本、	卷一爲遺詩遺文，卷二卷三爲後人題詠。附錄一卷則爲黃養正陳茂烈之遺事。
諸葛忠武書	明楊時偉編、	一〇	宋刊單行本、明萬歷己未楊時偉合刊忠武靖節二編本、思辨齋本、	是書存連吳南征北伐調御法檢遺事六卷，而增年譜傳略紹漢雜述四卷，共爲十卷。
寧海將軍固山貝子功績錄	不著撰人名氏、	一	指海本、鈔本、澤古齋本、	是書所記乃惠獻貝子富喇塔討伐耿精忠，平定台州之事。
朱子年譜 考異 附錄	清王懋竑撰、	四 四 二	原刊本、粵雅堂本、乾隆辛未白田草堂刊本、道光中江甯重刊本洪武甲戌刊本宣德六年葉氏刊本、嘉靖中李默刊本、婺源洪氏環本、建甯朱氏浚本、武進鄒氏琢本、	大旨在辨別爲學次序，以攻姚江晚年定論之說，故於學問特詳，於政事頗略。

古列女傳	漢劉向撰、	七	明黃省曾刊本、阮福道光時刊仿宋繪圖本、郝氏刊補注本、汪氏輯注本、顧抱冲仿宋刊附考證一卷本、明張溥刊本、崇文局本、	凡分七目：曰母儀賢明仁智貞愼節義辨通嬖孽。
續列女傳	撰者無考、	一		
高士傳	晉皇甫謐撰、	三	漢魏叢書本、古今逸史本、明黃省曾刊與列女傳列仙傳合刻本、崇文局本、明刊本、	原本七十二人，見續博物志，此本乃九十六人，讀書志亦作九十六人，而書錄解題稱今自披衣至管甯惟八十七人，是宋時已非七十二人之舊矣。
卓異記		一	廣祕笈本、歷代小史本、顧氏文房小說本、續百川學海本、	是書皆紀唐代朝廷盛事，故曰卓異。
春秋列國諸臣傳	宋王當撰、	三〇	通志堂本、昭文張氏有舊鈔本、	所傳凡一百九十一人，各以贊附於後。書錄解題稱其議論純正，於經義多所發明。

廉吏傳	宋費樞撰、	二	路有述古堂鈔本、	所錄廉吏自列國至唐凡一百十四人，每代爲總論，傳後亦多系以贊。大旨以風厲廉隅爲主。
紹興十八年同年小錄		一	明初刊本、弘治中會稽王鑑之刊本、清初刊本、乾隆癸卯活字板本、胡心耘有宋刊本、	所取凡三百三十人，首載御筆手詔，次載策問及執事官姓名，次載進士榜名及履貫。
伊雒淵源錄	宋朱熹撰、	一四	朱子遺書本、明楊廉新增本、正誼堂叢書本、明嘉靖乙丑刊本、	所記皆周程門弟子言行。宋史道學儒林諸傳多據此爲之。蓋宋人談道學宗派自此書始，而宋人分道學門戶亦自此書始。
名臣言行錄 前集	前後集朱熹撰、續集別集外集李幼武所補撰、	一〇	安福張鼇山刊本、道光元年洪氏	所錄多嘉言懿行，足資參考。
後集		一四	刊仿宋本、萬歷丁未揚州刊本、崇	
續集		八	禎癸酉南京刊小字本、崇禎戊寅	
別集		二六	張采刊本、	
外集		一七		

書名	著者	卷數	版本	提要
名臣碑傳琬琰集	宋杜大珪編、	一七〇	路有宋刊本、陽湖孫氏有宋刊本、四庫箸錄係浙江孫仰曾家藏本、天一閣有鈔本、陽湖孫氏有宋刊每頁二十行行二十五字上二十七卷中二十五卷下二十五卷稱宋本實明初刊本、	是編凡三集：上集神道碑，中集誌銘行狀，下集別傳爲多。大旨一代鉅公之始末亦約略具是。
錢塘先賢傳贊	宋袁韶撰、	一	元至正二年重刊本、明刊本、知不足齋本、武林掌故叢編本、咸淳臨安志內全載入、	韶嘗知臨安府，請於朝，建許由以下三十九人之祠，且各爲之傳贊。
慶元黨禁	不著撰人名氏、	一	知不足齋本、	考黨禁起於甯宗慶元二年八月，弛於嘉泰二年二月，是書所載僞學之黨凡五十九人，宋史有傳者不及十之三四，其他姓名爵里史所不載者多藉此以見大略。

寶祐四年登科錄		一	宋刊本、明初刊本、乾隆癸卯活字板本、鈔本、續粵雅堂本、	此錄狀元爲文天祥，二甲第一人爲謝枋得。第十七人爲陸秀夫，並孤忠勁節昭耀百世。
京口耆舊傳	不著撰人名氏、	九	守山閣刊本、道光二十九年賀鳴謙刊本、鈔本、續粵雅堂本、	是書採京口名賢事迹各爲之傳，始於宋初迄於端平嘉熙間。其體例全仿正史。
昭忠錄	不著撰人名氏、	一	墨海金壺本、守山閣本、粵雅堂本、明辨齋本、	所記皆南宋末忠節事蹟，故以昭忠名篇。自紹定辛卯元兵克馬嶺堡迄於崖山之覆舟，凡一百三十八。
敬鄉錄	元吳師道撰、	一四	路有鈔本、四庫著錄係浙江汪啟淑家藏本、	是編補宋洪遵東陽志之闕。所錄婺州人物，始於梁訖於南宋，皆先述事蹟而附錄其詩文於後。

唐才子傳	元辛文房撰、	八	嘉慶中王氏刊本、日本刊本、佚存叢書本、指海十卷本、三間草堂刊十卷本、	是編體例因詩繫人，故有唐名人非卓有詩名者不錄，即所載之人亦多詳其逸事及著作之傳否而於功業行誼則祇撮其梗概，蓋以論文爲主不以記事爲主也。
元朝名臣事略	元蘇天爵撰、	一五	聚珍板本、閩覆本、景元抄本、翻聚珍本刊本、豐山馬笏齋有元刊初印本、張目有元統乙亥勤有書堂余氏刊本、	此書記元代名臣事迹始穆呼哩終劉因凡四十七人。大致據諸家文集所載碑記行狀家傳爲多。
浦陽人物記	明宋濂撰、	二	知不足齋本、愼德堂活字本、宋文憲全集本活字板本、金華叢書本、	是書凡五目：曰忠義，曰孝友，曰政事，曰文學，曰貞節。所紀共二十九人。
古今列女傳	明解縉等撰、	三	鈔本、永樂元年內府刊本、明南監本、	上卷后妃，中卷諸侯大夫妻，下卷士庶人妻。所紀事蹟起自有虞迄於元明。漢以前本之劉向書，漢以後則略取各史列女傳，而以明初人附益之。去取頗爲審慎。

殿閣詞林記	明廖道南撰、	二二	明詹氏刊本、	是書集明代殿閣詞林宮坊臺省諸臣舊事，分十一類，仿列傳之體各述其官階恩遇而事實亦附見焉。
嘉靖以來首輔傳	明王世貞撰、	八	明刊本、佚存叢書本、澤古齋本、借月山房彙鈔本、	是編乃紀世宗穆宗神宗三朝閣臣事蹟，蓋明自嘉靖以後，閣臣之權始重而首輔責任尤專，凡一時政治得失，皆視其人爲輕重，故世貞作此書斷自嘉靖爲始，以明積漸之所由來也。
明名臣琬琰錄	明徐紘編、	二四	明刊本、	所編乃仿宋杜大珪名臣碑傳琬琰集而作。所輯自洪武迄弘治九朝諸臣事蹟，前錄所載一百十有七人，續錄所載九十五人，凡碑銘誌傳以及地志言行錄之類悉具焉。
續錄		二二		

今獻備遺	明項篤壽撰、	四二	刊本、鈔本、	是編採明代名臣事蹟編爲列傳，起洪武訖宏治，計二百四人蓋本袁袠所著而稍增損之。其曰備遺者，自序謂姑備遺忘，蓋謙不以作史自任耳。
百越先賢志	明歐大任撰、	四	萬曆壬辰游朴刊本、全集本、嶺南遺書本、	自勾踐苗裔散處海上，有閩越甌越西越駱越諸名而統名曰百越。大任搜集先賢事蹟，自東漢以下得百二十八，各爲之傳，所收兼及會稽，越舊疆故也。
元儒考略	明馮從吾撰、	四	刊本、沭鄭齋鈔本、	是編乃集元代諸儒事實，各爲小傳。大致以元史儒學傳爲主而旁採志乘附益之。
八旗滿洲氏族通譜	清乾隆撰、	八〇	原刊本、	是編詳載滿洲氏族源流，一一考其異同分合而臚其世系，蒙古高麗尼堪之久隸八旗者亦併錄焉。

宗室王公功績表傳	清乾隆撰、	一二	鈔本、刊本、內府刊本、坊刻小本、	是編凡專傳三十一人，附傳二十一人，事必具其始末，語必求其徵信。
蒙古王公功績表傳	清乾隆撰、	一二	鈔百二十卷本、	是編體例與宗室王公功績表傳同，蓋蒙古諸部惟察哈爾林丹汗恃其強暴自外生成；其餘科爾沁等並於天命天聰間效命執殳，共爲臣僕，故錄其勳伐著之簡編。
勝朝殉節諸臣錄	清乾隆四十一年敕撰、	一二	原刊本、	凡明季諸臣抗拒王師而死者並予褒謚，其死於流寇與死於燕王之篡立者亦並表章，凡三千六百餘人，分專謚通謚祠祀三等，人各錄其事蹟爲傳。
明儒學案	清黃宗羲撰、	六二	康熙中刊本、呂氏刊本、	是編參考明一代講學諸家文集語錄，各條析其師承以辨別宗派。

中州人物考	清孫奇逢撰、	八	四庫箸錄係鈔本、謝氏刊本、	是編載河南人物分爲七科：一、理學，二、經濟，三、忠節，四、清直，五、方正，六、武功，七、隱逸，而文士不與焉。
東林列傳	清陳鼎撰、	二四	原刊本、康熙中刊本、山壽堂刊本、	是編所載一百八十餘人，蓋卽東林黨人榜及沈漼温體仁等雷平蠅蚋諸錄所著名者也。以節義炳著者彙載於前餘亦分傳並列臚敘事蹟頗詳。
儒林宗派	清萬斯同撰、	一六	辨志堂刊本、振綺堂有鈔本、	是編紀孔子以下迄於明末諸儒授受源流，各以時代爲次。其上無師承下無弟子者，則別著之。持論頗平。

明儒言行錄 續錄	清沈佳撰、	一〇 二	刊本、	是編仿朱子五朝名臣言行錄之例，編次有明一代儒者，各徵引諸書述其行事，亦間摘其語錄附之。所列始於葉儀迄於金鉉，凡七十五人，附見者七十四人。續錄所列始於宋濂迄於黃淳耀，凡五十九人，附見者九人。佳學之出於湯斌，參於朱陸之間，佳則一宗朱子，故是編大旨以薛瑄爲明儒之宗，於陳獻章則頗致不滿，雖收王守仁於正集，而守仁弟子則刪汰甚嚴，王畿王艮咸不預焉。
史傳三編	清朱軾撰、	五六	雍正中刊本、朱文端十三種本、全集本、古懽齋刊本、	是編凡名儒傳八卷，名臣傳三十五卷，又續編五卷，循吏傳八卷。名儒傳宗宋而祧漢唐；名臣傳則去取矜慎，而循吏傳則體例謹嚴。

閩中理學淵源考	清李清馥撰、	九二	鈔本、	宋儒講學盛於二程，其門人游楊呂謝號爲高足，而楊時一派，由羅從彥李同而及朱子，輾轉授受，多在閩中。故清馥所述，斷自楊時，而分別支流，下迄明末。每人各爲小傳，傳末各註所據之書，併附其論學之語，頗爲詳備。
孫威敏征南錄	宋滕元發撰、	一	墨海金壺本、鈔本、	是書乃記皇佑四年孫沔平儂智高事，蓋沔與狄青同事，而余靖勒銘長沙，專歸其功於青，故作此以紀其實。
驂鸞錄	宋范成大撰、	一	知不足齋本、石湖三錄本、眉公祕笈本、華亭張詩舲刊本、	此編乃成大出知靜江府時，記其途中所見。其曰驂鸞者，取韓愈詩遠勝登仙去飛鸞不暇驂語也。

吳船錄	宋范成大撰、	二	知不足齋本、廣祕笈本、石湖三錄本、藝圃搜奇本、	成大自四川制置使召還，取水道赴臨安，因隨日記所閱歷，作爲此書，於古蹟形勝，言之最詳，亦時有所考證。
入蜀記	宋陸游撰、	六	知不足齋本、廣祕笈四卷本、放翁全集本、藝圃搜奇本、	游因述其道路所經，以爲是記。敍述頗爲雅潔，而於考訂古蹟，亦極有根據。
西使記	元劉郁撰、	一	學海類編本、古今說海本、學津討原本、又附王惲玉堂雜記中、	是書皆記常德西使皇弟錫里庫軍中往返道途之所見，王惲嘗載入玉堂雜記中，此蓋別行之本也。
保越錄	不著撰人名氏、	一	學海類編本、振綺堂有鈔本、翻元本、十萬卷樓本、傅氏刊本、	是書皆記明師攻紹興事，明將爲胡大海，禦之者張士誠將呂珍也。凡攻三月，卒不能下，乃還。紹興自是以後，猶保守八年，及至正二十六年始歸於明。

閩越巡視紀略	清杜臻撰、	六	原刊本、刊本、	是書首沿海總圖，次粵略三卷，次閩略二卷，次附記臺灣澎湖合爲一卷。蓋臻巡歷由廣達閩，故以爲先後之序。臺灣則未經歷其地，第據咨訪所得者錄之，故附於編末也。
松亭行紀	清高士奇撰、	二	原刊本、昭代叢書本、說鈴本、江村全集本、	士奇嘗從康熙游喜峯口，因紀其往來所經；以喜峯口爲古松亭關，故以名其行紀。
扈從西行日錄	清高士奇撰、	一	原刊本、昭代叢書本、說鈴本、江村全集本、	士奇嘗從康熙巡幸山西，因記途中見聞，始於二月十二日甲申，迄於三月初七日戊申，凡山川古蹟人物風土皆具考源流，頗爲詳核。

書名	著者	卷數	版本	書旨
兩漢博聞	宋楊侃編、	一二	明刊本、續粵雅堂本、嘉慶戊午黃氏刊本不著撰人名氏、鈔本、聊城楊氏有宋本半頁十行行十九字、	是編摘錄前後漢書，不依篇第，不分門類，惟簡擇其字句故事列爲標目，而節取顏師古及章懷太子註列於其下，凡前漢書七卷後漢書五卷。
通鑑總類	宋沈樞編、	二〇	明成化十六年官刊本、明萬曆中司禮監刊本、明天啟本元至正中刊本、天祿後目有宋嘉定刊本、	是書乃樞致仕時所編，取司馬光資治通鑑事蹟仿册府元龜之例分爲二百七十一門，每門各以事標題，略依時代前後爲次，亦間採光議論附之。
南史識小錄	清沈名蓀朱昆田同編、	八	鈔本、此書不分門類張仲甫取其原本增益排比尚未刊行、	是書仿兩漢博聞之例，取南北史字句鮮華事蹟新異者摘錄成編。
北史識小錄		八		

書名	著者	卷數	版本	書旨
吳越春秋	漢趙煜撰、	一〇	漢魏叢書古今逸史祕書二十一種俱六卷本、吳越全史六卷本、昭文張氏有影宋鈔本、又明初刊有徐注本、弘治中袁大倫刊本、陽湖孫氏有元大德本、萬曆中武林馮念祖翻刊徐注本、愛日精廬藏書志有嘉定中新安汪氏與越絕書同刊本、天祿後目有宋紹興十年刊本、	是書記吳越二國興亡始末，中或參以小說家言。
越絕書	漢袁康撰、	一五	明初刊本、漢魏叢書本、吳越全史本、古今逸史本、汪綱刊本、明田汝成刊本、丁文伯刊本、明張佳胤校刊本、四庫箸錄爲元大德丙午刊本、小萬卷樓附札記本、	是書事蹟與吳越春秋相出入，而博麗奧衍則過之。

華陽國志	晉常璩撰、	一二	四庫依張佳胤嘉靖甲子足本錄、漢魏叢書古今逸史俱不全本、明何宇度本函海本嘉慶中廖寅題襟館顧千里校本、宋元豐中呂大防成都刊本嘉泰甲子李烝刊本、校明何鏜吳琯本增出卷十之上中兩卷、	是書皆述巴蜀之事，始於開闢，終於永和三年。
附錄		一		
鄴中記	晉陸翽撰、	一	聚珍本、閩覆本、三閒本、續百川學海本、許氏有盧抱經校本、	是書皆記石虎逸事。
十六國春秋	魏崔鴻撰、	一〇〇	明屠喬孫等刊本、乾隆辛丑仁和汪日桂重刊本、	劉知幾史通探頤篇曰：鴻書之紀綱，皆以晉為主。
別本十六國春秋	魏崔鴻撰、	一六	漢魏叢書本、舊鈔本、	是書全為記載之體，十六國各為一錄，惟列僭偽之主五十八人，其諸臣皆不為立傳。

蠻書	唐樊綽撰、	一〇	聚珍板本、閩覆本、桐華館刊本、許氏有盧抱經校本、胡氏琳琅秘室新印本、雲南備徵志本、三覃本、漸西村舍本、	綽於咸通中爲嶺南西道節度使蔡襲從事，故纂述六朝始末以成是書。於部族之分合，山川道里之險易及叛服征討之始末言之最悉。
釣磯立談	不著撰人名氏、	一	知不足齋本、楝亭十二種本、淡生堂餘苑本、	是書雜錄南唐事蹟，附以論斷。
江南野史	宋龍袞撰、	一〇	路有鈔本、四庫箸錄亦鈔本、淡生堂餘苑本、振綺堂有小山堂藏鈔本、胡氏琳琅秘室活字印本、	是書專記南唐事。用紀傳之體，而不立紀傳之名。
江南別錄	宋陳彭年撰、	一	學海類編本、古今說海本、墨海金壺本、歷代小史本、	是書專記南唐義祖烈祖元宗後主四代事。題曰別錄者，因其爲彭年所私纂也。

江表志	宋鄭文寶撰、	三	學海類編本、藝圃搜奇本、墨海金壺本、閩汀文選一卷本、振綺堂有精鈔本、	文寶以徐鉉等所撰江南錄多遺漏，因作此以補其遺。烈祖元宗後主各爲一卷，然簡略亦甚。
江南餘載	不著撰人名氏、	二	知不足齋本、函海本、龍威秘書本、舊鈔本、	據書錄解題所載自序，蓋於記江南事者六家皆所不滿，獨有取於鄭文寶，因掇取六家所遺者以成此編。
三楚新錄	宋周羽翀撰、	三	歷代小史本、古今說海本、學海類編本續百川學海本、墨海金壺本、藝圃搜奇本、振綺堂有精鈔本、說郛本、	是書以一國爲一卷，各述其興廢始末。其稱三楚者，以長沙馬殷武陵周行逢江陵高季興皆據楚地稱王也。
錦里耆舊傳	宋句延慶撰、	四	讀書齋叢書本、舊鈔本、精鈔本、	是編專記王氏孟氏據蜀時事，一名成都理亂記。書雖以耆舊傳爲名，而不以人系事。其體實近編年。所錄兩蜀興廢之迹亦頗簡略。

五國故事	不著撰人名氏、	二	知不足齋本、龍威秘書本、函海本、學海類編本、淡生堂餘苑本藝圃搜奇本、鈔本、	是書記吳楊氏南唐李氏蜀王氏孟氏南漢劉氏閩王氏之事，稱曰五國，未詳其例。
蜀檮杌	宋張唐英撰、	二	鈔本、函海本、學海類編本、藝海珠塵本、續百川學海本、藝圃搜奇本、歷代小史本、	是編本前蜀開國記後蜀實錄二書，仿荀悦漢紀之體，編年排次於王建孟知祥據蜀事蹟頗爲詳備。
南唐書	宋馬令撰、	三〇	明刊本、蔣氏刊本、述古叢鈔本、唐宋叢書本、陳仁錫刊本、淡生堂餘苑本，墨海金壺本、張目有元刊本、又有茶夢主人姚咨嘉靖辛丑手鈔本、	是編首爲先主書，次爲嗣主事，次爲後主事，蓋用蜀志稱主之例，諸傳各以例從，分十八目，而終以建國譜世系譜。

南唐書 音釋	宋陸游撰、	一八 一	明沈士龍刊本、蔣國詳合刊本、汲古閣刊元刊小字本、述古叢鈔本、鈔本、祕冊彙函無音釋本、	是書以南唐三主列爲本紀，引史記秦莊襄項羽爲證；又以后妃諸王列羣臣傳後，以雜藝方士列忠義傳前，皆乖體例。
吳越備史 補遺	宋錢儼撰、	四 一	嘉靖中錢德洪刊六卷本、學津討原本、掃葉山房本、昭文張氏有精校本、乾隆六十年刊錢時銋校補六卷本、鈔本、刊本、	二書皆記吳越遺事：備史訖太祖開寶六年戊辰；補遺訖太宗雍熙四年丁亥。
安南志略	元黎崱撰、	一九	路有鈔本、寶山蔣敦復有錢竹汀及其子某舟行寫本、姚名甫有舊鈔本、日本活字本、	是書述安南事蹟，與元史多有異同。

十國春秋	清吳任臣撰、	一一四	康熙十七年彙賢齋刊本、周氏重刊本、	任臣以歐陽修作五代史，於十國世家多脫漏，乃採諸霸史雜史以及小說家言，並證以正史彙成是書。
越史略	不著撰人名氏、	三	守山閣本、	是書皆紀安南國事。上卷曰國初沿革，曰歷代守任，曰吳紀，曰十二使君，曰丁紀，曰黎紀；下卷皆曰阮紀。全書敍述詳明，足備正史之參考。
朝鮮史略	不著撰人名氏、	六	萬曆丁巳刊名東國史略本、萬曆趙清棠鈔本、王承禧刊本、鈔十二卷本、	是書皆紀朝鮮治亂興廢之事，始於檀君，終於高麗恭讓王王瑤。

書名	著者	卷數	版本	本書旨
歲時廣記	宋陳元靚撰、	四	鈔本、學海類編本、胡文煥刊格致叢書本、路小洲有舊鈔足本、天一閣有鈔本、	書中摭月令孝經緯三統歷爲綱，而以雜書所記關於節序者按月分隸。
月令輯要	清李光地等撰、	二四	殿鈔本、	是書圖說一卷，歲令二卷，每月令一卷，春夏秋冬令及土王令五卷，十二月令及閏月令十三卷，晝夜令二卷，時刻令一卷，每類大致分天道政典民用物候占驗雜記六子目。徵引頗爲詳賅。
圖說		一		

書名	著者	卷數	版本	書旨
三輔黃圖	不著撰人名氏、	六	漢魏叢書本、古今逸史不全本、秘笈不全本、明嘉靖劉景韶刊本、萬歷郭子章刊本、經訓堂叢書本、平津館叢書本、振綺堂有嘉靖刊本、秦漢圖記本、張志黃圖毛扆斧季校宋本、	是書皆記長安古蹟，間及周代靈臺靈囿諸事，然以漢爲主，亦間及河間日華宮梁曜華宮諸事，而以京師爲主，故稱三輔黃圖。三輔者，謂長安以東爲京兆，以北爲左馮翊，渭城以西爲左扶風也。
禁扁	元王士點撰、	五	楝亭十二種本、	是書詳載歷代宮殿門觀池館苑籞諸名。其曰禁扁者，取何晏景福殿賦爰有禁楄勒分翼張之義也。
元和郡縣志	唐李吉甫撰、	四〇	影宋鈔本、鑑止水齋鈔本、聚珍板本、閩刊本、岱南閣刊本、江甯刊本、廣東刊本、	是書前有吉甫原序，稱起京兆府，盡隴右道。凡四十七鎮，成四十卷，每鎮皆圖，在篇首，冠於敘事之前，並目錄兩卷，共成四十二卷，故名曰元和郡縣圖志。後有淳熙二年程大昌跋，稱圖至今已亡，獨志存焉。

太平寰宇記	宋樂史撰、	一九三	活字板本、鈔本、乾隆年樂氏刊本、金陵局本、江西萬氏刊本、錢遵王家有足本、	史進書序譏賈耽李吉甫爲闕漏，故其書採摭繁富，於列朝人物一一登載。至於題詠古蹟亦皆並錄。後來方志必列人物藝文者，其體皆始於史。
元豐九域志	宋王存等撰、	一〇	德聚堂刊本、盧氏鈔本、聚珍板本、閩刊本、乾隆四十九年馮氏刊本、李目有鈔二十四卷本、傳是樓有影宋本、金陵局本、	是書始於四京，終於省廢州軍及化外羈縻州。凡州縣皆依路分隸。首具赤畿望緊上中下之名，次列地里，次列戶口，次列土貢。每縣下又詳鄉鎮，而名山大川之目亦併見焉。
輿地廣記	宋歐陽忞撰、	三八	聚珍板本、閩刊本、黃丕烈仿宋刊附札記二卷本、許氏有鈔本、傳是樓有影宋本、	是書前四卷先敍歷代疆域，提其綱要。五卷以後，乃列宋郡縣名，體例特爲清析。

方輿勝覽	宋祝穆撰、	七〇	宋咸淳刊本、宋刊黑口本、路小洲有宋刊本、振綺堂有元刊本、蔣生沐有元刊本及宋刊殘本、	是書大致於建置沿革疆域道里田賦戶口關塞險要他志乘所詳者皆在所略。惟於名勝古蹟多所臚列，而詩賦序記所載尤備。
明一統志	明李賢等撰、	九〇	大順五年刊大字本、宏治乙丑愼獨齋刊本、萬壽堂刊本、	是書體例一仍元志之舊，故書名亦沿用之。
大清一統志	清乾隆撰、	五〇〇	石印本、殿刊本、常州活字板本、	是書每省皆先立統部，冠以圖表，分爲七門，其諸府及直隸州又各立一表，所屬諸縣系焉，各分二十一門，共成三百四十二卷，而外藩及朝貢諸國別附錄焉。

吳郡圖經續記　宋朱長文撰、　三

鈔本朱氏刊本、翻宋刊本、影宋鈔本、明嘉靖戊申錢氏縣罄室刊本、黃丕烈有宋刊本、學津討原本、琳琅秘室本、江蘇局本、

是書成於元豐七年。上卷分封域城邑戶口坊市物產風俗門名學校州宅南園倉務海道亭館牧守人物十五門，中卷分橋梁祠廟宮觀寺院山水六門。下卷分治水往迹園第冢墓碑碣事志雜錄七門。其曰續記者，吳郡有大中祥符中官撰圖經，長文於元豐中繼有此作也。

乾道臨安志　宋周淙撰、　三

鈔本、影宋鈔本、鈔校本、續粤雅堂本、武林掌故叢編本、式訓堂本、

第一卷記宮闕官署題曰行在以別於郡志。二卷分沿革星野風俗州境城社戶口廨舍學校科舉軍營坊市界分橋梁物產土貢稅賦倉場館驛等諸子目而以亭臺樓觀閣軒附其後。三卷記自吳至宋乾道中諸牧守。凡考武林掌故者，必以是書稱首焉。

淳熙三山志	宋梁克家撰、	四二	萬歷癸丑刊本、路有鈔本、何願船有鈔本、許氏有舊鈔本、昭文張氏有舊鈔本、	是書凡分九門：一曰地理，二曰公廨，三曰版籍，四曰財賦，五曰兵防，六曰秩官，七曰人物，八曰寺觀，九曰土俗。大旨在考求掌故，而不在誇耀鄉賢。
吳郡志	宋范成大撰、	五〇	汲古閣刊本、守山閣刊本、墨海金壺本、黃丕烈有宋本、汪氏有大字宋本、瞿氏有宋刊原本、昭文張氏有宋刊配陳鈔本、紹定初廣德李壽朋刊本、	是書凡分三十九門。徵引浩博而敍述簡核，爲地志中之善本。
新安志	宋羅願撰、	一〇	明翻宋刊本、康熙戊子歙黃氏刊本、嘉慶中刊本、李叜得刊本、	是書共分七門：曰州郡，曰物產貢賦，曰所屬之歙休甯祁門婺源績溪黟六縣，曰先達，曰進士題名，曰牧守，曰雜錄是也。

剡錄	宋高似孫撰、	一〇	宋嘉定乙亥刊本、汪氏有影宋本、道光八年嵊令李氏圓刊本、	是書多唐以前遺文軼事。其曰剡錄者，因此書乃似孫所作嵊縣志，嵊卽漢剡縣地也。
嘉泰會稽志	宋施宿等撰、	二〇	明正德庚午仿宋刊本、許氏有原刊本、明刊正志本刊續志本、山陰杜氏刊本、	是書成於嘉泰元年。其不稱紹興府志而稱會稽志者，用長安河南成都相臺諸志例也。寶慶元年淏爲續錄。所分門類不用以綱統目之例，但各以細目標題。
寶慶續志	張淏撰、	八		
嘉定赤城志	宋陳耆卿撰、	四〇	明宏治丁巳謝鐸重刊本、明萬歷中與謝鐸赤城新志二十三卷同刊本、台州叢書本、宋刊黑口大字本每葉二十行行二十字、	是書乃耆卿所撰台州總志。稱赤城者，梁代舊名也。
寶慶四明志	宋羅濬撰、	二一	四明五志本、烟嶼樓刊本、	四明志前十一卷爲郡志，後十卷爲所屬六縣志。續志名爲郡志，實則錄吳潛一人之事蹟詩詞。
開慶續志	宋梅應發、劉錫同撰、	一二		

澉水志	宋常棠撰、	八	刊附明董穀續志九卷鹽邑志林二卷本、抄本、	是志凡分十五門：曰地理，曰山，曰水，曰廨舍，曰坊巷，曰坊場，曰軍寨，曰亭堂，曰橋梁，曰學校，曰寺廟，曰古蹟，曰物產，曰碑記，曰詩詠，而冠以輿圖。
景定建康志	宋周應合撰、	五〇	明嘉靖刊本、萬曆刊本、嘉慶六年孫淵如翻宋本、振綺堂有影宋鈔本、黃丕烈有舊鈔本、	此書首爲留都四卷，次爲圖表誌傳四十五卷，次爲補遺一卷。所考證皆有典據。
景定嚴州續志	宋鄭瑤、方仁榮同撰、	一〇	路有鈔本、振綺堂有鈔本、黃丕烈有宋刊本、姚若有影鈔本、漸西村舍本刻鵠齋本、	是書原本但題新定續志，不題嚴州，蓋刊附紹興舊志之末而舊志佚也。所記上起淳熙下訖咸淳，敍述頗簡潔。
咸淳臨安志	宋潛說友撰、	九三	宋刊本每半頁十行行大小二十字、宋刊配鈔本、繡谷亭鈔本、道光十年杭州汪氏振綺堂刊本九十五卷補缺一卷札記三卷、	是書前十五卷皆記宮禁曹司之事，自十六卷以下乃爲府志，區畫明晰，體例井然，可爲都城紀載之法。

至元嘉禾志	元徐碩撰、	三二	元刊本、明刊本、路有鈔本、振綺堂有舊鈔本、許氏有精鈔本、姚若有舊鈔本、張金吾有舊鈔本、	是書因宋志舊本廣其門目爲四十三志，中兼及松江府華亭縣，蓋元時原隸嘉興路也。
大德昌國州圖志	元馮復京郭薦等同撰、	七	路有鈔本、四庫依鈔本、四明徐氏校刊本、烟嶼樓刊本、	原本首有三圖，故曰圖志。今圖佚而志存，分爲八門：曰敍州，曰敍賦，曰敍山，曰敍水，曰敍物產，曰敍官，曰敍人，曰敍祠。
延祐四明志	元袁桷撰、	一七	路有鈔本、四庫依鈔本、四明徐氏校刊本、煙嶼樓刊本、天祿後目有元刊本、	是書分十二門：曰沿革，曰土風，曰職官，曰人物，曰山川，曰城邑，曰河渠，曰賦役，曰學校，曰祠祀，曰釋道，曰集古。
齊乘	元于欽撰、	六	元至正十一年辛卯其子潛刊本、明嘉靖甲子四明杜思知青浦翻刻元至正本、孔葒谷刊本、乾隆中周氏刊本、	是書專記三齊輿地。凡分八類：曰沿革，曰分野，曰山川，曰郡邑，曰古蹟，曰亭館，曰風土，曰人物。

至正金陵新志	元張鉉撰、	一五	振綺堂有元刊本、平津館有至正四年刊本、每頁十八行行十八字、	是書首爲圖考，次通紀，次世表年表。次志譜列傳，而以摭遺論辨終焉。
無錫縣志	不著撰人名氏、	四	明刊本、鈔本、	是書分邑里山川事物詞章四大綱，而區爲二十三子目，頗簡而該。
姑蘇志	明王鏊撰、	六〇	明正德丙寅刊本、	是書首列沿革守令科第三表。自沿革分野以下分三十一門，而人物門中又分子目十三。繁簡得中，考核精當。
武功縣志	明康海撰、	三	正德己卯刊本、萬歷刊本、乾隆二十六年孫景烈刊本、得月簃刊本、風滿樓刊本、耿氏刊本、道光八年黨氏刊本、	是志僅七篇：曰地理，曰建置，曰祠祀，曰田賦，曰官師，曰人物，曰選舉。

朝邑縣志	明韓邦靖撰、	二	刊本、小石山房刊本、道光四年南海葉夢龍刊本、得月簃叢書本、	是志凡二卷。上卷四篇：曰總志，曰風俗，曰物產，曰田賦。下卷三篇：曰名宦，曰人物，曰雜記。
嶺海輿圖	明姚虞撰、	一	嶺南叢書本、嘉應吳氏校刊本、守山閣本、明刊本、	是編凡十二圖。首為廣東全圖，次十府十圖，終以南夷圖。圖各有敘，敘之例首述沿革形勢利病，次州縣，次戶口，次田糧課稅，次官兵馬匹。
滇略	明謝肇淛撰、	一〇	明萬歷刊本、雲南備徵志本、鈔本、	是編分為十門：一曰版略，二曰勝略，三曰產略，四曰俗略，五曰績略，六曰獻略，七曰事略，八曰文略，九曰夷略，十曰雜略。
吳興備志	明董斯張撰、	三二	路有鈔本、許氏有鈔本、	是編輯錄湖州故事，分二十六徵：曰帝胄，曰宮闈，曰封爵，曰官師，曰人物，曰笄褘，曰寓公，曰象緯，曰建置，曰巖壑，曰田賦，曰水利，曰選舉，曰戰守，曰賑恤，曰祥孽，曰經籍，曰遺書，曰金石，曰書畫，曰清閟，曰方物，曰璅，曰詭，曰匡籍。於吳興一郡遺聞瑣事，徵引略備。

熱河志	清乾隆撰、	八〇	殿刊本、	是書凡分二十四門。首曰天章，曰巡典，曰徠遠，曰行宮，曰圍場，曰疆域，曰建置，曰晷度，曰水區，曰山涵，曰學校，曰藩衛，曰寺廟，曰文秩，曰兵防，曰職官，曰宦蹟，曰人物，曰食貨，曰物產，曰古蹟，曰故事，曰外紀，曰藝文。
日下舊聞考	清乾隆撰、	一二〇	殿刊本、六峯閣刊本、日下舊聞四十二卷朱彝尊撰、	是書於朱彝尊原本十三門外增苑囿官署二門。所列古蹟均一一勘其所在證驗有無。
滿洲源流考	清阿桂等撰、	二〇	殿刊本、石印本、	是書分爲四門：一曰部族，二曰疆域，三曰山川，四曰國俗。
皇輿西域圖志	清劉統勳撰、	五二	鈔本、石印本、	是書凡二十門，冠以天章四卷，次爲圖考列表晷度疆域山川官制兵防屯政貢賦錢法學校封爵風俗音樂服物土產藩屬雜錄，分四十八卷。

皇清職貢圖	清傅恆等撰、	九	殿刊本、	是書以朝鮮諸國爲首。其餘諸藩各部落不下三百餘種，並繪圖系說釐爲八卷。自乾隆二十八年後凡奉表入貢及款塞內附者又爲繪圖一卷。
盛京通志	清阿桂等撰、	一三〇	乾隆四十四年官刊本、實一百三十卷、	盛京舊有通志三十二卷。清乾隆四十四年續爲修補，成百二十卷，較前頗爲明備。其官名人名地名音譯失眞者並詳爲釐正。
畿輔通志	清李衛等監修、	一二〇	官刊本、	是志就郭棻原本分三十一目，人物藝文二門又各爲子目。訂譌補闕，較舊志頗爲完善。
江南通志	清趙宏恩等監修、	二〇〇	乾隆丙辰刊本、	是書首錄聖喻，次輿地，次河渠，次食貨，次學校，次武備，次職官，次選舉，次人物，次藝文，次雜類，發凡起例較舊志頗有體裁。

書名	撰修者	卷數	版本	提要
江西通志	清謝旻等監修、	一六二	雍正十年刊本、	是書就江西志舊本加以釐訂，既具有條理，復徵引賅博，在地記之中號爲善本。
浙江通志	清嵇曾筠等監修、	二八〇	乾隆丙辰刊本、	是編凡五十四門。所引諸書皆具載原文標其名目；近事有未記載者亦具列其案牘以示有徵，較他志體例特善。
福建通志	清郝玉麟等監修、	七八	乾隆丁己刊本、	是書自星野至藝文爲類三十，爲卷七十有八，視舊志增多十四卷。如沿海島澳諸圖舊志所不載者，皆爲詳繪補入，足資考鏡。
湖廣通志	清邁柱等監修、	一二〇	雍正癸丑刊本、	是書分目三十一門，又附見者十三門，人物門內又別爲四子目，視康熙甲子舊志爲詳。惟開局武昌，距長沙稍遠，故湖北詳而湖南略。

河南通志	清王士俊監修、	八〇	雍正十三年刊本、	是書根據舊志增葺新制，體例頗爲整密。
山東通志	清岳濬等監修、	三六	乾隆丙辰刊本、	是書於陸釴張鳳儀二志多所補正，門目亦多所分合其體例考正皆較勝於前人。
山西通志	清覺羅石麟監修、	二三〇	雍正甲寅刊本、	是書於舊本續加增訂，其類爲四十，凡遺聞故事比舊加詳，其發凡起例尤得體要。
陝西通志	清劉於義等監修、	一〇〇	雍正十三年刊本、	陝西地志自三輔黃圖以下紀載較多，明代諸府縣志亦多有體例，故是編敍述考證皆能有所依據。
甘肅通志	清許容等監修、	五〇	乾隆丙辰刊本、	甘肅一省本以陝西分置，古無專志，新置諸縣尤舊籍無徵、故是編較他志爲簡略。

四川通志	清黃廷桂等監修、	四七	乾隆丙辰刊本、嘉慶二十一年常明等重修二百二十六卷本、	是書凡分四十九類，舊志之闕者補之，略者增之，較爲詳備，而異同牴牾亦緣是以生。
廣東通志	清郝玉麟等監修、	六四	雍正辛卯刊本、道光二年阮元等重修三百三十卷本、	全書三十五門，內新增者四，葺舊者三十有一。大都首尾詳明，可資檢閱至外番一門，爲他志所罕見。
廣西通志	清金鉷等監修、	一二八	原刊本、嘉慶六年謝啟昆重修二百七十九卷本、	廣西在昔爲蠻荒。舊記所載不過山川物產谿峒風俗，是編大旨則以徵今爲主。
雲南通志	清鄂爾泰等監修、	三〇	原刊本、	舊志門目分合多不得當，敘述繁簡亦多不中節，此編因舊志增修凡爲門三十，門爲一卷，條理較爲分明。

貴州通志	清鄂爾泰等監修、	四六	乾隆辛酉刊本、	此書綜諸家著述彙成一編，雖視雲南通志爲簡略，然在黔省輿記之中則詳於舊本遠矣。
歷代帝王宅京記	清顧炎武撰、	二〇	嘉慶戊辰顧錫祉來賢堂刊本、許氏有鈔本、掃葉山房刊本、	是書所錄皆歷代建都之制。上起伏羲。下訖於元。仿雍錄長安志體例，備載其城郭宮室都邑寺觀及建置年月。

水經注

漢桑欽撰、

四〇

明吳琯刊本、明嘉靖中黃省曾刊本、萬歷中朱謀㙔校箋本、說郛本、漢魏叢書本、康熙中項絪玉淵堂本、天都黃晟翻項本、聚珍板本、閩刊本、戴震改定微波榭本、蘇杭縮徐本、陳仁錫刊本、鍾惺刊本、崇文局本、歸氏有光舊鈔本、趙氏琦美三校本、朱氏補正本、全氏三世校本、錢氏曾依宋刊校本、顧氏炎武校本、黃氏儀校本、劉氏獻臣注疏本、姜氏宸英校本、何氏焯再校本、全氏祖望七校本、正德中柳僉大中影宋鈔本、崇禎間刊本、

是書自明以來，絕無善本，今以永樂大典所載舊本重爲校正，補其佚脫者二千一百二十八字，删其妄補者一千四百四十八字，正其臆改者三千七百一十五字。

水經注集釋訂譌	清沈炳巽撰、	四〇		是書據明嘉靖間黃省曾所刊水經注本，而以己意詮釋之，多所釐正。
水經注釋	清趙一清撰、	四〇	乾隆十九年趙氏刊本、趙氏刊板後歸振綺堂汪氏、	是書用全祖望之說，謂水經注原本注中有注，本雙行夾寫，今混爲一，殊爲無據。
朱箋刊誤		一二		
吳中水利書	宋單鍔撰、	一	墨海金壺本、守山閣叢書本、常熟先哲遺書本、	鍔究心吳中水利，嘗獨往來於蘇州常州湖州之間，經三十餘年，凡一溝一瀆無不周覽其源流，考究其形勢，因以所閱歷著爲此書。
四明宅山水利備覽	宋魏峴撰、	二	明崇禎辛巳陳朝輔刊本、守山閣本、煙嶼樓刊本、	上卷記源流規則及修築始末；下卷爲碑記與題詠。
河防通議	元沙克什撰、	二	明辨齋本、守山閣本、	是書分門者六，門各有目。凡物料功程丁夫輸運以及安椿下絡疊掃修堤之法，一一咸備，足補列代史志之闕。

治河圖略	元王喜撰、	一	墨海金壺本、鈔本、	是書首列六圖，圖末各系以說，而附治河方略，及歷代決河總論二篇於後。
浙西水利書	明姚文灝撰、	三	影明鈔本、	大旨以天下財賦仰給東南，南直隸之蘇松常三府，浙江之杭嘉湖三府，環居太湖，最爲卑濕，圍田掩遏，則水勢無所發洩，而塘港湮塞。因輯宋以來言浙西水利者，裒爲此編。
河防一覽	明潘季馴撰、	一四	明萬歷庚寅刊本、乾隆十三年刊本、	大旨主於束水以攻沙。
三吳水利錄	明歸有光撰、	四	舊鈔本、別下齋叢書本、借月山房本、	大旨以治吳中之水，宜專力於松江，松江既治，則太湖之水東下，而他水不勞餘力。
北河紀 紀餘	明謝肇淛撰、	八 四	明刊本、	是書首列河道諸圖，次分河程河源河工河防河臣河政河議河靈八紀。至山川古蹟古今題詠，則別爲四卷，名曰紀錄。

敬止集	明陳應芳撰、	四	鈔本、	應芳以泰州之人言泰州水利，故以桑梓敬止之義爲名。
三吳水考	明張內蘊周大詔同撰、	一六	明刊本刊本、	是書分十二類，凡諸水之源流，諸法之利弊，一一詳賅。
吳中水利全書	明張國維撰、	二八	明崇禎九年刊本、	是書首列東南七府水利總圖，次爲諸水源委，次爲藝文所記雖止明代，然皆其閱歷之言。
河源紀略	清乾隆撰、	三六	殿本、	是書首冠以河源詩一章，讀宋史河渠志一篇，次圖次表次質實次證古次辨譌次紀事次雜誌。

崐崙河源考	清萬斯同撰、	一	指海本、借月山房本、鈔本、澤古齋本、	是書以元篤什言河源崐崙與史記漢書不合，水經所載亦有謬誤，因歷引禹貢禹本紀爾雅淮南子及各史之文以考證之。
兩河清彙	清薛鳳祚撰、	八		是書於兩河利病，河防得失，皆能詳究。
居濟一得	清張伯行撰、	八	原刊本、正誼堂本、	是書前七卷論東省運河，疏證最詳；末一卷爲河漕類纂、則僅存梗概。
治河奏續書	清靳輔撰、	四	鈔本、	輔三膺總河之任，故疏議獨多。大旨專以治上河爲治下河之策。至河防述言，則靄生追述輔幕客陳潢之論。
附河防述言	清張靄生撰、	一		

直隸河渠志	清陳儀撰、	一	鈔本、畿輔河道水利叢書本、	是書所列二十五水，皆畿輔巨流。大致載當時形勢而不詳古蹟。
行水金鑑	清傅澤洪撰、	一七五	清乾隆間傅氏刊本、淮南刊本、	是書總括古今臚列利病，上下數千年中地形之變遷人事之得失，一一條析分明。
水道提綱	清齊召南撰、	二八	清乾隆丙申傳經書屋刊本、霞城精舍刊本活字板本、	是書以巨川爲綱，而以所會衆流爲目，故曰提綱。大旨以當日水道爲主。
海塘錄	清翟均廉撰、	二六	鈔本、	是書統載浙江海塘形勢，由漢唐以至清乾隆二十九年，一一詳載。
籌海圖編	明胡宗憲撰、	一三	明天啟刊本、	是書詳載南北沿海衝要日本入貢入寇始末及戰守經略。

鄭開陽雜著	明鄭若曾撰、	一一	刊本、鈔本、	若曾於江防海防形勢皆所目擊，於日本諸考亦極有研究，故是編與書生紙上之談不同。
南嶽小錄	唐李沖昭撰、	一	明蔡汝楠刊本、孫淵如刊本、玉雨堂叢書本、四十家小說本、知服齋本、	書中先列五峯三澗，次敍宮觀祠廟壇院之屬，而以歷代得道飛昇之迹附之。
廬山記	宋陳聖俞撰、	三	守山閣本、	聖俞謫官時與致仕劉渙游覽廬山，嘗以六十日之力，盡南北山水之勝，因取渙舊所雜錄編爲此書，處處皆所目睹，故考證精核，與據圖作志者迴殊。
附廬山紀略		一		
赤松山志	宋倪守約撰、	一	明刊本、道藏本、路有鈔本、知服齋刊本、	此編首述黃初平兄弟仙迹，次丹類，次洞穴類，次山水類，次宮宇類，次人物類，次制誥類，次碑籍類。志山水而用郡縣與記體例者，自守約是書始。

西湖遊覽志 志餘	明田汝成撰、	二四 二六	明刊本、明萬歷甲申重刊本、刊本、	是書雖以游覽爲名而實非游記。大致因名勝而附以事蹟，可以備史家之考核。
桂勝 桂故	明張鳴鳳撰、	一六 八	明萬歷庚寅刊本、	劉繼文序稱：前十六卷爲桂勝，志桂概也。後八卷爲桂故志故實也。
盤山志	清蔣溥等撰、	二一	殿刊本、	是編分圖考名勝寺宇流寓方外藝文物產雜綴八門，釐爲十六卷，首冠以巡典天章五卷。
西湖志纂	清梁詩正撰、	一二	清乾隆乙亥賜經堂刊本、日本鈔本、殿刊本、	是編首名勝各圖，次西湖水利，次孤山南山北山吳山西溪諸勝蹟，而終以藝文。雖門目減於舊志而大體已包括無餘。

洛陽伽藍記	後魏楊衒之撰、	五	漢魏叢書本、津逮秘書本、古今逸史本、明如隱堂刊本、眞意堂活字本、學津討原本、緣君亭刊本附刊集證本、明刊本、學海類編本、	魏自太和以後，洛陽佛剎甲天下。永熙亂後，衒之行役故都，感懷興廢，因捃拾舊聞追敘故蹟以成是書。
吳地記	唐陸廣微撰、	一	明刊本、古今逸史本、學津討原本、學海類編本、江蘇局本鹽邑志林本、唐宋叢書無後集本、錢磬室本、	書中所錄多吳地古蹟。後集一卷不知誰作。
附後集		一		
長安志	宋宋敏求撰、	二〇	明初刊本，經訓堂刊本、瓶花齋鈔本、振綺堂有菉竹堂所藏刊本、	是書考長安古蹟，於城郭宮室山川道里津梁郵傳以至風俗物產宮室寺院，言之最詳。其坊市曲折及唐時士大夫第宅所在，皆一一能舉其處。

洛陽名園記	宋李格非撰、	一	古今逸史本、津逮秘書本、學津討原本、海山仙館刊本、百川學海本、	是書記洛中園囿，自富弼以下凡十九所。敍述頗爲典雅。
雍錄	宋程大昌撰、	一〇	古今逸史本、明嘉靖刊本、	是書於宮殿山水都邑皆有圖說，而尤注意於險要。
洞霄圖志	宋鄧牧撰、	六	知不足齋本、	是志凡六門：曰宮觀，曰山水，曰洞府，曰古蹟，附以異事曰人物曰碑記。舊本有圖故云圖志，今圖則已佚矣。
長安志圖	元李好文撰、	三	明初刊本、經訓堂刊本、瓶花齋鈔本、振綺堂有葵竹堂藏刊本、	是書一名長安圖說，爲圖二十有二，凡漢唐宮闕陵寢及涇渠沿革制度皆在焉。
汴京遺蹟志	明李濂撰、	二四	明嘉靖刊本、淡生堂餘苑本、鈔配本、	是書以歷代都會皆有專志，獨汴京無之，乃摭拾舊文編次成帙，義例頗整齊，引證亦具有根據，在輿記中足稱善本。

武林梵志	明吳之鯨撰、	一二	鈔本、姚若有明刊本、	是書以杭州梵刹盛於南宋，至明而殘廢者多，恐遺蹟漸湮，乃博考乘牒，分城內城外南山北山及諸屬縣，凡得寺院四百二十六所，俱詳誌創置始末，及其山川形勝○
江城名蹟	清陳宏緒撰、	二	乾隆刊附補遺本、	是書以南昌省會爲南昌新建二縣地，因考其名蹟，以城之內外爲限，凡去城遠者則不錄○上卷爲考古，下卷爲證今○其古今不以年代爲斷，而以興廢存亡爲斷○
營平二州地名記	清顧炎武撰、	一	鈔本、槐廬刊本、	炎武游永平時，郡人以志屬之，炎武未應其求，但採古來營平二州故實爲六卷付之，題曰營平二州史事，原本散佚，此書卽其六卷之一也○

金鼇退食筆記	清高士奇撰、	二	原刊本、說鈴本、龍威祕書本、江村全書本、	士奇以康熙甲子入直內廷，居太液池之西，朝夕過金鼇玉棟橋，望苑中景物，七閱寒暑，爰記其梗概以成此書。
石柱記箋釋	清鄭元慶撰、	五	康熙壬午魚計亭刊本、粵雅堂本、	顏眞卿所書石柱記在湖州杼山，載其山川陵墓古蹟古器甚詳，元慶因採掇諸書爲之箋註。
關中勝蹟圖志	清畢沅撰、	三二	原刊本、小琅嬛仙館刊本、靈巖山館刊本、	是書以郡縣爲經，以地理名山大川古蹟四子目爲緯，而以諸圖附於後。
南方草木狀	晉稽含撰、	三	明刊本、百川學海本、漢魏叢書本、格致叢書本、龍威秘書本、百名家書本、山居雜誌本、說郛本、宋麻沙本、	是書分草木果竹四類，共八十種，皆嶺南土產也。

書名	撰者	卷數	版本	提要
荊楚歲時記	梁宗懍撰、	一	漢魏叢書本、廣秘笈本、淡生堂餘苑本說郛本、	是書皆記楚俗，所述凡三十六事。
北戶錄	唐段公路撰、	三	元刊本、影宋本、明刊校宋本、學海類編本、十萬卷樓本、古今說海本、格致叢書本、續百川學海本、述古至鈔本、	是書載嶺南風土頗爲賅備，而於物產爲尤詳。
桂林風土記	唐莫休符撰、	一	鈔本、學海類編本、淡生堂餘苑本、	是書原本三卷，今存者一卷，卷中目錄四十六條，今闕火山採木二條。其敍述民風土產頗足資考證。
嶺表錄異	唐劉恂撰、	三	聚珍板本、閩覆本、三單本、	是書所敍物產風土，詞皆古雅，於蟲魚草木訓詁名義尤爲精核。

益部方物略記	宋宋祁撰、	一	說郛本、秘冊彙函本、津逮秘書本、學津討原本、	是書乃祁知益州時，就沈立劍南方物補其闕遺，共得六十五種，各爲圖而系以贊，并註其形狀於贊後。今圖已佚，惟贊與註存。
岳陽風土記	宋范致明撰、	一	明嘉靖刊本、古今逸史本、小石山房本、說郛本、	是編不分門目，隨時記載，書雖一卷，而於郡縣沿革山川改易古蹟存亡考證特詳。
東京夢華錄	宋孟元老撰、	一〇	津逮祕書本、唐宋叢書本、稗海本、明弘治刊本、學津討原本、	是編於都城坊市節序風俗及當時典禮儀衛，靡不記載，雖不過識小之流，而朝章國制，實多雜見於其間。
六朝事迹編類	宋張敦頤撰、	二	古今逸史本、明刊本、仿宋四卷本、嘉慶沈兆〇刻本、道光辛丑張氏寶德堂刻本有考證一卷、光緒丁亥上元李濱仿宋紹興建康府學本十四卷、	是書爲補金陵圖經而作。首總敍，次形勢，次城闕，次樓臺，次江河，次岡山，次宅舍，次讖記，次靈典，次神仙，次寺院，次廟宇，次墳陵，次碑刻，凡十四門。引據詳核。

會稽三賦	宋王十朋撰、	三	湖海樓叢書本、杜氏仿宋刊本、明初刊本、萬歷刊本、惜陰軒叢書本、明南逢吉尹壇删補舊注本、	三賦者，會稽風俗賦，民事堂賦，蓬萊閣賦，是也。所述皆有關會稽之風土。
中吳紀聞	宋龔明之撰、	六	津逮秘書本、明單刻本、學海類編本、知不足齋本、珠叢別錄本、朱麟書校刊本、墨海金壺本、錢遵王校本、粤雅堂本、	是書採吳中故老嘉言懿行及其風土人文爲新舊圖經范成大吳郡志所不載者彙爲一編。
桂海虞衡志	宋范成大撰、	一	漢魏叢書本、唐宋叢書本、知不足齋本、石湖三錄本、古今逸史本、古今說海本、百川學海本、學海類編本、	是書共十三篇：曰志巖洞，志金石，志香，志酒，志器，志禽，志獸，志蟲魚，志花，志果，志草木，雜志，志蠻，每篇各有小序，皆志其土之所有。
嶺外代答	宋周去非撰、	一〇	知不足齋本、	去非自嶺外歸，因有問嶺外事者，倦於應酬，書此示之，故曰代答。

都城紀勝	舊本題耐得翁撰、	一	楝亭十二種本、戴氏鈔本、舊鈔本、掌故叢編本、藝圃搜奇本、	是書分十四門，皆記杭州瑣事。
夢粱錄	宋吳自牧撰、	二〇	知不足齋本、學津討原本、學海類編本、刊本、掌故叢編本、淡生堂餘苑本、明楊循吉刪本、朱竹垞得足本刊於吳下、	是書全仿東京夢華錄之體。所紀南宋郊廟宮殿下至百工雜戲之事，委曲瑣屑無不備載。
武林舊事	宋周密撰、	一〇	明正德戊寅宋廷佐刊六卷本、嘉靖杭守陳珂刊本、唐宋叢書本、祕笈本、知不足齋本、崇禎刊本、淡生堂餘苑本、乾隆丁酉夙夜齋本、	是書皆記宋南渡都城雜事。
歲華紀麗譜	元費著撰、	一	學海類編本、津逮祕書本、淡生堂餘苑本、祕笈本、說郛本、康熙中顧嗣立刊閭邱辨囿本、墨海金壺本、	是書記蜀中節候風俗，自元旦至冬至一一詳載。
附箋紙譜		一		
蜀錦譜		一		

吳中舊事	元陸友仁撰、	一	鈔本、函海本、墨海金壺本、讀畫齋刊本、後四十家小說本、	是書皆記吳郡軼聞舊蹟以補地志之闕。
平江紀事	元高德基撰、	一	鈔本、墨海金壺本、明高承埏編刊稽古堂雜說本、	是書皆記吳郡古蹟而亦兼及神仙鬼怪詼諧謠諺之事，可裨圖志佚聞。
江漢叢談	明陳士元撰、	二	藝海珠塵本、湖北叢書本、珠叢別錄本、	是書於楚地故實衆說異同者各設為問答以疏通證明，故曰叢談。
閩中海錯疏	明屠本畯撰、	三	藝海珠塵本、學津討原本、明辨齋本、	是書詳誌閩海水族凡鱗部二卷共一百六十七種。介部一卷共九十種。又附非閩產而閩所常有者，海粉燕窩二種。
益部談資	明何宇度撰、	三	學海類編本、	是書皆記四川山川物產及古今軼事，分上中下三卷，以體例不似圖經，故署曰談資。

蜀中廣記	明曹學佺撰、	一〇八	明刊本、	是書凡十二目：曰名勝，曰邊防，曰通釋，曰人物，曰方物，曰仙。曰釋，曰游宦，曰風俗，曰著作，曰詩話，曰畫苑，蒐採宏富，不愧廣記之名。
增補武林舊事	明朱廷煥撰、	八	乾隆丁酉夙夜齋刻本、	是書根據武林舊事一書，凡增睿藻恩澤開爐故都宮殿湖產災異六門，共補一百五十四則。
顏山雜記	清孫廷銓撰、	四	孫氏四種本、康熙中刊本、	是書分山谷水泉城市官署鄉校逸民孝義風土歲時長城考靈泉廟災祥物變物產物異遺文諸目。敍次簡核，而造語雋異。
嶺南風物記	清吳綺撰、	一	鈔本、	是書敍述嶺南風物，與桂海虞衡志可相伯仲。

臺海使槎錄	清黃叔璥撰、	八	原刊本、道光庚寅刊本、	是編乃叔璥爲御史時巡視臺灣所作，故以使槎爲名。凡分三目：曰赤嵌筆談，曰番俗六考，曰番俗雜記。
龍沙紀略	清方式濟撰、	一	借月山房彙鈔本、澤古齋叢鈔本、昭代叢書本、	式濟因省親至黑龍江，記所見聞，考核古蹟，勒爲九門：一曰方隅，二曰山川，三曰經制，四曰時令，五曰風俗，六曰飲食，七曰貢賦，八曰物產，九曰屋宇，總名曰龍沙記略。
東城雜記	清厲鶚撰、	二	手稿本、鈔本、振綺堂刊本、粵雅堂本、昭代叢書一卷本、掌故叢編本、	鶚居杭州城東之東園，爲宋代故址，因旁考里中舊聞軼事與記所不載者，爲此書。
游城南記	宋張禮撰、	一	學海類編本、廣秘笈本、	禮與陳微明遊長安城南，訪唐代都邑舊址，因作此記而自爲之註。凡門坊寺觀園囿村墟及前賢遺迹見於載籍者敘錄甚備。

河朔訪古記	元納新撰、	二	守山閣本、嘉慶辛未璜川吳氏眞意堂叢書本、續粤雅堂三卷本、	是書備載眞定河南山川古蹟，多今日輿記所未詳。
徐霞客遊記	明徐宏祖撰、	一二	楊文定公原訂刊本、乾隆丙申徐氏重刊本、嘉慶十三年葉氏增校附補編一卷本、邵亭有汲古閣舊鈔本、	宏祖自號霞客，嘗西行數千里求河源，此書皆其紀游之文。
佛國記	宋釋法顯撰、	一	漢魏叢書本、唐宋叢書本、津逮秘書本、學津討原本、秘冊彙函本、佛藏本、陽湖孫氏有明初聚寶門來賓樓姜家刊作法顯傳本、	法顯於晉義熙中自長安游天竺，經歷三十餘國，歸與天竺禪師參互辨定以成此書，中多自尊其教之詞。
大唐西域記	唐釋元奘譯、僧辨機撰、	一二	墨海金壺本、守山閣本、明刊支那本、吳氏刊本、明南北佛藏二本、雍正十三年重刊龍藏十卷本、	書中所列凡一百八十三國，多述佛典因果之事。

宣和奉使高麗圖經	宋徐兢撰、	四〇	明姚士粦鄭宏刊本、知不足齋本、鈔本、天祿後目有宋刊本、趙氏小山堂有高麗刊本、昭文張氏有毛斧季舊鈔本、	是書分二十八門，凡其國之山川風俗典章制度以及接待之儀文往來之道路無不詳載。
諸蕃志	宋趙汝适撰、	二	函海本、學津討原本、	是書詳載海外諸國風土物產，與宋史外國傳相出入。
溪蠻叢笑	宋朱輔撰、	一	說郛本、歷代小史本、學海類編本、格致叢書本、古今說海本、夷門廣牘本、百名家書本、	是書所記諸蠻風土物產頗備。
眞臘風土記	元周達觀撰、	一	百川學海本、歷代小史本、古今說海本、古今逸史本、錢氏敏求記云有舊鈔本可正說海中刻本之訛、	元貞元年遣使招諭眞臘(南海中小國)，達觀隨行，往返三載，諳悉其俗，因述所聞見爲此書。

島夷志略	元汪大淵撰、	一	鈔本、知服齋刊本、	大淵於至正中嘗附海舶經數十國，各紀其山川道里物產民風，大半爲史所未載。
朝鮮賦	明董越撰、	一	明刊本、國朝典故本、鈔本、	此賦爲述朝鮮風土而作。
海語	明黃衷撰、	三	秘笈本、學津討原本、吳蘭修刊本、紛欣閣叢書本、嶺南遺書本、	是書分爲四類：曰風俗，曰物產，曰畏途，曰物怪。其中頗多恍惚奇怪之談。
東西洋考	明張燮撰、	一二	明萬歷戊午刊本、惜陰軒叢書本、坊刻本、	是書皆記海國之通互市者，所錄西洋十五國，附見者四，東洋七國，附見者十二。其不通互市者別爲外紀。
職方外紀	明艾儒略撰、	五	明刊本、墨海金壺本、守山閣刊本、	是書皆記絕域風土爲自古輿圖所不載，故曰職方外紀。

赤雅	明鄺露撰、	三	知不足齋本、龍威秘書本、道光間刊本、	是編乃露游廣西猺峒，因爲猺女雲䩞娘書記，歸而述所見聞所紀山川物產，皆詞藻簡雅，序次典核。
朝鮮志	不著撰人名氏、	二	藝海珠塵本、	是書首述疆域沿革，次分六大綱爲經，曰京都，曰風俗，曰古都，曰古蹟，曰山川，曰樓臺，而以所屬八道爲緯。
坤輿圖說	清南懷仁撰、	二	原刊本、指海本、	是書與艾儒略職方外紀互有出入，而亦時有詳略異同。
異域錄	清圖理琛撰、	一	原刊本、澤古齋本、昭代叢書本、指海本、雍正元年刊本、借月山房刊本、	是書首冠以輿圖，次爲行記，以所歷之地爲綱，而案日紀載以爲目。
海國聞見錄	清陳倫炯撰、	二	乾隆九年刊本、藝海珠塵本、明辨齋本、昭代叢書一卷本、	是書上卷記八篇，下卷圖六幅，事事得諸閱歷。

書名	著者	卷數	版本	書旨
唐六典	唐元宗明皇帝撰、	三〇	宋紹興甲申刊題大唐六典本、明正德乙亥刊本、嘉靖甲辰浙江按察司刊本、嘉慶庚申掃葉山房刋本、	是書以三師三公三省九寺五監十二衞列其職司官佐，敍其品秩以擬周禮。
翰林志	唐李肇撰、	一	百川學海本、說郛本、歷代小史本、	是書於一代詞臣職掌最爲詳備。
麟臺故事	宋程俱撰、	五	聚珍板本、閩覆本、浙縮本、昭文張氏有舊鈔三卷本、	是書皆述北宋詞林典故凡十二門。
翰苑羣書	宋洪遵撰、	二	學海類編本、知不足齋本、	是書分十二種皆詞林故事。

南宋館閣錄 續錄	宋陳騤撰、	一〇 一〇	影宋鈔本、舊鈔本、掌故叢編本、黃丕烈有宋刊本九行行十八九字、	二書皆用麟臺故事之例，分九門。陳錄所記自建炎元年至淳熙四年；續錄所記自淳熙五年至咸淳五年。
玉堂雜記	宋周必大撰、	三	百川學海本、汲古閣本、學津討原本、益公全集本、津逮秘書本、	必大兩入翰苑，因錄鑾坡典制沿革及宣召奏對之事輯爲此書。
宋宰輔編年錄	宋徐自明撰、	二〇	宋寶祐間徐居誼刊本、明萬曆戊午刊本、	是書皆敍宋世宰輔拜罷。
祕書監志	元王士點商企翁同撰、	一一	路有鈔本、邵亭有舊鈔本、	是書所載自至元以來迄於至正凡祕書監建置遷除典章故事，一一具備。

翰林記	明黃佐撰、	二〇	鈔本、嶺南遺書本、	是書所載皆明一代翰林掌故，自洪武以至嘉靖每事各有標目，凡二百二十六條。
禮部志稿	明泰昌元年官撰、	一一〇	鈔本、	是書首訓諭，次建置，次職掌，次歷官表，次奏疏，次列傳，次事例。首尾淹貫，頗有條理。
太常續考	不著撰人名氏、	八		是書詳載祭祀典禮。
土官底簿	不著撰人名氏、	二	路有鈔本、振綺堂有鈔附土苴集二册本、	是書備載明正德以前諸土司官爵世系。
詞林典故	清乾隆撰、	八	殿刊本、	是書凡分八門：曰臨幸盛典，曰官制，曰職掌，曰恩遇，曰藝文，曰儀式，曰廨署，曰題名。

國子監志	清梁國治等撰、	六二	道光十六年重修八十二卷刊本、	是書首爲聖諭，次御製詩文，次詣學，次廟制，次祀位，次禮，次樂，次監制，次官師，次生徒，次經費，次金石，次經籍，次藝文，次紀事。
歷代職官表	清乾隆撰、	六三	殿刊本、	是書每門各冠以表，表後詳述建置，以清代官制爲綱而歷代官制列於下。
州縣提綱	不著撰人名氏、	四	函海本、學津討原本、長恩書室本、牛畝園本、日本刊本、曾氏刊本、	是書論州縣莅民之方極爲詳備。
官箴	宋呂本中撰、	一	宋寶祐丁亥刊本、百川學海本、明成化戊子刊本、學津討原本、百名家書本、說郛本、	是書多閱歷有得之言，首揭淸愼勤三字以爲當官之法。

百官箴	宋許月卿撰、	六	天一閣有刊本、	是書仿揚雄官箴，分曹列職，各申規戒。
晝簾緒論	宋胡太初撰、	一	宋淳祐壬子刊本、百川學海本、學津討原本、百名家書本、說郛本、	是書凡十五篇，亦論縣令居官之道。
三事忠告	元張養浩撰、	四	明洪武二十三年王士宏刊本、宣德六年李驥刊本、明鄭瓚刊本、貸園叢書本、芸葉軒刊本、日本刊本、嘉慶刊本、如不及齋本、道光間郭尙先寫刊本、道光辛卯尹濟源仿元刊本、	是書凡牧民忠告二卷，風憲忠告一卷，廟堂忠告一卷，皆留心實政閱歷有得之言。
人臣儆心錄	淸順治撰、	一	鈔本、蔣氏刊本、	是書凡八篇：一曰植黨，二曰好名，三曰營私，四曰徇利，五曰驕志，六曰作僞，七曰附勢，八曰曠官。

書名	著者	卷數	版本	本書旨
通典	唐杜佑撰、	二〇〇	宋刻小字本、明嘉靖戊戌方獻夫刊本、明嘉靖中李元陽刊增入諸儒議論本、殿本、明嘉靖七年吉藩刊本、浙局刊本、	是書因劉秩政典而廣之，分食貨選舉職官禮樂兵刑州郡邊防八門，爲數典之淵海。
唐會要	宋王溥撰、	一〇〇	聚珍板本、活字板本、振綺堂有鈔年、許氏有鈔本、	是書凡分目五百十四，於唐代沿革損益之制極其詳核。
五代會要	宋王溥撰、	三〇	聚珍板本、信芳閣活字板本、閩刊本、墨海金壺本、路有鈔本、郘亭有舊鈔本、振綺堂有萃古齋精鈔本、許氏有舊鈔本、	五代俶擾，百度淪亡，其法度典章僅見於谷朝實錄；溥因檢尋舊籍條分件繫以成是編。

宋朝事實	宋李攸撰、	二〇	聚珍板本、閩刊本、墨海金壺本、許氏有盧校本、	是書輯北宋一代典制，分門編錄，蓋亦會要之類。
建炎以來朝野雜記	宋李心傳撰、	四〇	聚珍板本、閩刊本、函海本、舊鈔本、蕭氏刊本、張目有宋刊殘本、許氏有影宋鈔前集十四卷後集十七卷本、	是書取南渡以後事蹟分門編類，亦略如會要之體。
西漢會要	宋徐天麟撰、	七〇	聚珍板本、閩刊本、蘇局本、明南雍刊本、吳門有活字本、道光二年南城胡森刊本、宋嘉定乙亥刊本半頁十一行行二十字、	是書仿唐會要之體，取漢書所載制度典章見於紀志表傳者三百六十七事，以類相從，分十五門編載。

東漢會要	宋徐天麟撰、	四〇	聚珍板本、蘇局本、閩刊本、明南雍刊本、吳門有活字本、道光二年南城胡森刊本、宋寶慶丙戌刊本半頁十行行二十字、別下齋得闕卷刻入斠補隅錄、	是書門目與西漢會要同，分三百八十四事。惟西漢會要不加論斷，而此書則間附以案語及雜引他人論說。
漢制考	宋王應麟撰、	四	附玉海元刊本、津逮祕書本、學津討原本、雜海本、	是編因漢書續漢書諸志於當日制度多舉大端，略於細目，乃摭采諸家經註及說文諸書所載以補其遺，頗足資考證。
文獻通考	元馬端臨撰、	三四八	元刊大板本半頁十三行行二十六字、殿本、明內府刊大字本、明正德十六年劉洪刊本、明馮天馭刊小字本、明愼獨齋刊本、宏治中何喬新單刊經籍考七十六卷本、浙局刊本、	是書以杜佑通典爲藍本，田賦等十九門皆因通典而離析之，經籍帝系封建象緯物異五門，則通典所未及也。自序謂引古今史謂之文，參以唐宋以來諸臣之奏疏諸儒之議論謂之獻，故名曰文獻通考。

明會典	明徐溥撰、	一八〇	明宏治敕撰萬歷續纂二百二十八卷本、俱明內府刊本、	是書體例以六部爲綱，并以宗人府一卷。自二卷至一百六十三卷皆六部掌故，一百六十四卷至一百七十八卷爲諸文職，末二卷爲諸武職，特附見其職守沿革而已。
七國考	明董說撰、	一四	守山閣本、振綺堂有鈔本、	是書載秦齊楚趙韓魏燕七國制度，分職官食貨都邑宮室國名羣禮音樂器服雜記喪制兵制刑法災異瑣徵十四門。大致以戰國策史記爲本而以諸子雜史補其遺闕。
大清會典	清乾隆敕撰、	一〇〇	刊本、嘉慶二十三年重修八十卷本、	是書初修於康熙三十三年，再修於雍正五年，至是三經考訂，凡一切典章條目無不備載。

大清會典則例	清嘉慶敕撰、	一八〇	刊本、嘉慶增修改名會典事例計九百二十卷又圖說一百三十二卷、	是書分爲會典則例兩編：一具政令之大綱，一備沿革之細目。互相經緯條理益明。
續文獻通考	清乾隆敕撰、	二五二	官刊本、浙局本、	是編輯宋遼金元明五朝事蹟以續馬端臨之書。
皇朝文獻通考	清乾隆敕撰、	二六六	官刊本、浙局本、	是書初與五朝文獻通考共爲一編，嗣以體例互異，遂以皇朝標目各自爲編，初亦用二十四門舊目，嗣以宗廟考中附載諸祀於義未安，遂另立羣廟考一門，增原目爲二十五。
續通典	清乾隆敕撰、	一四四	官刊本、浙局本、	是書所續自唐肅宗至德元年訖明崇禎末年。篇目體例一仍杜佑之舊。惟杜氏以兵制附刑後，此則兵刑各爲一篇。

皇朝通典	清乾隆敕撰、	一〇〇	官刊本、浙局本、	是書以八門隸事，一如杜佑之舊。
皇朝通志	清乾隆敕撰、	二〇〇	官刊本、浙局本、	是書二十略之目，亦與鄭樵原本同，而紀傳年譜則省而不作。
元朝典故編年考	清孫承澤撰、	一〇	路有鈔本、許氏有鈔本、鈔八卷本、	是書取元代事蹟分年編次，正史以外雜取文集說部附益之，足補托克托等記載之疎。
漢官舊儀	漢衛宏撰、	一	聚珍板本、閩刊本、平津館重輯四卷本、蘇杭縮本、內刻十行本、	是書所記皆西漢典禮。
補遺		一		
大唐開元禮	唐蕭嵩等撰、	一五〇	四庫依鈔本、天祿後目有影宋鈔本、路小洲有鈔本、	是書首爲序例三卷，次以五禮分類，而退凶禮於第五，用貞觀顯慶舊制也。

謚法	宋蘇洵撰，	四	墨海金壺本、珠叢別錄本、明湯志仁刊本、守山閣本附嘉祐集本、	洵取劉熙等六家謚法刪定考證以成是書。
政和五禮新儀	宋鄭居中等撰、	二二〇	振綺堂有璜川吳氏藏鈔本二百四十卷本、張目有鈔本、朱修伯家有天一閣舊鈔本、路小洲有鈔本二百二十八卷、	是書於官民之制特詳。
紹熙州縣釋奠儀圖	舊本題宋朱子撰、	一	元大德間何元壽編輯刊八卷本、指海本、鈔本、	是書首以官牒，次釋奠儀注；次禮器圖。
大金集禮	不著撰人名氏、	四〇	張目有舊鈔本、振綺堂有鈔本、錢遵王家有金人鈔本、許氏有精鈔本、廣東刊本、	是書爲金源一代掌故之總匯。

大金德運圖說	不著撰人名氏、	一	鈔本、	是編爲金尚書省集議德運所存案牘之文。
廟學典禮	不著撰人名氏、	六	鈔本、鈔本、	是書詳述一代廟學之制。
明集禮	明徐一夔等撰、	五三	明嘉靖中刊本、	是書以五禮爲綱，分二十六子目，而別出冠服車輅儀仗鹵簿字學鍾律雅樂俗樂，各自爲類。
明臣謚彙考	明鮑應鼇撰、	二	明刊本、鈔本、	是書首載各謚釋義。所列某臣謚某，皆分註當日取於某義，使後人具知其所以然，較他家特有根據。
頖宮禮樂疏	明李之藻撰、	一〇	明萬歷中馮時萊刊本、	是編首列頖宮儀注，次名物器數，共爲八卷。第九卷爲啟聖祠名宦鄉賢祠，第十卷附載鄉飲酒禮鄉射禮，頗爲詳備。其樂譜尤具有心得。

明謠記彙編	明郭良翰、	二五	明刊本、	是書以諸謠分類輯載，各分子目，與鮑應鼇書詳略互見。
明宮史	舊本題呂毖校次、	五	此書一名酌中志。學津討原本、路有鈔本、	是書所紀皆宮闈雜事。詞義頗爲猥鄙。
幸魯盛典	清孔毓圻等輯、	四〇	官刊本、	是書凡事蹟二十卷，藝文二十卷。
萬壽盛典	清康熙朝編、	一二〇	官刊本、	是書凡六目：曰宸藻，曰聖德，曰典禮，曰恩賚，曰慶祝，曰歌頌。
大清通禮	清乾隆敕撰、	五〇	官刊本、道光續纂五十三卷本、	是書首紀朝廟大典及欽頒儀式。其餘五禮之序悉本周官，所重在貴賤之等差節目之先後，至於禮器則不具詳，以別有成書故也。

南巡盛典	清乾隆朝高晉撰、	一二〇	官刊本、	是書備述辛未至乙酉四幸江浙諸鉅典，門分部繫頗爲詳悉。
八旬萬壽盛典	清乾隆朝阿桂等纂修、	一二〇	官刊本、	是書凡八門：首宸章，次聖德。次聖功，次盛事，次典禮，次恩賚，次圖繪，次臣工歌頌。
皇朝禮器圖式	清乾隆敕撰、	二八	官刊本、	是書凡六門。曰祭器，曰儀器，曰冠服，曰樂器。曰鹵簿，曰武備，每器皆列圖於右，系說於左。
國朝宮史	清乾隆敕撰、	三六		是書首訓諭：次典禮，次宮殿，次經濟，次官制，次書籍。凡禁闈制度。皆一一詳載。
滿洲祭神祭天典禮	清乾隆撰、	六	鈔本、	是書皆述滿洲舊志相沿之祀典，凡祭期祭品儀注祝詞一一詳載。

歷代建元考	清鍾淵映撰、	一〇	墨海金壺本、守山閣本、	是書以年號相同者列前，次以年號分韻排編，次列歷代帝王及僭僞諸國始末，頗爲詳悉。
北郊配位議	清毛奇齡撰、	一	西河全集本、藝海珠塵本、	是議在申明以東爲上之義。
廟制圖考	清萬斯同撰、	一	原刊四卷本、羣書辨疑本、乾隆丁酉從孫福刊本、	是書統會經史考定廟制，由秦漢以迄元明，各爲之圖而綴以說。
救荒活民書	宋董煟撰、	三	明南監本卽元刊本、明刊二卷本、守山閣本、學海類編本、半畝園本、曾氏刊本、珠叢別錄附拾遺一卷本、長恩書室本、墨海金壺本、	是書上卷考古以證今，中卷條陳救荒之策，下卷備述宋代名臣賢士之所議論設施可爲法戒者。

熬波圖	元陳椿撰、	一	永樂大典本、	是書自各團竈座至起運散鹽、為圖四十有七，圖各有說，復繫以詩，凡曬灰打滷之方，運薪試運之細，纖悉畢具。
錢通	明胡我琨撰、	三二	明刊本、鈔刊、	是書分十三門，專論明代錢法，而因及於古制。
捕蝗考	清陳芳生撰、	一	學海類編本、藝海珠塵本、借月山房本、道光戊申瓶花書屋本、長恩書室本、昭代叢書本、半畝園本、	是書首備蝗事宜十條，次前代捕蝗之法。條分縷析，頗為詳備。
荒政叢書	清俞森撰、	一〇	守山閣本、墨海金壺本、瓶花書屋本、長恩書室本、	是書輯古人救荒之法，於宋取董煟，於明取林希元屠隆周孔教鍾化民劉世教，於清取魏禧，凡七家之言。又自作常平義倉社倉三考。末附鄖襄賑濟事宜及捕蝗集要。

康濟錄	清倪國璉撰、	六	內府刊本、外省覆本、道光戊申瓶花書屋刊本、	是書凡分四門：一曰前代救荒之典，二曰先事之政；三曰臨事之政，四曰事後之政。又附錄四事，於荒政頗爲周備。
歷代兵制	宋陳傅良撰、	八	墨海金壺本、守山閣本、長恩書室叢書本、學海類編本、兵法彙編本、靜觀堂刊本、瓶花書屋刊本、揚州刊本、	是書上溯成周鄉遂之法，下迄於宋，而於宋事指陳利病言之尤詳。蓋爲南渡以後宂軍驕卒言也。
補漢兵志	宋錢文子撰、	一	知不足齋本、盛百二刊本、	宋南渡以後招兵日多需費益繁。文子以漢代去古未遠，猶有寓兵於農之意，因採漢書中言及兵制者彙爲一編，附以論斷。
馬政紀	明楊時喬撰、	一二	明刊本、	是書記明一代馬政，上起洪武，下至萬歷，分十三門，於利病言之甚詳。

八旗通志初集	清雍正撰、	二五〇	內府刊本、乾隆末年重纂本、	是書以兵制爲根柢，而一切典章爵秩人物藝文亦分別記載。
唐律疏義	唐長孫無忌等撰、	三〇	宋刊大字本、岱南閣叢書仿元至正刊附洗寃錄本、昭文張氏有元至順間余氏勤有堂刊附釋文纂例本、舊鈔本、	是書於唐律多所發明，足爲考古律源流者之參考。
大清律例	清三泰等撰、	四七	官刊本、刊三十七卷本、增修統纂本、	是書凡律目一卷，諸圖一卷，服制一卷，名例三卷，六曹律三十四卷，聽類七卷，比引律修一卷。

營造法式	宋李誡撰、	三四	蔣生沐有精繪本、山西楊氏刊叢書本、昭文張氏有影宋鈔本、	是書共三百五十七篇，內四十九篇皆根經史講求古法，餘三百八篇則自來工師所傳也。
武英殿聚珍版程式	清金簡撰、	一	聚珍本、閩刊本、杭縮本、	是書凡爲圖十有六，爲說十有九，視王楨農所載法小變而用彌捷。

書名	著者	卷數	版本	書旨
崇文總目	宋王堯臣等撰、	一二	天一閣有鈔六十五卷本、許氏有鈔本、汗筠齋叢書校補五卷附錄一卷本、粵雅堂刊錢東垣六卷本、後知不足齋本、	是書以四庫分編。所錄凡三萬六百六十九卷。使數千年著作之目總滙於斯，百世而下，藉以驗存佚辨眞贋核同異，誠不愧爲册府之驪淵，藝林之玉圃也。
郡齋讀書志	宋晁公武撰、	四	陳氏刊小字本、刊本、鈔本、汪氏刊二十卷本、	三志均以經史子集分部，各有解題，爲藏書家所依據。至其考異一卷，爲辨別袁衢二本之異同，亦足資參證。
後志		二		
考異	宋趙希弁撰、	一		
附志		二		
遂初堂書目	宋尤袤撰、	一	說郛本、海山仙館本、路氏有鈔二卷本、武進盛氏刊常州先哲遺書本、	是編一名益齋書目。所分四部與諸家不甚相遠，惟一書兼載數本，則體例獨異。

子略 目錄	宋高似孫撰、	四 一	百川學海本、學津討原本、照曠閣本、鈔本、明刊十二行行二十字本、	是書首卷冠以目錄，由漢志隋志唐志庾仲容子鈔馬總意林至鄭樵通志藝文略所載諸子，皆存其書名而削其門目。其下四卷則高似孫所論斷，凡三十八家。
直齋書錄解題	宋陳振孫撰、	二二	聚珍板本、閩刊本、蘇杭縮本、明萬歷武林陳氏刊本、昭文張氏有舊鈔殘本、	是書解題與晁氏相類。其編目次第亦以四部爲先後。
漢藝文志考證	宋王應麟撰、	一〇	玉海附刊本、浙局本、	漢書藝文志間有班固自註，然不甚詳。應麟始捃拾舊文爲之補註，不載漢志全文，惟以有考釘者摘錄爲綱，略如經典釋文之類。
文淵閣書目	明楊士奇撰、	四	鈔本、讀書齋刊二十卷本、萬歷中張萱重編名內閣藏書目錄、	是編所錄諸書以千字文編號，自天字至往字，凡二十號。但有冊數而無卷數，頗嫌潦草。

授經圖	明朱睦㮮撰、	二〇	明朱氏原刊本、龔氏玉玲瓏閣康熙時刊本、李氏惜陰軒叢書本、許氏有影原刊鈔本、	是編多述經學源流。每經四卷，舊無刊本。
天祿琳琅書目		一〇	孫芝房有鈔本、湖南刊本、	是書以經史子集爲綱，以宋金元明刊版朝代爲次，其一書而載數本，用遂初堂書目例，詳其題跋姓名收藏印記，兼用鐵網珊瑚例。
後編		二〇		
千頃堂書目	清黃虞稷撰、	三二	鮑氏傳寫本、胡心耘有知不足齋批校本、路氏有鈔本、許氏有鈔本、張氏適園叢書本、	是書所錄皆明一代之書，惟每類之末各附以宋金元人著述，既不賅備，又不及於五代以前，其體例頗爲奇異。
經義考	清朱彝尊撰、	三〇〇	乾隆乙亥盧氏刊本、朱竹垞自刊五經有單行本、	是書統考歷代經義之目。初名經義存亡考，惟列存亡二例，後分例曰存，曰闕，曰佚，曰未見，因改今名。

集古錄	宋歐陽修撰、	一〇	順治癸巳謝光啟刊本、道光甲申甯郡王氏刊多目錄五卷本、歐陽文忠全集本、汲古閣六一題跋本、四留堂刊本、三長物齋本、丁禹生有寫本、	是書集錄金石之文多至千卷，其中有跋尾者錄之成帙，其所考證亦時有心得。
金石錄	宋趙明誠撰、	三〇	淡生堂餘苑本、順治庚寅謝世箕刊本、雅雨堂刊本、小山堂鈔本、三長物齋本、邵亭有舊鈔本、張目有葉竹堂舊鈔本、許氏有舊鈔本，韓小亭有阮氏所藏宋刊本、	是書以所藏三代彝器及漢唐以來石刻仿歐陽修集古錄例編排成帙。
法帖刊誤	宋黃伯思撰、	二	百川學海本、書學會編本、王氏書苑本、津逮秘書載入東觀餘論內本、	初米芾取淳化閣帖一一評其眞僞，多以意斷，罕所考證，伯思復取芾之所定重爲訂正以成此書。

法帖釋文	宋劉次莊撰、	一〇	百川學海本、書學會編本、戴時選訂本、	次莊以家藏淳化閣帖十卷刻於臨江，併各刻釋文於字旁，改名戲魚堂帖，後人錄其釋文別爲此帙。
籀史	宋翟耆年撰、	一	守山閣本、	是書多錄金石遺文，不專收籀書。其以籀史名者，實以籀爲最古，舉以括其餘爾。
隸釋	宋洪适撰、	二七	萬曆戊子廣陵王雲鷺刊本、乾隆丁酉汪氏刊本、許氏有影宋精鈔本、洪氏翻刊本、宋有乾道本、	是書前十九卷以所藏漢碑一百八十九皆錄其全文，於假借通用之字並一一疏通證明。其中有關史事者亦一一辨訂異同。於字學史學皆爲有裨。
隸續	宋洪适撰、	二一	乾隆戊戌洪氏刊本、洪氏翻刊本、康熙間楝亭曹氏刊本、日本刊本、張目有元泰定乙丑刊七卷本、顧千里校影鈔宋十四卷本、許氏有瓜田老人精校本、	适既爲隸釋，又輯錄續得諸碑依前例釋之以成是編。

絳帖平	宋姜夔撰、	六	鈔本、聚珍板本、閩刊本、舊鈔本、	初潘師旦摹刻淳化閣帖，後絳州公庫得其石刻之半，補刻足之，名曰絳帖。夔一一詳爲考辨，取漢官廷尉平之意名之曰平。
石刻鋪敍	宋曾宏父撰、	二	知不足齋本、貸園齋叢本、乾隆刊本、	是書雖遠引石經及祕閣諸本，而自述其所集鳳墅帖特詳。
法帖譜系	宋曹士冕撰、	二	百川學海題譜系雜說本、書學會編本、書苑本、	是書皆述宋代法帖源流。大旨以閣帖爲大宗，絳帖爲別子，其餘皆其支裔也。
蘭亭考	宋桑世昌撰、宋高似孫删定、	十二	知不足齋本、鈔本、刊本、	世昌書考論蘭亭帖源委，本十五篇，似孫爲汰去集字附見二篇，於文句亦多減縮。
蘭亭續考	宋俞松撰、	二	知不足齋本、刊本、	是書蓋繼桑世昌蘭亭考而作，故名曰續。然書中體例與世昌迥異。

寶刻叢編	宋陳思撰、	二〇	鈔本、道光末海豐吳式芬刊本、十萬卷樓本、	是書蒐錄古碑以元豐九域志京府州縣爲綱，其石刻地理之可考者，按各路編纂，未詳所在者附於末，兼採諸家辨證審定之語具著於下。
輿地碑記目	宋王象之撰、	四	道光庚寅車秋舫刊本、潘氏滂喜齋刊本、鈔本、續粵雅堂本、	是書以天下碑刻地志之目，分郡編次，而各註其年月姓氏大略於下，起臨安訖龍州，皆南渡後疆域，其中頗有考訂精確者。
寶刻類編	不著撰人名氏、	八	道光戊戌東武劉喜海刊巾箱本、續粵雅堂本、	是書敍述古碑，上起周秦，下訖五代，取書撰之人分爲八類，以人名爲綱，而以所書所撰之碑系之於下。詮次頗具條理。
古刻叢鈔	明陶宗儀編、	一	知不足齋本、讀畫齋叢書本、孫淵如改定刊本、學古齋本、郘亭有舊鈔本、	是書蓋隨得隨抄之本，以原額爲題，無所考辨，亦無先後次序，所錄碑刻凡七十二種，皆全載原文。

名蹟錄 附錄	明朱珪撰、	六 一	瞿氏有厲樊榭鈔本、許氏有明人手鈔本、有刊本、	珪善篆籀，又工於摹勒石刻，因裒其生平所鐫編爲此集。題曰名蹟者，其序謂取穆天子傳爲名蹟於弇茲石上之義。
吳中金石新編	明陳暐撰、	八	刊本、	是編以漢唐舊蹟多見諸書，獨取明初諸碑，體例雖不免少隘，然所取多有關郡中利病。
金薤琳琅	明都穆撰、	二〇	明刊本、學古齋本、乾隆四十三年刊本汪氏刊本、	是書仿隸釋之例，取金石文字蒐輯編次各爲辨證、凡周刻二、秦刻六、漢刻二十三，隋刻五，唐刻二十七，於古碑皆錄原文，其剝落不完者，則取隸釋以補之，不盡據石本也。
法帖釋文考異	明顧從義撰、	一〇	明刊本、刊本、	從義取淳化閣帖釋文舊本，一一核其異同，訂其譌舛，勒爲十卷，手自繕寫而刊行之。

金石林時地考	明趙均撰、	二	振綺堂有鈔不分卷本、許氏有鈔一卷本、粵雅堂本、	是編取諸家碑目及近代續出耳目所及者，編次郡縣，分別時代，以便訪求，故謂之時地考。
石墨鐫華　附錄	明趙崡撰、	六　二	明刊本、趙氏刊本、知不足齋本、藝圃搜奇續集本、學古齋本、	是編凡跋尾二百五十三種。其曰石墨鐫華者，取文心雕龍誄碑篇句以所收有石無金故也。
金石史	明郭宗昌撰、	二	單行無刊年月本、知不足齋本、康熙刊木昭代叢書一卷本、學古齋本、	是書上卷起周迄隋，唐下卷唐碑二十餘，而以宋絳州夫子廟記一篇間雜其中。所錄雖僅五十種然其辨別眞僞實具心得。
校正淳化閣帖釋文		一〇	聚珍板本、閩刊本、吳省蘭重刊本、	書中古帖次第一從舊刻，而於朝代之先後，名字之標題，皆援證史文裁以書法。

求古錄	清顧炎武撰、	一	振綺堂有鈔本、掃葉山房本、羅鏡泉以智有重校定本、	炎武搜索古碑，多手自繕寫。上自漢曹全碑下至明建文霍山碑，共得五十六種。並詳考原委辨證音釋，可補史傳之闕。
金石文字記	清顧炎武撰、	六	亭林十種本、指海本、澤古齋叢鈔本、借月山房本、	是書所錄金石之文，凡三百餘種，各以時代爲次，每條均綴以跋，其無跋者亦具其立石年月撰書人姓名。
顧氏石經考	清顧炎武撰、	一	亭林十種本、指海本、借月山房本、石經彙函本、	是編敍述石經本末，頗有端緒。
萬氏石經考	清萬斯同撰、	一	常熟蔣光弼省吾堂刊本、懺花庵本、	是編悉採顧炎武之說，又益以吳任成范成大諸家之論以相證明。惟顧詳於漢魏而略於唐宋，萬則於唐宋石經引據特詳。

來齋金石考	清林侗撰、	三	路有鈔本、道光辛丑上海徐渭仁刊春暉堂叢書本、	是編乃總錄古今碑刻凡二百二十件，皆據目見者爲斷。
嵩陽石刻集記	清葉封撰、	二	鈔本、仰嵩堂刊本、	是編乃葉封長登封縣時輯錄境內古碑而作。登封在嵩山之南，故以爲名。
觀妙齋金石文考略	清李光映撰、	一六	雍正中刊本、	是編所採金石之書凡四十種，文集地志說部之書又六十種，大旨以品題書蹟爲主，而不以考證史事爲長。
分隸偶存	清萬經撰、	二	原刊本、乾隆乙丑刊本、道光壬辰重刊本、	是編上卷首作書法，次作分隸書法，次論分隸，次論漢唐分隸同異，次漢魏碑考；下卷爲古今分隸人名氏，始於程邈，終於明末馬如玉。

淳化祕閣帖考正	清王澍撰、	一二	冰壺閣刊本佳、	是編兼取米芾黃伯思顧從義三家辨證閣帖之意，以史傳證譌誤，以筆蹟辨依託，而行款標目以及釋文之類，亦一一考辨。
竹雲題跋	清王澍撰、	四	乾隆三十二年錢氏人龍刊本、乾隆戊申溫氏重刊本、海山仙館刊本、懺花庵本、	澍本工書，故精於鑒別，而於古帖源流同異考證尤詳。
金石經眼錄	清褚峻摹圖、牛運震補說、	一	乾隆初刊一名金石圖四卷本、	是編皆據所親見之碑四十有七，臨爲縮本而自刊之，點畫位置不失毫髮，倂剝蝕殘闕之處亦一一鈎摹畢肖。
石經考異	清杭世駿撰、	二	杭氏七種本、石經彙函本、	是書上卷分十五篇，下卷分三篇，炎較顧武石經考爲備，大旨與萬斯同書相類。

書名	著者	卷數	版本	本書旨
史通	唐劉子元撰、	二〇	明嘉靖間陸儼山蜀中刊本、萬歷丁丑張之象校刊本、明王維儉訓故本、明李維楨葛孔延評釋本、紀文達公削繁本、清黃叔琳補訓故本、	是書蓋子元官秘書監時與蕭至忠楚客爭論史事發憤而作。其內篇專論史家體例辨別是非；外篇則述史籍源流及雜評古人得失。
史通通釋	清浦起龍撰、	二〇	乾隆十七年刊本、石印本、	是編箋釋詳明，於史通註中爲善本，惟好臆改古書，往往失其本旨。
唐鑑	宋范祖禹撰、	二四	宋板小字本、元板十一行十九字、明呂鎧刊本、宏治十年白昴刊本、金華叢書本、	是書上自高祖下迄昭宣，撮取大綱繫以論斷，於法戒多所申明，

唐史論斷	宋孫甫撰、	三	鈔本、學津討原本、學海類編本、粵雅堂本、藝海珠塵本、函海本、	是書共九十二篇，凡善惡分明足爲龜鑑者皆繫以論。
唐書直筆	宋呂夏卿撰、	四	聚珍板本、閩刊本、小萬卷樓本、桐華館刊本、許氏有舊鈔校本、瞿氏有影宋鈔題唐書直筆新例本、擇是居景宋刊本、	是書乃夏卿在書局時所作。首二卷論紀傳志，第三卷論舊史繁文闕誤，第四卷爲新例須知，即所擬發凡也。
通鑑問疑	宋劉羲仲撰、	一	明南監本、津逮秘書本、學津討原本、陳刻通鑑附本、	是編所載皆三國至南北朝事，凡所辨論皆極精核。
三國雜事	宋唐庚撰、	二	函海本、學海類編本、讀書齋叢書本、汪亮采刊眉山集本、	是編凡三十六條，皆雜論三國之事。

經幄管見	宋曹彥約撰、	四	鈔本、	是書卽彥約進講三朝寳訓之語。大致旁證經史而歸之於法戒。
涉史隨筆	宋葛洪撰、	一	明宏治間刊本、得月簃叢書本、知不足齋本、金華叢書本、	是編乃洪解官憂居時獻於時相之作。所論皆古大臣之事。
六朝通鑑博議	宋李燾撰、	一〇	振綺堂有影宋鈔本、	此書詳載三國六朝勝負攻守之迹而繫以論斷，蓋借史以論南渡時事也。
大事記講義	宋呂中撰、	二三	振綺堂有影宋鈔九卷本、舊鈔二十七卷本、	是書詳敍北宋九朝事蹟，而推論其治亂得失之由。
兩漢筆記	宋錢時撰、	一二	路有鈔本、	是書皆評論古史，其謂井田封建必不可行，尤具卓識。

舊聞證誤	宋李心傳撰、	四	函海本、昭文張氏有宋刊殘本、鈔本、桐華館刊本、	是書駁正宋代私史之謬，皆先列原文，次爲駁正。條例至爲明析。
通鑑答問	宋王應麟撰、	五	玉海附刊本、刊本、浙局本、	此書始周威烈王，終漢元帝，蓋未完之稿本。其名雖爲通鑑答問，而實以朱子綱目爲主。
歷代名賢確論	不著撰人名氏、	一〇〇	路有鈔本、明弘治中錢孟濬刊作唐宋名賢確論本、	是書評騭人品，自三皇以迄五季，按代分系，各標主名。其總論一代者，則稱通論以別之。
歷朝通略	元陳櫟撰、	四	明正統壬戌王靜刊本、崇禎乙亥袁應兆刊本、	是編敍述歷代興廢得失，各爲論斷，每一代爲一篇，自伏羲至五代爲二卷，北宋南宋則各占一篇，蓋詳近略遠之意也。

十七史纂古今通要	元胡一桂撰、	一七	大興朱氏有元刊本、鈔本，	是書自三皇以迄五代，裒集史事，附以論斷，前有自序並地理世系等十三圖。
學史	明邵寶撰、	一三	明刊經史全書本、鈔配本、	是書取自周至元史事，隨筆論斷，詞義頗爲簡括。惟其以十二卷象十二月，多一卷以象閏，則殊爲牽強。
史糾	明朱明鎬撰、	六	指海本、桐華館刊本、鈔本、	是書上起三國下迄元史，元史不甚置可否，頗足考訂諸史書法之謬及其事蹟之牴牾。
國史考異	不著撰人名氏、	六	曝書亭鈔本、	是書以實錄野史及諸家文集碑誌參證同異。

御批通鑑綱目	清康熙撰、	五九	內府刊本、宋犖蘇州校刊本、浙局本、	是書因陳仁錫刊本，加以評定，大抵釐正羣言，折衷歸一。
通鑑綱目前編		一八		
外紀		一		
舉要		三		
通鑑綱目續編		二七		
評鑑闡要	清乾隆撰、	一二	內府刊本、江西巡撫海成刊本、	是書凡八百餘條，皆錄乾隆批評通鑑輯覽之語。
古今儲貳金鑑	清內廷諸臣撰、	六	內府刊本、浙局本、	是書凡歷代冊立太子事蹟三十三條，又附錄五傳各系以論斷。

書名	著者	卷數	版本	書旨
孔子家語	魏王肅註、	十	元王廣謀句解本、明刊無注本、吳勉學刊注本、正德辛巳張公瑞刊何孟春注本、黃魯曾刊本、包山陸氏本、葛鼐刊注本、汲古閣刊本、乾隆庚子李容重刊汲古本、天祿後目有宋刊本、汲古有北宋蜀大字本、斧季有校南北宋本、明刊覆宋本、王氏刊本、子書百種本、錢熇刊本、石印本、	此書係割裂諸書所載孔子逸事綴輯成篇，大義微言往往多見其中。

荀子	周荀況撰、唐楊倞註	二〇	宋熙甯本、呂夏卿大字本、淳熙江西刊本、巾箱本、元纂圖互注本、元明校纂圖互注大字小字二本、嘉靖庚寅顧氏世德堂六子本、明重刊小字本、孫鑛評本、盧抱經謝墉箋釋本、王念孫有宋錢佃校本、郝懿行補注本、十子全書本、古逸叢書本、日本翻宋台州刊本、浙局刊本、子書百種本、思賢講舍刊本、	是編主於明周孔之教，崇禮而勸學。
孔叢子	舊本題陳勝、博士孔鮒撰	三	明緜眇閣刊本、子彙一卷本、明程榮本、康熙間孔氏刊本、明何鏜漢魏本、鍾評祕書本、阮氏有宋刊巾箱本、蔣生沐有影寫本、姚若有影寫本、海昌陳湘葵有宋刊本、邵懿辰有影寫宋刊本、子書百種二卷本、	是書凡二十一篇，中多綴合孔氏之遺文。

新語	舊本題漢陸賈撰、	二	子彙本、程榮本、何鏜本、弘治壬戌李仲陽刊本、明姜思復定本、明胡維新本、鍾評秘書本、天一閣刊本、天啟元年朱謀㙔重刊弘治本、宋翔鳳校本、子書百種本、	大旨皆崇王道黜霸術，歸本於修身用人。
新書	漢賈誼撰、	一〇	漢魏叢書本、子彙本、明宏治乙丑吳郡沈頡重刊本、正德乙亥吉府刊本、正德甲戌陸相補刊本、正德己卯何孟春刊本、胡維新本、抱經堂本、子書百種本、	是書多取誼本傳所載之文，割裂其章段，顛倒其次序，而加以標題。

鹽鐵論	漢桓寬撰、	一二	漢魏叢書本、明華氏活字板本、宏治十四年涂楨本、嘉靖三十年倪邦彥重刊涂本、子書百種二卷本、明沈廷銓刊四卷本、嘉靖癸丑張之象注本、思賢講舍刊本、嘉慶丁卯張氏刊本、胡心耘有元刊本、丁禹生有宋刊十卷本、	是書凡六十篇，大旨論食貨之事，而言皆述先王稱六經。
新序	漢劉向撰、	一〇	明內府刊本、漢魏叢書本、嘉靖丁未何良俊刊本、明袁宏道等校刊本、正德五年庚午楚藩刊本、明翻宋本、明刊劉氏二書本、黃丕烈有北宋刊本、日本刊本、子書百種本、鐵華館本、	是書所載皆戰國秦漢間事可爲法戒者。

說苑	漢劉向撰、	二〇	元麻沙小字本、明內府本、漢魏叢書本、明嘉靖何良俊本、嘉靖乙未刊大字本、明正德五年楚藩本、胡維新本、明翻宋本、明刊劉氏二書本、明袁宏道等校刊本、拜經樓有宋咸淳乙丑刊本、許氏有借拜經樓宋刻校本、子書百種本、日本有新刊纂注本、	是書所錄皆遺聞佚事足爲法戒者，其例略如詩外傳。
法言集註	漢揚雄撰、	一〇	元刊纂圖互注本、明仿宋刊本、明本、明賀泚校刊本、明重刊小字本、二十子本、明趙大綱集注本、明讀書坊刻諸名家評本、漢魏叢書本、孔叢子附刻本、明朱氏刊本、世德堂刊本、十子全書本、嘉慶二十四年秦氏仿宋刊本、李賡耘刊抱經堂校定本、宋有巾箱本、何義門校宋本、張志有宋刊李軌注本、浙局刊本、子書百種一卷本、	是書體裁摹仿論語，論者多其譏徒爲貌似。

潛夫論	漢王符撰、	一〇	漢魏叢書本、兩京遺編四卷本、明刊二卷本、湖海樓叢書汪繼培箋注本、明金臺汪諒刊本、元大德間與白虎通風俗通合刊本、精鈔本、子書百種本、	氏隱居著書二十餘篇，以議當代得失，不欲彰顯其名，故號曰潛夫論。
申鑒	漢荀悅撰、明黃省曾註、	五	漢魏叢書本、子彙題小荀子本、十二子題小荀子本、明正德刊黃省曾注本、嘉靖張惟恕刊本、胡維新本、何允中本、朱修伯有精校本、明嘉靖文始堂刊本、子書百種本、小萬卷樓附札記本、	申鑒五篇，所論皆通見政體。
中論	漢徐幹撰、	二	漢魏叢書本、胡維新本、明宏治黃華卿重刊元本、明杜思重刊本、明鈔本、小萬卷樓附札記本、子書百種本、近刊本、	是書凡二十篇，大旨原本經訓，指陳人事，而歸於聖賢之道。

傅子	晉傅元撰、	一	聚珍板本、閩覆本、蘇杭兩縮本、盧抱經嚴鐵橋有校補本、子書百種本、清風室刊本、	此書所論皆關切治道，闡啓儒風，精意名言，往往而在。
中說	舊本題隋王通撰、	一〇	元刊黑口本、明彷宋本、明刊本、世德堂本、道光重刊世德堂本、漢魏叢書二卷本、明重刊小字六子本、吳勉學二十子本、明崔銑中說考七卷刊本、宋有巾箱本、蘇州汪氏有宋本、黃丕烈有宋刊本、張目有元刊、前有文中子纂事本、拜經樓吳氏有宋刊纂圖互注本、十子全書本、浙局本、子書百種本、日本影刊宋小字本、光緒十六年貴陽陳氏重刊杭局本、	是書凡十篇。字句皆畫刻論語，師弟亦互相標榜自比孔顏。

帝範	唐太宗撰、	四	聚珍本、閩覆本、蘇杭兩縮本、知不足齋本、錢氏有十二篇足本、	是書體裁似唐人註經之式，其中多引楊萬里呂祖謙之言。
續孟子	唐林愼思撰、	二	函海本、知不足齋本、子書百種本、	是書凡十四篇。大旨因孟子之言推闡以盡其義。
伸蒙子	唐林愼思撰、	三	函海本、知不足齋本、藝海珠塵本、子書百種本、	氏以易林自筮得蒙之觀曰、仲藏入觀，通明之象也。因自號伸蒙子。全書大旨純正。
素履子	唐張弧撰、	三	函海二卷本、藝海珠塵本、天一閣刊范氏奇書本、近人刊二十二子本、明刊諸子萃覽本、諸子褎異本、子書百種本、	是書援引經史，根據義理，皆本聖賢垂訓之旨。
家範	宋司馬光撰、	一〇	天啟丙寅夏縣裔露刊本、高安十三種本、明刊由醇錄本、明萬歷刊本、明刊本、康熙朱氏評本、	是書大旨歸於義理，不似顏氏家訓徒揣摩於人情世故之間。

帝學	宋范祖禹撰、	八	元大德刊本、路有鈔本、明刊本、天祿後目有宋嘉定刊本、湖州活字本、影宋鈔本、	是書皆纂輯自古賢君迨宋祖宗典學事蹟，每條間附論斷，蓋亦本法祖之意以爲啟迪也。
儒志編	宋王開祖撰、	一	明王循刊本、抄本、	是編乃其講學之語，因當時有儒志先生之稱，故題曰儒志編。
太極圖說述解 通書述解 西銘述解	明曹端撰、	一 一 一	明張璟合刊本、楊氏刊本、	是編箋釋三書，皆抒所心得。大旨以朱子爲歸。
張子全書 附錄	宋張載撰、	一四 一	明徐必達刊本、高安朱氏刊本、嘉慶十一年上元葉世倬補刊本、朱文端集附刻本、	張子之學主於深思自得。此本所錄雖卷帙無多，而去取謹嚴。
註解正蒙	清李光地撰、	二	榕村全書本、刊本、重刊本、	正蒙一書，張子以精思而成。是編疏通證明，多闡張子未發之意。

正蒙初義	清王植撰、	一七	乾隆中刊本、	是編詮釋正蒙，於性理大全所收集釋補註集解外，旁採高攀龍等五家註而互證，以張子他書之說。
二程遺書 附錄		二五 一	成化丁酉張瓚刊本、二程全書本、呂氏寶誥堂本佳河南祠堂本道古樓有元槧崇義本、	是書爲二程門人所記，而朱子編次之。其附錄一書，則行狀之類也。
二程外書		一二	二程全書本、寶誥堂本、河南祠堂本、明刊本、明刊全書本、呂氏刊本、明成化刊全書本、	是書亦爲二程門人當時所記錄者，惟其中眞僞錯雜，故目曰外書。
二程粹言	宋楊時編、	二	二程全書本、寶誥堂本、河南祠堂本、正誼堂本、	是書乃其自洛歸閩時，以二程門人所記師說，採撮編次，分爲十篇。
公是先生弟子記	宋劉敞撰、	四	聚珍版本、閩覆本、小山堂抄本、知不足齋一卷本、宋乾道十年江溥刊本，淳熙元年趙不黯刊本、	是編題曰弟子記者，蓋託言弟子之所記。其中固多攻王氏新學，而亦兼寫鍼砭元祐諸賢之意。

節孝語錄	宋徐積撰、	一	明刊本、康熙刊本、徐節孝集後附刊本，	大旨皆論事論人，無空談性命之說。
儒言	宋晁說之撰、	一	嘉靖間刊晁氏三先生集本、淡生堂餘苑本、學海類編本、傳抄閣本、	晁氏之學多雜禪；惟此書爲攻王安石長新學而作，持論深合儒理。
童蒙訓	宋呂本中撰、	三	宋嘉定乙亥邱壽雋重校本、紹定己丑眉山李壵刊本、明倣宋刊本、張履祥許本、康熙四十四年吳江姚氏倣宋刊本、張清恪公刊本、楊以增刊本、同治二年當歸草堂本，日本刊本、	是書乃其家塾訓課之本。大旨皆根據經訓務切實用。
省心雜言	宋李邦獻撰、	一	函海本、學海類編本、林和靖集附刊本、（名省心錄）明天順六年景隆刊本、（省心詮要）祕笈本、聚珍版本、日本刊本、	是書於範世勵俗之道頗有發明。

上蔡語錄	宋謝良佐語、	三	呂氏刊朱子遺書本、明刊本、正誼堂本、	良佐之學，以切問近思爲要。其言論閎肆，足以啟發後進。
袁氏世範	宋袁采撰、	三	唐宋叢書本、祕笈本、萬曆癸卯刊本、明刊由醕錄本、乾隆甲寅吳氏刊本、知不足齋本、朱子遺書本、正誼堂本、	是書分睦親處己治家三門，於立身處世之道極爲詳盡。
延平答問 附錄	宋朱子撰、	一 一	明刊大字本、朱子遺書本、呂氏刊本、	延平答問者記與李侗往來論學之語，其附錄則朱子門人取朱子論侗之語及祭文行狀併載焉。
近思錄	宋朱子呂祖謙同撰、	一四	明正德乙卯汪偉刊本、明高攀龍刊本、朱子遺書本、蓮花書院刊葉采集解本、吳郡邵氏刊集解本、又張伯行集注本、周公恕本、新安朱氏刊本、呂氏刊本、吳勉學刊本、徐氏刊無注本、	是書凡六百六十二條，分十四門，實爲後來性理諸書之祖。

近思錄集註	清茅星來撰、	一四	抄本、	星來病葉采近思錄集解粗淺，又多錯亂，因取周張二程全書及宋元近思錄刊本參校同異，編成是書。
近思錄集註	清江永撰、	一四	嘉慶京師刊本、嘉慶江西督學王鼎刊本、婺源刊本、同治三年望三益齋刊本、吳氏刊本、局刊本、廣雅局本、	江永病明代周公恕所刻近思錄，謬誤幾不可讀，因仍原本集註以正之。凡朱子文集語錄有相發明者，皆爲採入。
雜學辨 附記疑	宋朱子撰、	一 一	朱子遺書本、呂氏刊本、	雜學辨一書爲斥當代諸儒之雜於佛老者而作。記疑一卷則辨程氏門人所記語錄也。

小學集註	舊本題宋朱子撰、	六	明嘉靖福建刊本、明吳訥思庵集解本、雍正五年內府刊本、乾隆十三年尹會一刊高愈纂注道光間安岳王蓮洲刊本、呂氏寶誥堂刊無注本、祁刊無注本、尹氏巾箱本、陳選注本（名小學句讀）張伯修集注本、黃澄集注本、蔣永修集注本、吳氏刊本、近思堂刊本、	是書內篇四，外篇六，註爲課蒙而作，隨文演義，詞取通俗。
朱子語類	宋黎靖德編、	一四〇	明成化九年陳煒刊本、石門呂氏刊本、天祿後目有宋咸淳刊本、日本刊本、	朱子沒後輯門人分記之語者，有池錄饒錄饒後錄建錄。其類編爲書者，則有蜀本徽本。
戒子通錄	宋劉清之撰、	八	路有抄本、元統中劉叔熙刊本、	是書博採經史羣籍，凡有關庭訓者皆錄其大要。至於母訓閨教亦備述焉。

知言 附錄	宋胡宏撰、	六 一	路有抄本、明吳中坊刻本、明刻諸子萃覽本、格致叢書本、粵雅堂附疑義二卷本、抄本、子書百種本、	是編乃其論學之語，隨筆劄記，屢經改訂而後成。呂祖謙嘗以爲勝於正蒙。
明本釋	宋劉荀撰、	三	聚珍版本、閩覆本、杭縮本、	是書乃其講學之語。大旨謂致力當求其本。其曰釋者，荀自爲之註也。
少儀外傳	宋呂祖謙撰、	二	墨海金壺本、守山閣刊本（一名辨志錄）傳鈔閣本、	是書爲訓課幼學而設，故取禮記少儀爲名。但不專於進退灑掃之末節，故命之曰外傳。
麗澤論說集錄	宋呂喬年編、	一〇	明成化壬辰刊本、東萊集後附刊本、抄本、	是書爲祖謙門人記錄之語，喬年取而次第之，凡經說七卷，史說二卷，雜說一卷。
曾子	宋汪晫編、	一	明刊本、文選樓刊阮氏注釋四卷本、馮雲鵷編八卷本、	是書凡十二篇：一仲尼閒居，二明明德，三養老，四周禮，五有子問，六喪服，七、八闕，九晉楚，十守業，十一三省身，十二忠恕。

子思	宋汪晫編、	一	明刊本、傳抄閣本、	是書凡九篇，內篇天命第一，鳶魚第二，誠明第三，外篇無憂第四，胡毋豹第五，喪服第六。魯繆公第七，任賢第八，過齊第九。
邇言	宋劉炎撰、	一二	振綺堂有鈔本一卷本、明嘉靖己丑光澤王刊本、淡生堂餘苑本、	是書分十二章：曰成性，存心，立志，踐行，天道，人道，君道，臣道，今昔，經範，習俗，志見。
木鐘集	宋陳埴撰、	一一	明宏治十四年鄧潤刊本、蘇城汪氏有元刊本、明刊本、刊本、溫州刊明弘治本、	是編雖以集爲名，而實則所作語錄。凡經說九卷，近思雜問一卷，史論一卷。其體例皆先設問而後答之，故取禮記善問者如攻堅木，善待問者如撞鐘之義，名木鐘集云。
經濟文衡前集 後集 續集	舊本題宋滕珙撰、	二五 二五 二三	元刊明印本、明正德辛巳刻本、萬曆丙午刊本、乾隆四年南昌楊雲服重刊本、	是書取朱子語錄文集，分類編次，前集皆論學，後集皆論古，續集則彙二集所遺而補之。

大學衍義	西山讀書記
宋眞德秀撰、	宋眞德秀撰、
四三	六一
明嘉靖六年內府刊本、明楊廉節略本、長洲陳仁錫評刊本、金陵本、刻全集浦城遺書本康熙中刊本、乾隆四年尹會一重刊本內府及平津館均有宋巾箱本、宋刊大字本中框元刊本明宏治刊本、續補衍義本，明刊本、	明刊本、乾隆初眞氏重刊本、淡生堂目有百四卷本（連上乙集大學衍義）明本甲記三十七卷丁記二卷、眞氏重刊本甲丁二記總編四十卷、俱無乙記、四庫六十一卷內有乙記二十二卷、似卽湯漢續刻之宋本也、祠堂刊四十卷本、
是書因大學之義而推之，分子目四十有四，皆徵引經訓參證史事旁採先儒之論以明法戒而各以己意發明之。大旨在正本清源。	是書分甲乙丙丁四集。甲集論天人理氣之奧，乙集論虞夏以來名臣事迹，丙集原書本闕，丁集則論出處之義。

心經	宋眞德秀撰、	一	康熙刊本、乾隆重刊本、明宏治間程敏政注四卷本、裔孫祖蔭刊本、蘇局刊本、抄四卷本、	是書集聖賢論心格言而以諸儒議論爲之註，末附四言贊一首。大旨以正心爲本。
政經	舊本題宋眞德秀撰、	一	康熙與心經合刊本、宋元祐二年大庾令趙時棣與心經合刊本、裔孫祖蔭刊本、蘇局刊本、	是書採經典論政之言爲經，而雜引事蹟爲之傳，末附當時近事六條謂之附錄，又以德秀歷官公牘告諭附之。
項氏家說 附錄	宋項安世撰、	一〇 二	聚珍板本、許氏有盧校本、閩覆本、杭刊本、	是編乃世安讀書時劄記。所載多及說經說事說政說學等篇名，而逐條又各有標題。
先聖大訓	宋楊簡撰、	六	明萬曆乙卯刊本、嘉慶刊本、	是編蒐集孔子遺言，排比或五十五篇而各爲之註。大旨多牽合聖言抒發心學。
黃氏日鈔	宋黃震撰、	九五	元刊本、大興劉子重有舊刻大字本、明正德中刊本、乾隆中汪佩鍔校刊附古今紀要本、刊本、抄本、	是編以所讀諸書隨筆劄記而斷以己意。大旨於學問排佛老，於治術排功利。

北溪字義	宋陳淳撰、	二	明刊本、明弘治庚戌刊本、康熙甲午戴氏刊本、惜陰軒叢書本、桐川施氏刊本、愛荊堂刊本、乾隆刊本、明辨叢書本、清漳本、宋淳祐間九華葉信原本、	是編以四書字義分二十六門。每拈一字，詳論原委，旁引曲證以暢其論。
準齋雜說	宋吳如愚撰、	二	墨海金壺本、珠叢別錄本、宋有永嘉陳昉刊本、臨川羅愚復刊于廣右漕臺、抄本、	是書凡四十餘篇，大旨皆研究理學之文。其用功致力以體用兼備爲主，其解大學格物以正爲訓，實爲王陽明傳習錄所祖。
性理羣書句解	宋熊節編、	二三	即明儒性理大全書之藍本、諸家著錄皆元板、天一閣刊本、抄刊、	是書採錄有宋諸儒遺文，分類編次，首列濂溪明道伊川橫渠康節涑水考亭遺像，並傳道支派，次贊，次訓，次戒，次箴，次規，次銘，次詩，次賦，次序，次記，次說，次錄，次辨，次論，次圖，次正蒙，次皇極經世，次通書，次文，而以七賢行實終焉。

東宮備覽	宋陳模撰、	六	學海類編本、淡生堂餘苑本、精抄本、	是書乃取經史舊文有關於訓儲者彙爲一編，凡二十篇，曰始生，曰入學，曰立教，曰師傅，曰講讀，曰宮僚，曰擇術，曰廣誨，曰謹習，曰主器，曰正本，曰問安，曰友悌，曰戒逸，曰崇儉，曰辨分，曰正家，曰規諫，曰幾諫，曰監國，條分縷析，節次詳明。
孔子集語	宋薛據編、	三	明鍾人傑刊本、唐宋叢書本、乾隆丁巳孔廣棨刊本、天一閣本、明刊本、明刊二卷本、子書百種本、	是書分二十篇，皆集諸書所載孔子之語。
朱子讀書法	宋張洪齊熙同編、	四	元至順刊本、抄刊、	是書因慶源輔氏原本及鄱陽王氏所續重爲補訂，皆以文集語錄分門編次。
家山圖書	朱熹撰、	元	路有鈔本、	是書先圖後說，根據禮經，自入學以至成人，依類標題，極有根據。

讀書分年日程	元程端禮撰、	三	康熙己巳陸清獻公刊本、儀封李國華刊本、嘉慶丙辰宋玉詔重刊本、嘉慶丙子沈維鎬重刊本、道光癸未毛式郇重刊本、經正堂刊本、蘇局本、當歸草堂本、正誼堂本、	自序謂：一本輔漢卿所萃朱子讀書法修之。考朱子讀書法六條：一曰居敬持志，二曰循序漸進，三曰熟讀精思，四曰虛心涵泳，五曰切己體察，六曰著緊用力，端禮本其法而推廣之，雖每年月日讀書程限不同，而一以六條爲綱領。
辨惑編 附錄	元謝應芳撰、	四 一	守山閣本、明刊本、抄本、道光刊本、	是書因吳俗信鬼神，多拘忌，乃引古人事蹟及先儒議論一一條析而辨之，以糾正其失。又附錄書及雜著八篇，皆力闢俗見，與此編相發明。
治世龜鑑	元蘇天爵撰、	一	路有元刊本、成化丙午陳堯弼刊本、抄本、道光戊申瓶花書屋刊本、	是書所採皆宋以前善政嘉言，凡分六目：一曰治體，二曰用人，三曰守令，四曰愛民，五曰爲政，六曰止盜。大旨歸於培養元氣。

管窺外編	元史伯璿撰、	二	刊本、康熙乙亥呂宏誥刊本、雍正壬子王靈露續補本、抄本、	是書蓋繼管窺而作，皆條記友人問答以闡發其餘義，大旨皆辨證之文，不主於詮釋文句，故曰外編。
內訓	明仁孝文皇后撰、	一	明刊大字本、墨海金壺本、珠叢別錄本、抄本、	是書凡二十篇，皆儒臣頌揚之詞。
理學類編	明張九韶撰、	八	明嘉靖刊本、天一閣有刊本、振綺堂有鈔本、明益藩刊本、	是編大旨以周程張邵朱六子之言爲主，而以荀卿以下五十三家之說輔之，全書分天地天文地理鬼神人物性命異端七類。
性理大全書	明胡廣等撰、	七〇	明景泰中書林魏氏仁寶堂刊本、萬曆中吳勉學刊本、嘉靖中張氏新賢堂刊本、明殿刊本、明刊巾箱本、近刊巾箱本、康熙中內府刊本、	是書所採宋儒之說凡一百二十家。其中自爲卷帙者九種，摭拾羣言者十三類。

讀書錄 續錄	明薛瑄撰、	一一 一三	明嘉靖中刊本、萬曆甲寅張氏刊類編本、萬曆己卯山東巡撫趙賢刊本、呂晚村刊本、乾隆丙寅薛氏刊本、近刊本、金聲玉振本、正誼堂八卷本、	二錄皆躬行心得之言。
大學衍義補	明邱濬撰、	一六〇	明宏治初刊大字本、張溥刊本、明長洲陳仁錫評刊本、明喬應甲刊于楊州中字本、續補全書本、	濬以眞德秀大學衍義止於格致誠正修齊，而闕治國平天下之事，乃採經傳子史輯成是書，附以己見，分爲十有二目。
居業錄	明胡居仁撰、	八	明陳憲刊本、康熙中刊本、沈維鎬刊本、正誼堂刊本、敬齋集四卷本、	是書皆居仁講學語錄，分十二類：曰道體，曰爲學，曰主敬，曰致知，曰力行，曰出處，曰治體，曰治法，曰教人，曰警戒，曰辨異端，曰觀聖賢，共一千一百九十九條。

楓山語錄	明章懋撰、	一	借月山房彙抄本、指海本、抄本、金華叢書本、	是編卷帙不多，分爲五類：曰學術，曰政治，曰藝文，曰人物，曰拾遺。大旨皆切實近理。
東溪日談錄	明周琦撰、	一八	嘉靖丁酉刊本，四庫箸錄係鈔本、	是編皆記所心得，分十三類：曰性道談，曰理氣談，曰祭祀談，曰學術談，曰出處談，曰物理談，曰經傳談，曰著述談，曰史系談，曰儒正談，曰文詞談，曰異端談，曰闢異談。大旨不失純正。
困知記 續記 附錄	明羅欽順撰、	二 二 一	沈維鎬刊本、明刊本、明刊三先生語錄本（合薛胡二錄）康熙九年劉炳刊本、抄本、天啟刊本、正誼堂本、	是編前記凡一百五十六章，續記凡一百一十三章，附錄則與人論學之書凡六篇。大旨以躬行實踐爲務，而深排斥佛老。

讀書劄記	明徐問撰、	八	明嘉靖甲午貴州刊本、得月簃叢書本、抄本、	是書乃與門人問答隨時劄記而成。所論天文歷象山川性理六經四子書皆守先儒成說。其論學則一本程朱而力黜姚江之學。
士翼	明崔銑撰、	四	明刊本、抄配本、	是書前三卷，曰述言，皆語錄類；後一卷曰說象，則易解也。自序謂退居相臺十祀，非聖人之志不存，非翼經之文不閱，乃劄記所明，稍修章句，名曰士翼，蓋以輔彝典也。
涇野子內篇	明呂柟撰、	二七	柟子呂[金+芍]等刊本、	是書乃其門人所編語錄。其學以薛瑄為宗。大旨在格物以窮理，先知而後行。
周子抄釋	明呂柟撰、	三	惜陰軒叢書本、抄本、	是編蓋因周子全書而摭其精要。一卷為太極圖說通書，二卷為遺文遺詩，三卷為傳誌之屬。每條之下，或標其大旨，或推所未言之隱，皆切實近理。

書名	撰人	卷數	版本	提要
張子抄釋	明呂柟撰、	六	惜陰軒叢書本、	是編摘錄張子之書以東銘西銘爲冠，次正蒙十九篇次經學理窟十一篇，次語錄，次文集而終以行狀，亦每條各附以釋，如周子抄釋之例。
二程子抄釋	明呂柟撰、	一〇	惜陰軒叢書本、嘉靖丙申柟門人鄧誥刊本、	是書不分門類，亦不敍先後，仍以二程遺書原載門人某某所記分編，每條之末皆以一二語標其大意。
朱子抄釋	明呂柟撰、	二	惜陰軒叢書本、明刊本、	是書惟摘切要之詞，而不甚以攻擊爲事，於學問大旨轉爲簡明。
中庸衍義	明夏良勝撰、	一七	江西局本、	是書仿大學衍義體例，以中庸之義一一援據古今推廣演繹；於崇神仙好符瑞改祖制抑善類數端尤究極流弊，惓惓言之。

格物通	明湛若水撰、	一〇〇	明嘉靖刊本、全書本、	是書體例略仿大學衍義，以致知併於格物，而以格物統貫誠意正心修身齊家治國平天下六條，各分綱目，皆雜引諸儒之言，參以明之祖訓，而各以己意發明之。
世緯	明袁袠撰，	一	知不足齋本、	是書凡二十篇，大旨皆指陳無隱，切中時弊。
呻吟語摘	明呂坤撰、	二	萬曆丙辰刊本、陳宏謀節錄本、王鼎刊本、粟毓美刊六卷本、	是書乃坤手自刊削勒為二卷，故名曰摘。大旨以躬行實踐為本。
聖學宗要	明劉宗周撰、	一	明姜希轍刊本、劉子全書本、	聖學宗要一卷，載有周子太極圖說，張子東銘西銘，程子識仁說定性書，朱子中和說，王守仁良知問答等篇，各為註釋；學言三卷，則宗周講學語錄也。
學言		三		

人譜 人譜類記	明劉宗周撰、	一 二	雍正丙午洪氏刊本、學海類編單有人譜一卷本、蕺山全書本、陸清獻刊本、道古堂刊本、崇文局本、道光刊本、	是書乃以教授生徒而作，人譜首列人極圖說，次記過格，次改過格，類記則集古人嘉言善行，分類錄之以爲模範。
榕壇問業	明黃道周撰、	一八	明刊本、刊本、	是書前十六卷乃道周里居講學之語，十七卷爲追答門人問難之事，十八卷則同年蔣德璟所問之詞而道周授意於門人答之者也。大旨以致知明善爲宗。
溫氏母訓	明溫璜述、	一	學海類編本、國初刊本、嘉慶戊午溫氏刊本、同治二年當歸草堂本、	是書乃溫璜述其母陸氏之訓也，璜抗節孤城，闔門就義，蓋得於母教者爲多。
資政要覽 後序	清順治十二年御撰、	三 一		是書凡三十篇，大旨闡明修身齊家之道，又多爲羣臣百姓而言。

聖諭廣訓	清康熙御撰、	一	恭藏殿刊本、戴文節寫刊本、	是書乃由聖諭演爲廣訓萬言，當日列在學官，使共相講肄。
庭訓格言	清雍正御纂、	一	內府刊本、漕運總督吳棠刊本、滇刊本、石印本、東城講舍刊本、	是書凡二百四十有六則，皆實錄廣訓所未及載者。
日知薈說	清乾隆御撰、	四	內府刊本、江蘇重刊本、京版本、	是書凡二百六十則，釐爲四卷：一卷論帝王治化之要，二卷論天人性命之旨，三卷論禮樂法度之用，四卷論古今行事之迹。
內則衍義	清順治時撰、	一六	京版本、	是書以禮記內則篇爲本，援引經史諸書以佐證推闡之，分八綱三十二子目。

孝經衍義	清張英等奉敕撰、	一〇〇	康熙二十一年侍郎張英等奉進 內府刊本、浙江重刊本、	是書全仿眞德秀大學衍義之例，分八大綱，五十六子目。凡徵事考言皆引經據典。其諸子雜書，惟據爲旁證不入正條。
性理精義	清李光地奉敕撰、	一二	內府刊本、各省翻刻本、又小字本、京版本、	是書乃刊正胡廣等所撰性理大全及後來節本而成，卷帙雖減於前，而義蘊已包括無遺。
朱子全書	清李光地等奉敕編、	六六	內府刊本、古香齋袖珍本、各直省翻刊本、貴陽成都均有仿刻本、	是編分類排輯，釐爲一十九門，使朱子一家之言有倫有要。
執中成憲	雍正六年奉敕撰、	八	內府刊本、	是編前四卷載帝堯以來至明孝宗嘉言善政，後四卷爲名臣奏議先儒論說。

經史講義	清蔣溥等奉敕編、	三一	京版本、	講義之作，莫盛於南宋。是書卽仿宋代進御故事之體，積累既多，因簡其近理者編爲此帙。
正學隅見述	清王宏撰撰、	一	海山仙館刊本、	是書謂格物之說當以朱子所註爲是，無極之說當以陸九淵所辨爲是。
思辨錄輯要	清陸世儀撰、	三五	正誼堂刊本、沈維鐈刊本、	是書乃世儀劄記師友問答及平生聞見而成。張伯行爲汰其繁冗，分類編次，故題曰輯要。
雙橋隨筆	清周召撰、	一二	四庫著錄係抄本、	是書乃其值耿精忠搆逆避兵山中所作。雙橋者其山中所居地也。書中大旨在信道而不信邪，事人而不事鬼，言理而不言數，崇實而不崇虛。

書名	撰者	卷數	版本	提要
讀朱隨筆	清陸隴其撰、	四	正誼堂刊本、陸子全書本、	是書乃其讀朱子文集取所心得隨筆劄記於正集二十九卷以前凡詩賦箚子人所共知者卽不復置論，自正集三十卷起至別集五卷止，則摘其精蘊分條纂錄而各加案語以申之。
三魚堂賸言	清陸隴其撰、	一二	楊氏刊本、檇李遺書本、陸子全書本、	是書皆平時劄記之文，末分門目。凡說經者四卷，說四書性理者二卷，說諸儒得失者二卷，說子史及雜事者四卷。
松陽抄存	清陸隴其撰、	二	康熙中張伯行刊本、乾隆中楊開基刊本、同治中當歸草堂刊本、	是編乃其爲靈壽知縣時，於簿書之暇取所輯問學錄日記二書摘其中切要之語錄爲一編以示學者。靈壽古松陽地，故以松陽抄存爲名。

榕村語錄	淸李光地撰、	三〇	榕村全書本、刊本、	是編爲其門人徐用錫及其孫淸植所輯。有光地所自記者，有子弟門人所記者。大旨皆有本之言。
讀書偶記	淸雷鋐撰、	三	刊本、抄本、	是編乃其讀書劄記。大旨以朱子爲宗。其論易多本李光地，論禮多本方苞。

書名	著者	卷數	版本	書旨
握奇經	舊本題風后撰、	一	說郛本、漢魏本、唐宋叢書本、津逮本、藝海珠塵本、續百川本、夷門廣牘本、李文貞訂本、錢氏敏求記云有舊抄握奇經傳六卷、	是書蓋因唐獨孤及八陣圖記而依託爲之，爲談兵者所祖。其曰握奇者，蓋取記中握機制勝之語也。
六韜	舊本題周呂望撰、	六	黃氏刊本、明趙標刊本、明劉寅拱辰直解本、明刊武經七書本、平津館校刊本附逸文一卷、江西莊肇麟長恩書室叢書重刊平津館本、	是書蓋因莊子金版六弢之語而附會成書。六弢者，卽文武虎豹龍虎也。

孫子	周孫武撰、	三	平津館刊魏武注三卷、明王士祺刊木、天祿後目宋刊十一家注三卷、臧晉叔兵垣四書刊本、吳氏二十子本、無注、明劉寅直解本三卷、成化丙午李敏趙英刊、又嘉靖元年汪諒刊、嘉靖乙卯談愷刊集解本十三卷、岱南閣重刊道藏本、武經七書三卷、長恩書屋本、	是書凡十三篇，確爲武所自著。兵家書之傳於今者以此書爲最古。
吳子	周吳起撰、	一	黃氏刊本、平津館校本二卷、明吳氏二十子本、明沈尤刊本、兵垣四書本、武經七書本二卷、王士祺刊本、明劉寅直解成化嘉靖刊本二卷、長恩書屋本、諸子萃覽本、	是書凡說國料敵治兵論將變化勵士六篇。大旨尚純。

司馬法	舊本題齊司馬穰苴撰、	一	黃氏刊本，平津館校本三卷、張氏叢書本、諸子萃覽本、邢澍輯注本、五卷錢氏指海輯本、武經七書本三卷、明汪刊直解本三卷、長恩書室本、趙雩門有合諸書校刊本、	是書大旨。皆依道據德，本仁祖義。三代軍政之遺規，猶藉存什一於千百。
尉繚子	周尉繚撰、	五	黃氏刊本、明劉寅直解成化嘉靖二本、諸子萃覽本、武經七書本、武備志本、	是書凡二十四篇。大旨主於分本末，別賓主，明賞罰。所言多近於正。
三略	舊本題黃石公撰、	三	黃氏刊本、明汪刊直解本、武經七書本、	史志所載有黃石公記黃石公略註及兵法等書，大致出於附會。三略一書，文義不古，當亦後人所依託。

三略直解	明劉寅撰、	三	明成化丙午刊本、嘉靖元年金臺汪諒刊本、嘉靖十六年汪堅重修本、	大旨出於黃老，務在沈幾觀變，先立於不敗，以求敵之可勝，操術頗巧，兵家或往往用之。
素書	舊本題黃石公撰、張商英註、	一	明緜眇閣刊先秦諸子合編本、漢魏叢書本、明唐琳刊本、子彙本題黃石子、說郛本、二十子本、百名家書本、明汪士漢刊本、兵垣四書本、明溪香館刻楊愼評本、近人刊二十二子本、	是書凡分六篇。大旨皆合於以柔制剛以退爲進之理。
李衛公問對	舊本題唐李靖撰、	三	黃氏刊本、明汪刊直解本、諸子萃覽本、武經七書本、	是書爲李靖與太宗論兵之語。其分別奇正，指畫攻守，變易主客，於兵家微意，極有所得。

太白陰經	唐李筌撰、	八	墨海金壺本、守山閣刊本十卷、平津館有影宋鈔本十卷、云四庫止八卷、前缺天無陰陽地無險阻二篇、又失卷八分野風角鳥情卷九遁甲卷十元女式等篇、此本完全、振綺堂鈔本十卷、長恩書室本十卷、	是書於行軍制勝之術指畫甚詳。
武經總要	宋曾公亮等奉敕撰、	四〇	元刊本、正統四年刊本四十三卷、前集二十二卷、後集二十一卷、附行軍須知二卷、	是編爲宋代唯一修講武備之書，分前後二集：前集備一朝之制度，後集具歷代之得失。
虎鈐經	宋許洞撰、	二〇	明刊本、天一閣刊范氏奇書本、長恩書室刊本、	是書指陳兵法，上自占候陰陽，下至醫療人馬，一一詳備。大旨彙輯舊文參以己意。

何博士備論	宋何去非撰	一	述古堂抄本、浦城遺書本、指海本、長恩書室本、	是書凡二十六篇，皆評論古人用兵之作。
守城錄	宋陳規撰	四	墨海金壺本、守山閣本、道光戊申瓶花書屋刊本、長恩書室本、	是書凡分三種，皆論捍禦之術。
武編	明唐順之撰	一〇	明刊本、杭州徐氏曼山館本、近年活字本、	是書分前後二集，皆論用兵指要。
陣紀	明何良臣撰	四	惜陰軒刊本、墨海金壺本、珠叢別錄本、長恩書室本、瓶花書屋本、	是書共六十六篇，分二十一類，大旨皆述練兵之法。
江南經略	明鄭若曾撰	八	明隆慶二年林潤時刊本、半頁十二行行二十二字、康熙癸酉五世孫起泓重刊本、	是書爲江南倭患而作，兼及防禦土寇之事。於山川形勢攻守機宜及善後諸策言之綦詳。

紀效新書	明戚繼光撰、	一八	明永懷堂葛氏刊本、學津討源本、許氏刊本、明楚藩刊本、道光辛丑仁和朱昌壽刊本、	是書乃繼光官浙江參將時練兵備倭之作。
練兵實紀 雜集	明戚繼光撰、	九 六	明職方司刊本、學津討源本、許氏刊本、墨海金壺本、守山閣本無棣吳之勷重刊本、瓶花書屋本、	是書凡練法六篇，爲繼光總理蘇州昌平保定三鎮時講求練兵之作。其雜集五卷，則軍中條議法制也。

書名	著者	卷數	版本	書旨
管子	舊本題周管仲撰、	二四	明梅士享刊本、名詮敘管子成書、錯亂不佳、萬曆十年趙用賢刊本佳、明凌汝亨刊朱墨本、吳勉學二十子本無注、明葛鼎刊本、明新安黃之寀校刊本無注、黃丕烈有宋紹興刊本、惜未翻刻、王氏讀書雜志內考證管子十二卷六百四十餘條、	漢志管子八十六篇，列於道家，隋唐志著之法家之首，今篇數與漢志合，而卷視隋唐爲多，管子似非法家，而世皆稱管商，豈以其操術用心之同故耶，然以爲道則不類，今從隋唐志。
管子補註	明劉績撰、	二四	明朱東光刊中都四子本、惠定宇極稱是書、明萬曆刊管子権本、就趙用賢本加評釋、鐫刻甚佳、四庫存目有卽所謂花齋管子也、	管子舊註多疎舛，績因補其所遺，皆附於舊註之後，以績案別之。

鄧析子	周鄧析撰、	一	影宋本、二卷半頁十一行、行五十字、綿眇閣本、子彙本、十二子本、指海本、近人刊二十二子本、十子全書瓶花齋本、許氏有明張鴻舉刊本嚴可均有校刊本、朱修伯曰、此書大約與淮南子相同、可據以校正、	鄧析學說介於申韓黃老之間。大旨主於勢統於尊，事覈於實。
商子	舊本題秦商鞅撰、	五	緜眇閣本、明程榮本、二十子本、嘉靖己未馮覲評校本、天一閣本、鄭寀刊本、朱蔚然刊本、嘉慶八年孫氏問經堂本、指海本、	凡二十八篇，其詞峻厲而深刻。

韓子	周韓非撰、	二〇	明萬曆十年趙用賢刻本、明周孔敎刊大字本、二十子本無注、葛鼎刊本、淩瀛初刊本、張鼎文刊本、道藏本、萬曆中刊韓子迂評本、又孫鑛評本、劣元至元三年何犿刊本、嘉慶二十三年全椒吳氏仿宋乾道本附識誤三卷佳、	史記非本傳稱：非見韓削弱，數以書諫韓王，韓王不能用，悲廉直不容於邪枉之臣，往觀者得失之變，故作孤憤五蠹內外儲說說林說難十餘萬言。
疑獄集	晉和凝及其子㠓撰、	四	明嘉靖間刊本、陳鴻壽刊本、近年有刊本、拜經樓藏吳大初手抄本三卷、有圖記、前有㠓序及杜震序、	是書皆記平反冤濫抉摘姦慝之事。
補疑獄集	明張景撰、	六	袁漱六嘗攷證此書，謂並非和氏原本、	
折獄龜鑑	宋鄭克撰、	八	明隆慶四年刊本、墨海金壺本、守山閣本、瓶花書屋本、	是書主尙德緩刑，而時或偏主於寬，所輯故實務求廣博，多有出於正史之外者。

棠陰比事 附錄	宋桂萬榮撰、 明吳訥刪補、	一 一	學海類編本、宋端平甲午重刊本、嘉定四年刊本、道光乙酉朱緒曾仿宋大字本、同治丙寅桂氏活字本、又祁墳刻明吳訥祥刑要覽內全載棠陰比事、	是書雖略於和𪧐諸家，而敘述明白較𪧐等乃爲簡切。

書名	著者	卷數	版本	書旨
齊民要術	後漢賈思勰撰、	一〇	祕冊彙函本、津逮祕書本、嘉靖甲申馬氏刊本、注與本文淆亂、又多刪改、吳本毛本皆同、學津討源重刊胡本、稍加校補、昭文張氏有黃廷鑑精校本、	是書凡九十二篇，於農圃衣食之法纖悉畢備。
農書 附蠶書	宋陳旉撰、	三 一	四庫依影宋抄本、知不足齋本、龍威祕書本、路小洲有影宋抄本、函海本僅刊農書、	是書上卷泛言農事，中卷論養牛，下卷論養蠶。末有蠶書一卷論蠶事頗詳。
農桑輯要	元至元十年官撰、	七	聚珍本、閩覆本、蘇杭縮本，格致叢書本、涂氏傳是樓書目有此七卷、胡文煥校本、即格致本也、錢曾敏求記有元刊大字本云、近年所行惟小字本、而此刻不多見。小字本、疑即胡文煥本也、	是書爲經國要務，凡分典訓耕墾播種栽桑養蠶瓜菜果實竹木藥草孳畜十門。大旨以齊民要術爲藍本，而雜採他書以附益之。

農桑衣食撮要	元魯明善撰、	二	墨海金壺本、珠叢別錄本、長恩書室本、元延祐甲寅刊本、至順元年重刊本、	是書以農圃諸務分繫十二月令，使民及時趨農。
農書	元王楨撰、	二二	聚珍本、明初刊本與大典本、卷數正同、又明刊本、農桑通訣六卷、農穀譜十卷、農器圖譜二十卷、合三十六卷、嘉靖庚寅刊本、萬曆四十五年鄧漢重刊本、元刊本、提要稱明刊多舛漏以大典本校正、	是書凡農桑通訣六卷，穀譜四卷，農器圖譜十二卷，論農事極詳。
救荒本草	明周定王朱橚撰、	二	明刊本四卷、胡文煥格致叢書本二卷嘉慶丙寅張祥雲重刊格致本、	是書載諸草之可以充食者以備饑饉。其取諸本草者一百三十八種，新增者二百七十六種。
農政全書	明徐光啟撰、	六〇	平露堂刊本、道光中貴州刊本、道光癸卯上海王氏曙海樓刊本、	諸書所載不過農事，而此書多及於政典，故以農政爲名。

泰西水法	明西洋熊三拔撰、	六	附農政全書、明李之藻刊本、天學初函本、掃葉山房刊本、	是書皆記取水蓄水之法，圖說均極詳備。
野菜博錄	明鮑山撰、	四	明刊本、	是書與救荒本草互有出入。
授時通考	清乾隆三年敕撰、	七八	內府刊本、乾隆九年江西巡撫刊本、	是書凡八門。曰天時，曰土宜，曰穀種，曰功作，曰勸課，曰蓄聚，曰農餘，曰蠶桑，皆本諸天道修人事以盡地力。

書名	著者	卷數	版本	書旨
黃帝素問	唐王冰註、	二四	明潘氏黃海本、明周日校刊本、明趙府居敬堂刊本並十二卷、明王肯堂輯吳勉學古今醫統本、近日鎭江仿宋刻新刊本並二十四卷、明吳梯校刊本十卷、平津館有元至元己卯古林書堂刊本併爲十二卷末附入式奧論三卷、遺篇一卷、天祿後目有宋刊本、明嘉靖庚戌顧從德翻雕宋本王注二十四卷最善、	冰深於醫理，所註亦排抉隱奧，多所發明。

靈樞經	不著撰人、	一二	明趙康王翻宋田經刊本、周日校刊本作二十四卷、古今醫統本十二卷、昭文張氏有元至元庚辰古林胡氏刊本、天祿後目有黃帝內經合素問靈樞四十八卷、宋刊本、姚若有元刊本、明成化刊本、	是書與素問通號內經，大旨皆論鍼灸之道。
難經本義	周秦越人撰、元華壽注、	二	古今醫統本、明萬歷本九卷、內有寶命重刊、明王九思等集五家注五卷、守山閣刊本、日本國佚存叢書本、四庫未收守山郎據佚存本、	其曰難經者，謂經文有疑各設問難以明之，書凡八十一篇多發明內經之旨。
甲乙經	晉皇甫謐撰、	八	古今醫統十二卷本、汲古閣有影宋抄本、張金吾有明正統六年抄本、本題黃帝三部鍼灸甲乙經、	是編皆論鍼灸之道。

金匱要略論註	漢張機撰、清徐彬註、	二四	古今醫統本三卷、無注、康熙辛亥刊本、	是書凡二十五篇，二百六十二方，爲醫雜症者之祖本。
傷寒論註	漢張機撰、	一〇	古今醫統本、陽湖孫氏有元大德甲辰孝永堂刊本、昭文張氏有影抄金大定壬辰翻刻皇統甲子本、題傷寒論註解。	仲景傷寒論十卷，總二十二篇，合三百九十七法，除重複定有一百一十三方。無己所作明理論凡五十篇，又論方二十篇，於君臣佐使之義多所闡明。
附傷寒明理論	晉王叔和編、	三		
論方	金成無已註、	一		
肘後備急方	晉葛洪撰、	八	陳永培刊六醴齋醫書本、元至元間翻本、明萬曆劉自化刊本、明李栻刊本，明嘉靖甲寅襄陽知府李容刊道藏本、道光戊申瓶花書屋刊本、	是書凡分五十一類，有方無論，不用難得之藥。
褚氏遺書	舊本題南齊褚澄撰、	一	六醴齋刊本、廣百川學海本、格致叢書本、	是書於靈樞素問之理頗有發明，其論寡婦僧尼必有異乎妻妾之療，發前人所未發，而論吐血便血飲寒冷百不一生，尤爲卓識。

巢氏諸病源候論	巢元方等奉敕撰、	五〇	元刊細黑口本、明汪濟川方鑛刊本、嘉慶中刊單行本、明吳勉學醫統本善、朱目有元刊本、比吳勉學多附刻辨難一卷、	是書但論病源，不載方藥，蓋猶素問難經之例。
千金要方	唐孫思邈撰、	九三	明華氏刊、萬曆戊子稅氏刊、康熙二十八年張喻二氏刊宋本、十四行行二十四五字、宋刊黑口本三十卷、每頁二十四行行二十二字、此九十三卷本、出道藏、明慎獨齋刊本三十卷、乃要方原本、	思邈嘗謂人命至重，貴於千金，一方濟之德踰於此，故此書以千金爲名。
銀海精微	舊本題唐孫思邈撰、	二	萬曆十五年陳氏刊本、	是書論治目之方頗有可取。其曰銀海者，蓋取目爲銀海之義。

外臺祕要	唐王燾撰、	四〇	明程衍道影宋重刊本、經餘居刊本、宋本每半頁十三行行二十四字、	是書凡一千一百四門，皆先論後方，因作於出守鄴郡時，故曰外臺。
顱顖經	不著撰人、	七	函海本一卷、	是書皆論療治小兒之法。其名顱顖者，蓋因小兒初生，顱顖未合，證治各別，故以名其書。
銅人鍼灸經	不著撰人、	七	明山西平陽府刊本、明嘉靖十三年刊本、正統八年書林宗文堂刊本三卷、佳、平津館有此書、云勝今世所行七卷本、	是書皆討論鍼灸之法。鑄銅人爲式，分臟腑十二經，旁註腧穴，併爲圖法及主療之術。
明堂灸經	舊本題西方子撰、	八	明山西平陽府刊本、明刊仿宋字本、	是書專論灸法。其曰明堂者，取素問稱雷公問黃帝以人身經絡，黃帝坐明堂以授之之義。

博濟方	宋王袞撰、	五	墨海金壺本、珠叢別錄本、	是書所載藥方多他書所未備，足爲醫家觸類旁通之助。名醫云：其方用之無不效，如草還丹治大風太乙丹治鬼胎尤奇驗。
蘇沈良方	宋沈括撰、	八	明刊本前有圖、知不足齋本十卷、六醴齋本十卷、聚珍本不佳、閩覆本、閣有舊鈔十二卷本、可證大典脫誤、	二人皆不以醫名而皆能通醫理，沈尤能究藥性，故其方試之多驗。
壽親養老新書	宋陳直撰、元鄒鉉續撰、	一　三	天一閣目有刊本四冊無卷數、銷一卷有胡文煥格致叢書本、	是書凡十五篇，論頤養之法甚備。
脚氣治法總要	宋董汲撰、	二	振綺堂有鈔本、許氏亦有鈔本、	是書分爲二卷：上卷論脚氣證治之異；下卷凡四十六方。

旅舍備要方	宋董汲撰、	一	墨海金壺本、珠叢別錄本、長恩書室本、	汲因客途猝病，醫藥尤難，特集經效之方百有餘道以備急需。
素問入式運氣論奧	宋劉溫舒撰、	三	路小洲有宋刊本、陽湖孫氏有元刊本、附素問十二卷後、姚若有元刊本、	是書晁志云三十論，二十七圖，其實論三十，一圖二十九，皆發明素問氣運治病之理。
附黃帝內經素問遺篇		一		
傷寒微旨	宋韓祇和撰、	二	天一閣目有鈔本、墨海金壺本、珠叢別錄本、長恩書室本、	是書凡十五篇，間附方論，大抵皆推闡張機之旨而能變通於其間。
傷寒總病論	宋龐安時撰、	六	道光癸未黃氏士禮居仿宋刊本、吳門汪氏有宋刊小字本、	是書能發張機未盡之意，而補其未備之方。
音訓	門人董灼編、	一		
附修治藥法		一		

聖濟總錄纂要	宋政和中奉敕撰、	二六	乾隆五十年汪氏重校刊原本二百卷內缺三卷、日本刊有足本、	是書乃取內府所藏禁方祕論切於實用者，編次成帙，故名纂要。
證類本草	宋唐慎微撰、	三〇	明成化戊子山東臬署刊本、嘉靖壬子重刊本、隆慶壬申重刊本、萬曆丁丑王秋刻本、元大德壬寅宗文書院本、順治丙申刊本、明陳鳳梧刊本、天祿後目有宋刊本金刊本各一部、元大德刊本三十二卷、	是書有宋金兩刻：刻於宋者名大觀本草，刻於金者名政和本草，
全生指迷方	宋王貺撰、	四	墨海金壺本、珠叢別錄本、長恩書室本、	是書於每證之前皆詳述病狀以推究病源，於脈法言之尤詳。
小兒衛生總微論方	不著撰人名氏、	二〇	明刊黑口本、弘治己酉濟南朱臣刻于甯國府改名保幼大全、	是書於小兒諸症自初生以至於成童，一一詳備。

類證普濟本事方	宋許叔微撰、	一〇	有單行刊本、日本有續本事方十卷、	是書詳載經驗諸方，兼記醫案，故以本事爲名。
太平惠民和劑局方 指南總論		一〇 三	元刊本、明刊本、道光十年渤海高氏續知不足齋本、又總論三卷學津討源本不足、	喜用燥烈香竄之藥，易見功而亦所耗傷。南宋醫院均以此書爲祖本。
衛生十全方 奇疾方	宋夏德撰、	三 一	原本散佚、今從永樂大典錄出、	是書十全方皆出舊傳，奇疾方三十八則出德自造。
傳信適用方	宋吳彥夔撰、	二	路小洲有鈔本、四庫著錄係影鈔宋本、	是書所錄皆經驗之方，中有八味丸問難一條，尤深得製方之旨。
衛濟寶書	題東軒居士撰、	二	原本久佚、今從永樂大典錄出、路小洲有鈔本、	是書皆載癰疽之方。首卷論治諸條設爲問答，其後臚列諸方附以圖說。於藥物之修製，鍼灸之利害，抉摘無遺。

醫說	宋張杲撰、	一〇	宋刊大字本、明翻宋大字本、朱修伯曰、隆慶間刊周恭續編十八卷、又嘉靖間刊本、不題撰人姓氏、	是編凡分四十七門，前七門總敘古來名醫，醫書及針灸診視之類，次分雜證二十八門，次雜論六門，次婦人小兒二門，次瘡及五絕痹疝三門，而以醫功報應終焉。
鍼灸資生經	宋王執中撰、	七	路小洲有元刊本、宋嘉定庚辰徐正卿刊本、紹定四年趙綸重刊、四庫著錄、係廊沙廣勤堂刊本、	是書第一卷總載諸穴，後六卷分論諸證。
婦人大全良方	宋陳自明撰、	二四	宋刊本、四庫著錄、係勤有書堂刻本、薛氏醫案內附刊此書、	是編凡分八門，首調經，次衆疾，次求嗣，次胎教，次妊娠，次坐月，次產難，次產後，每門數十證，總二百六十餘論，論後各附以方，於婦人症治，條析無疑。

太醫局程文	不著編輯名氏、	九	原本久佚、今從永樂大典錄出、	是書詳載宋時考試醫學之制，其命題有六：一曰墨義，二曰脈義，三曰大義，四曰論方，五曰假令，六曰運氣。
三因極一病證方論	宋陳言撰、	一八	四庫著錄、從明人鈔本、	是書分別三因歸於一治，其說出金匱要略。三因者一內因一外因一不內外因也。
產育寶慶方	不著撰人名氏、	二	函海本、	是書凡二十一篇，有說無方，醫生郭稽中以方附諸論末，始爲完書。
集驗背疽方	宋李迅撰、	一	路小洲有鈔本、藝海樓依閣抄本、	是書所集背疽諸方凡五十三條，每條皆系以論斷。
濟生方	宋嚴用和撰、	八	路小洲有抄本、孝慈堂目有元板嚴氏濟生方六卷、	自序稱：論治凡八十，製方凡四百，書中分門別類，條列甚備，每條皆立論於前而次列諸方於後。

產寶諸方	不著撰人名氏、	一	原本久佚、今從永樂大典錄出、路小洲有抄本、古韻閣刊有巾箱本、	是書於保產諸法頗爲賅備，惟用藥稍嫌峻利。
仁齋直指附傷寒類書活人總括	宋楊士瀛撰、	二六 七	明嘉靖庚戌刊本、	仁齋直指凡七十九篇，其每條之後題曰附遺者，明朱崇正所續加。其傷寒類書活人總括中有三圖，亦崇正所加。
急救仙方	不著撰人名氏、	六	天一閣目有舊抄本十一卷、朱修伯曰、道藏本十一卷、林億校正、平津館亦有抄本十一卷云、四庫所收止六卷、羅鏡泉曰、道藏本十一卷、係外科、尙有內科、不知幾卷、四庫不知內外科之分、乃雜而撮之、	是書所載皆瘍醫之術，而於背瘡疔瘡眼科痔證四者所論尤詳。

素問元機原病式	金劉完素撰、	一	明吳勉學刊河間六書本合二十七卷、古今醫統本、	是書因素問至要論詳言五運六氣盛衰勝復之理，而以病機一十九條附於篇末，乃於十九條中採一百七十六字演爲二百七十七字以爲綱領，而反復辨論以申之，凡二萬餘言。大旨多主於火。
宣明論方	金劉完素撰、	一五	古今醫統本、河間六書本、拜經樓有元刊本七卷云、後人妄分爲十五卷、	是書皆對病處方之法，首諸證門自煎厥薄厥飧泄䐜脹以及諸痺心疝凡六十一證，皆採用內經諸篇，每證各有主治之方。
傷寒直格方	舊本皆題金劉完素撰、	三	河間六書本、古今醫統刊、心法類萃二卷、	傷寒直格方大旨出入於原病式，而於傷寒證治議論較詳。傷寒標本心法類萃分上下二卷，上卷分別表裏，辨其緩急，下卷則載所用之方。
傷寒標本心法類萃		二		

素問病機氣宜保命集	金張元素撰、	三	古今醫統本、河間六書本、濟生拔萃本、明初寧王權刊本、天祿後目有元刊本、	是書分三十二門，於脈證多所闡明。
儒門事親	金張從正撰、	一五	古今醫統本、	是書以汗吐下三法治諸證。其曰儒門事親者，以爲儒者能明其理而事親當知醫也。
內外傷辨惑論	金李杲撰、	三	明吳勉學刊東垣十書本、合二十卷、另崔眞人脈訣一卷入存目、	是編發明內傷之證有類外感，辨別陰陽寒熱有餘不足，大旨培補脾胃爲主。
脾胃論	金李杲撰、	三	東垣十書本、濟生拔萃本、	是書與辨惑論相輔而行，大致在申明培補脾胃之旨。
蘭秘室藏	金李杲撰、	三	東垣十書本、濟生拔萃本、陽湖孫氏有元刊本、	是書凡二十一門。大旨歸重脾胃。其曰蘭室者，取素問藏諸靈蘭之室語也。

醫壘元戎	元王好古撰、	一二	東垣十書本作十卷、濟生拔萃本、嘉靖癸卯顧遂刊本、萬曆癸巳居本畯刊本、	是書以十二經爲綱，皆首以傷寒附以雜證，大旨祖長沙緒論，而參以東垣易水之法。其曰醫壘元戎者，自序謂良醫之用藥若臨陣之用兵也。
此事難知	元王好古撰、	二	東垣十書本、濟生拔萃本、汲古閣有舊抄本、云與東垣十書中細校大有不同、	是書專述李杲之緒論，於傷寒證治尤詳。
湯液本草	元王好古撰、	三	東垣十書本、醫統本、	湯液者，取漢志湯液經方義也。上卷述用藥之凡例，中下二卷以本草諸藥配十二經絡，各以主病者爲首，臣佐使應次之。
瑞竹堂經驗方	元沙圖穆蘇撰、	五	昭文張氏有明刊足本十五卷、四庫本非原本也、又有元刊殘本五卷、許氏有精校本、天順時蜀板、	是書所載八珍散返魂丹內托千金散等方，皆可資利濟之用，惟幼科用藥或嫌峻利耳。

世醫得效方	元危亦林撰、	二〇	汲古閣有元刊本，四庫著錄似亦元刊本、	是書乃亦林集其高祖以下五世經驗之方，分爲七科而附以孫思邈養生法節文一卷。
格致餘論	元朱震亨撰、	一	東垣十書本、	是書以人身陽常有餘陰常不足。故以補陰爲宗。又以古人謂醫爲格物致知之一事，故題曰格致餘論。
局方發揮	元朱震亨撰、	一	東垣十書本、	是書專爲闢温補戒燥熱而作。
金匱鉤元	元朱震亨撰、	三	東垣十書本、	震亨以補陰爲宗，實開直補眞水之先；其以鬱治病，亦妙闡內經之旨。

扁鵲神應針灸玉龍經	元王國瑞撰、	一	四庫著錄係天一閣抄本、	是書專論鍼灸之法。題曰扁鵲原序以爲託名也。
外科精義	元齊德之撰、	二	東垣十書本、	是編先論後方，於瘡腫診候淺深虛實最爲詳盡。
脈訣刊誤 附錄	元戴啟宗撰、	二	指海本、明嘉靖間祁門汪機刊本、胡文煥刊本、	是書乃考證舊文，句句爲辨，原書僞妄，殆抉摘無遺，於脈學殊爲有裨。
醫經溯洄集	元王履撰、	一	東垣十書本、吳氏刊本、	王履取張機傷寒論三百九十七法，删其重複，補其闕漏，訂爲三百九十七法，併極論內傷外傷中風中暑之辨，撰爲此書凡二十一篇。

普濟方	明周定王朱橚撰、	四二六	四庫著錄係依天一閣抄本、提要稱久無刊板、轉相傳寫、行于世者頗罕、	是書凡一千九百六十論二千一百七十五類七百七十八法，六萬一千七百三十九方二百三十九圖自古經方未有賅備於是書者。
推求師意	明戴原禮撰、	二	明嘉靖中陳桷刊本、	是編在闡發震亨未竟之意，至其調劑震亨所偏，尤爲善學。
玉機微義	明徐用誠撰、	五〇	嘉靖元年金臺汪諒翻元本、嘉靖庚寅延平黃焯刊本、康熙癸未長洲沈氏重刊本、	是書雖皆採掇諸家舊論舊方，而各附案語多所訂正，非餖飣鈔撮者可比。
仁端錄	明徐謙撰、	一六	四庫著錄係抄本、近時坊刻五卷、吳槎客有舊抄本六卷本云此目十字衍、	是書專論治痘諸法。於寒溫攻補務審而施無所偏主。

薛氏醫案	明薛己撰、	七八	明秀水沈氏刊本、天啟丁卯朱明重刊本、又有坊刊本、附十四經發揮諸書、劣、	是書大旨以命門爲眞陰眞陽，而血氣爲陰陽所化，常用者不過十餘方，而隨機加減變化不窮。
鍼灸問對	明汪機撰、	三	嘉靖壬辰刊本、連下二種、並素問鈔三卷、運氣易覽三卷、痘治理辨一卷、推求師意二卷、合名汪石山醫學七書、	是書上中二卷論鍼法，下卷論灸法，乃經絡穴道皆根據古法設問對以發明其義。
外科理例 附方	明汪機撰、	七 一	嘉靖辛卯刊本、	是書凡一百五十四門，附方一百六十五道，大旨主於調補元氣先固根柢，不輕用寒涼攻利之劑。
石山醫案 附案	明陳桷撰、	三 一	汪石山醫學七書本、	氏持論多主丹溪之法。其曰石山者，汪機別號也。

名醫類案	明江瓘撰、	一二	明萬曆刊本、知不足齋單刊本、	是書所採上自秦越人淳于意下至元明諸名醫治驗方論，分二百五門各詳其病情方藥。
赤水元珠	明孫一奎撰、	三〇	杭州吳氏刊本、有明刻本、	是編分門七十，每門又各條分縷析，大旨專以明證爲主。
醫旨緒餘	明孫一奎撰、	二	杭州吳氏刊本、有明刻本、	是編大旨以藏府血氣經絡腧穴推明陰陽五行之理，併評論諸家之短長。
證治準繩	明王肎堂撰、	一二〇	明刊本、近有程氏新刊本、	是書初成證治準繩，附以類方，後續成傷寒準繩瘍醫準繩幼科準繩女科準繩以補所未備，而仍以證治準繩爲總名，從其朔也。

本草綱目	明李時珍撰、	五二	明萬曆癸卯刊本、崇禎庚寅刊本、大和堂刊本、順治中錢唐吳毓昌刊本、康熙甲子重刊本、雍正十三年重刊本、近年刊巾箱本	是書取神農以下諸家本草薈萃成編，凡十六部六十二類，所收諸藥一千八百八十二種，與王肎堂證治準繩同爲醫學之淵海。
奇經八脈考	明李時珍撰、	一	附本草綱目後、	氏謂奇經八脈，醫所易忽，因各詳其證治，併創爲氣口九道脈圖，暢發內經之旨。
瀕湖脈學	明李時珍撰、	一	附本草綱目後、	是編乃時珍撮舉其父言聞四診發明著爲此書。以正脈訣之失，其法分浮沈遲數滑濇虛實長短洪微緊緩芤弦革牢濡弱散細伏動促結代二十七種。
傷寒論條辨 附本草鈔 或問 痙書	明方有執撰、	八 一 一 一	萬曆壬辰刊本、萬曆癸巳補拙齋刊、康熙甲寅重刊本、	是書大旨以張機傷寒論一亂於王叔和之編次，再亂於成無己之註釋，全失其舊，因考定以爲此編。

先醒齋廣筆記	明繆希雍撰、	四	道光中山西刊本、種德堂重刊本、	是編初名先醒齋筆記，乃長興丁元薦取希雍所用之方裒爲一編，希雍又增益羣方兼採本草常用之藥，增至四百餘品，故曰廣筆記。大旨以劉完素朱震亨爲宗。
神農本草經疏	明繆希雍撰、	三〇	綠君亭刊本、	是書分本草爲十部，每藥皆有發明，故謂之疏。
類經	明張介賓編、	三二	明天啟重刊本、	是書以素問靈樞分類相從，一曰攝生，二曰陰陽，三曰藏象，四曰脈色，五曰經絡，六曰標本，七曰氣味，八曰論治，九曰疾病，十曰鍼刺，十一曰運氣，十二曰會通，共三百九十條，又益以圖翼十一卷，附翼四卷。

景岳全書	明張介賓撰、	六四	本、寅畏堂刊本、又坊刻小字本、通行本、	是書有傳忠錄脈神章傷寒典雜症謨婦人規小兒則痘疹詮○外科鈐本草正新方八陣古方八陣等門目大旨以温補爲○
溫疫論補遺	明吳有性撰、	二 一	何玉林刊本、通行本、	是書大旨謂傷寒中脈絡，因表入裏，温疫之氣自口鼻而入伏於膜原，在不表不裏之間，治法迥異，乃著此書以辨之○
痎瘧論疏	明盧之頤撰、	一	醫林指月本、	是書論痎瘧證治，於寒熱虛實四者最爲詳盡○大旨謂瘧屬陽，瘧屬陰，日作者屬陽，間日間數日作者屬陰○其主方多取王肎堂證治準繩○
本草乘雅半偈	明盧之頤撰、	一〇	明刊本、	是書謂神農本經三百六十五種應周天之數，無容去取○其曰乘雅者乘爲四數，每藥之下詮釋之例有四也，曰半偈者兵燹佚其半也○

醫宗金鑑	鄂爾泰奉敕撰、	九〇	內府刊本、外板巾箱本、	是書有圖有說有方有論，併各有歌訣以便記誦古今醫學此集其成。
尚論篇	清喻昌撰、	四	乾隆二十八年刊本、建昌程氏葵錦堂刊本四卷、	是書因方有執傷寒條辨重爲補正，大旨一一相同。
後篇		四		
醫門法律	清喻昌撰、	一二	通行本、	是書每門先冠以論，次爲法。次爲律，大旨爲鍼砭庸醫而作。寓意草則其所治醫案。
附寓意草		一		
傷寒舌鑑	清張登撰、	一	張氏醫通刊本、	是書備列傷寒觀舌之法，分白胎黃胎黑胎灰色紅色紫色黴醬色藍色八種，末附妊娠傷寒舌，爲圖一百二十各有總論。

傷寒兼證析義	清張倬撰、	一	張氏醫通刊本、	是書專論傷寒而挾雜病者分中風虛勞中滿腫脹噎膈反胃內傷宿食咳嗽咽乾閉塞頭風心腹痛亡血多汗積聚動氣疝氣淋濁瀉痢胎產凡十七種，設爲問答以發明之。
絳雪園古方選註附得宜本草	清王子接撰、	三 一	雍正十年刊本、	是書所選之方雖非祕異，而其中加減之道，銖兩之宜，君臣佐使之義，皆能推闡其所以然。
續名醫類案	清魏之琇撰、	六〇	四庫箸錄係稾本未刊、	是書雜取近代醫書及史傳地志文集說部之類，分門排纂，大抵明以來事爲多，而古事爲瓘所遺者亦間爲補苴。
神農本草經百種錄	清徐大椿撰、	一	乾隆中刊本、半松齋六種本、	是書於神農本經之內採取百種，各推闡其主治之所以然。

書名	撰者	卷數	版本	提要
蘭臺軌範	清徐大椿撰、	八	乾隆中刊本、半松齋六種本、	是編所錄病論惟取靈樞素問難經金匱要略傷寒論隋巢元方病源唐孫思邈千金方王燾外臺祕要而止。所錄諸方亦多取於諸書，而宋以後方則採其義有可推試多獲效者。
傷寒類方	清徐大椿撰、	一	乾隆中刊本、半松齋六種本、	講傷寒論者如聚訟。大椿以爲張機非依經立方之書，乃救誤之書非循經以求症但使人知案症以求方。
醫學源流論	清徐大椿撰、	二	乾隆中刊本、半松齋六種本、	是書大綱有七：曰經絡臟腑，曰脈，曰病，曰藥，曰治法，曰書論，曰古今。子目九十有三，持論多精鑿有據。

書名	著者	卷數	版本	書旨
周髀算經		二	祕册彙函本、津逮祕書本、學津討原本、明趙開美刊本、漢魏叢書本、唐宋叢書本、聚珍板本、微波榭刊本、戴校算經十書本、閩覆本南昌梅氏翻刻算書經十本、	是書莫知誰作，其算法爲句股之祖，其推步卽蓋天之術，西法實從此出。
音義		一		
新儀象法要	宋蘇頌撰、	三	守山閣本、路小洲有宋刊本、張氏志有影宋本、蔣生沐有影鈔本、	是書爲重修渾儀而作，一名紹聖儀象法要，凡六十圖，圖各系說。
六經天文編	宋王應麟撰、	二	玉海後附元刊本、學津討原本、路小洲有宋刊本、四庫箸錄卽元至元六年王厚孫刊本、	是書裒六經之言天文者以易書詩所載爲上卷，周禮禮記春秋所載爲下卷。

原本革象新書	元趙友欽撰、	五	養新錄有元刊本、不分卷、	是編名曰革象新書，蓋取革卦大象之文。
重修革象新書	元趙友欽撰、	二	明嘉靖戊午張淵刊本、	是編修改字句，較原本斐然可觀；然於改定之處，不加論辨，使觀者莫能尋其增損之迹，以究其得失之由。
七政推步	明貝琳撰、	七	路氏有舊鈔本、	是書即瑪沙伊赫之回回歷，首釋用數，次日躔次月離，次五星求法，幷太陰出入時刻淩犯五星恒星度分，末載日食月食算術。
聖壽萬年曆 附律歷融通	明鄭王世子朱載堉撰、	八 四	明刊律曆全書本、	成化以後，以大統歷推交食多不驗，議改歷者日衆。載堉因撰此二書奏進。明史稱其深得受時歷之義。

古今律歷考	明邢雲路撰、	七二	明萬曆戊甲刊本、	是書詳於歷而略於律。七十二卷中言歷者六十六卷，言律者僅六卷。
乾坤體象	明利瑪竇撰、	二	明刊本、萬曆間余永甯重刊本、凡西人書、明季及清初、有各天主堂翻刻本、	是書爲西法入中國之始。上卷言天象，下卷言算術，皆發前人所未發。
表度說	明熊三拔撰、	一	明刊本、天學初函本、守山閣本、	是書大旨言表度起自土圭，今更創爲捷法，可以隨意立表，分五題以明其說。
簡平儀說	明熊三拔撰、	一	明刊本、天學初函本、守山閣本、	大旨以視法取渾圓爲平圓，而以平圓測量渾圓之數，凡名數十二則，用法十三則。

天問略	明陽瑪諾撰、	一	明刊本、天學初函本、藝海珠塵本、	是書於諸天重數七政步位太陽節氣晝夜永短交食本原地影粗細蒙氣映漾曚影留光，皆設問答以明其理，末載曚影刻分表及交食淺深圖說，亦頗詳明。
新法算書	明徐光啟撰、	一	順治康熙先後刊本、許氏有元刊本、	是書凡十一部，冠以修歷緣起，以五部明歷之基本，六部明歷之節次。
測量法義 測量異同 句股義	明徐光啓撰、	一 一 一	天學初函本、無異同一卷、指海本、海山仙館本、	首卷演利瑪竇所譯以明句股測量之義，次卷取古法九章句股測量與新法相較，證其異同，末卷則專言句股之義。
渾蓋通憲圖說	明李之藻撰、	二	明刊本、天學初函本、守山閣本、	卷首總論儀之形體，上卷規晝度分時刻及制用之法，下卷諸圖皆表明法意。

圜容較義	明李之藻撰、	一	天學初函本、守山閣刊本、海山仙館叢書本、明刊本、八千卷樓有抄本、	自序謂昔從利公研窮天體，因論圜容，拈出一義，次爲五界十八題，借平面以推立圜，設角形以徵渾體云云。
曆體略	明王英明撰、	三	萬曆壬子刊本、崇禎己卯刊本、順治丙戌刊本、八千卷樓有抄本、	是書上中兩卷皆論天地象緯。下卷則續見歐羅巴書，撮其體要爲七篇。又附論一篇。大旨立說皆淺近，可以爲天文學之入門。
曆象考成	康熙時撰、	四二	官刊本、	是書分上下二編：上編曰揆天察紀。下編曰明時正度。
曆象考成後編	乾隆二年敕撰、	一〇	官刊本、	是書於曆象考成之後，增以表解圖說。

儀象考成	乾隆九年敕撰、	三二	官刊本、	是書凡璣衡撫辰儀二卷，恆星黃道經緯度表十三卷，恆星赤道經緯度表十二卷，月五星相距恆星黃赤道經緯度表一卷，天漢經緯度表四卷，皆考究歲差以符天運。
曉菴新法	清王錫闡撰、	六	守山閣本、	是書前一卷論句股割圜諸法，後五卷皆推步七政交食淩犯之術。
中星譜	清胡亶撰、	一	康熙中刊本、八千卷樓有抄本、	是編所訂經星凡四十有五，於二十八宿之外，益以大角貫索天市帝座織女河鼓天津北落師門土司空天囷五車參左肩參右足天狼南北河軒轅不大星太微帝座等十七星。
天經或問前集	清游藝撰、	四	康熙中刊本、後集入存目、日本刊三卷本、	是編於天道運行皆設為問答。其不談占驗尤為卓識。

天步眞原	清薛鳳祚撰、	一	路小洲有抄本、指海本、守山閣本、	是書即所譯穆尼閣推求日月交食之法。
天學會通	清薛鳳祚撰、	一	乾隆中刊本、八千卷樓有抄本、	是書本穆尼閣天步眞原而作。所言皆推算交食之法。
歷算全書	清梅文鼎撰、	六〇	魏氏兼濟堂本、梅瑴成重編本、附錄二卷、題梅氏叢書輯要、佳、存目李光地刊六種十八卷、蔡璿刊本十七種、四十三卷、皆不全、	是編裒集歷算之書凡二十九種，以言歷者居前言算者列後。
大統歷志 附　錄	清梅文鼎撰、	八 一		是書因大統舊法詳爲推演註釋而成，分三綱十七目，以述明歷得失之源流。

勿菴歷算書記	淸梅文鼎撰、	一	知不足齋本、附曆算叢書後、又附兼濟堂歷算書刊繆一卷、許目所載如此、通行本無此二種、八千卷樓有抄本、	是編於推步算術等書，皆各疏其論撰之意，於諸家之源流得失，亦能標其指要。
中西經星同異考	淸梅文鼐撰、	一	指海本、八千卷樓有抄本、	是書以隋丹元子步天歌與利瑪竇經天該所列星名雖同，而座位有無，數目多寡，往往不合，乃參註其異同以成此書。
全史日至源流	淸許伯政撰、	三二	四庫箸錄係抄本、八千卷樓有抄本、	是書依歷象考成前編之法，溯稽經史傳註所載至朔氣閏，質其合否，糾其繆誤。
算學 續	淸江永撰、	八 一	守山閣刊本、作數學、海山仙館本、作翼梅八卷、	是編因梅文鼎歷算全書爲之發明訂正，而一準歷象考成，折衷其異同。

九章算術	不著撰人名氏、	九	聚珍板本、微波榭本、連周髀及此下九種、共題戴氏校定算經十書、閩覆本、常熟屈氏重刊本、	九章算術，爲周禮保氏之遺法。算經自周髀以外，以此書爲最古。
孫子算經	不著撰人名氏、	三	聚珍板本、微波榭本、閩覆本、知不足齋本、	舊本久佚，今從永樂大典所載裒集編次，仍爲三卷。其甄李二家之註則不復可考。
術數記遺	舊本題漢徐岳撰、	一	祕册彙函本、津逮祕書本、微波榭本、學津討原本、說郛本、	是書考古多疎謬，註亦無所發明。
海島算經	晉劉徽撰、	一	聚珍板本、微波榭本、閩覆本、蘇杭縮本、	是書原名重差，皆測望之術，後人因卷首以海島之表設問，遂改斯名。

五曹算經	不著撰人名氏、	五	聚珍板本、微波榭本、知不足齋本、閩覆本、	舊本譌缺，今從永樂大典校補。其甄李之註雖亦散佚，而經文則逐條完善。
夏侯陽算經	舊本題夏侯陽撰、	三	聚珍板本、微波榭本、知不足齋本、閩覆本、蘇杭縮本、	是書凡分十二門，其法務求實用，雖九章古法非官曹民事所必需者。亦略而不載。
張邱建算經	舊本題張邱建撰、	三	微波榭本、知不足齋本、	是書皆問答體，凡一百條，簡奧古質，頗類九章，與近術不同。
五經算術	北周甄鸞撰、唐李淳風注、	五	聚珍板本、微波榭本、閩覆本、杭刊本、	是編名爲五經，而書中舉易詩書三禮春秋孝經論語中待算方明者列之，實則九經也。
緝古算經	唐王孝通撰、	一	函海本、知不足齋本、微波榭本、	是書大旨，以九章商功篇，有平地役功受廣袤之術，於上寬下狹前高後卑闕而不論，因設二十術以明之。

數學九章	宋秦九韶撰、	一八	郁氏宜稼堂叢書本、附札記四卷、宋景昌撰、昭文張氏有明人舊抄足本、郁氏所刊疑卽據此、	是書分爲九類，雖以九章爲名，而與古九章門目迥別。
測圓海鏡	李元冶撰、	一二	知不足齋本、白芙堂本、	是書首以句股容圓爲題，次列識別雜記數百條以窮其理，次設問一百七十則以盡其用。
測圓海鏡分類釋術	明顧應祥撰、	一〇	明刊本、八千卷樓有抄本、	氏於立天元一語不得其解，遂去其細草專演算法，改爲是書。
益古演段	元李冶撰、	三	知不足齋本、白芙堂本、	其曰益古演段者，蓋當時某氏算書以方圓周徑冪積和較相求定爲諸法，而祕其要旨不肯言，因爲移補條目，釐訂圖式，演爲六十四題以暢明其義，大旨亦借以明立天元一法。

弧矢算術	明顧應祥撰、	一	明刊本、知不足齋本、並李銳細草一卷、八千卷樓有抄本、	是書於各弧矢相求之法，及開帶縱三乘方之式，論列頗詳，可爲初學門徑。
同文算指前編 通編	明李之藻演、	二 八	明刊本、板在李之藻家、天學初函本、姚若有抄本、後多一卷、海山仙館本、	是書前編上下兩卷，言筆算定位加減乘除之式，及約分通分之法，通編八卷，則欲以西法易九章，分十六目。
幾何原本	薩几里得撰、	六	明刊本、天學初函本、海山仙館本、刊十三卷本、曾氏刊十五卷本、	是書爲歐洲算學之祖，共計六卷：一卷論三角形，二卷論線，三卷論圓，四卷論圓內外形，五卷六卷俱論比例。
數理精蘊		五三	內府刊本、又度數表三卷、另套板精刊、江南局刊本、	是書分上下二編，上編五卷曰立綱明體，其別有五。下編四十卷曰分條致用，其別亦有五。

幾何論約	清杜知耕撰、	七	康熙庚辰刊本、	是書取利瑪竇與徐光啟所譯幾何原本重爲刪削，故名曰論約。
數學鑰	清杜知耕撰、	六	康熙中刊本、	是書列古法九章，以今線面體三部之法隸之，載其圖解，並摘其要語以爲之註，與方中通所撰數度衍用今法以合九章者體例相同。
數度衍 附錄	清方中通撰、	二四 一	繼聲堂刊本、二十三卷、卷首三卷、	是編乃集諸書之長，如推闡九章，則本數理精蘊，幾何約則本徐光啟，珠算則本程大位算法統宗，筆算籌算則本李之藻同文算指，尺算則本陳藎謨天算用法，惟數原律衍未明所本耳。
句股引蒙	清陳訏撰、	五	康熙中陳氏刊本、	是書亦雜采諸法而成，由淺入深，頗便初學，名曰引蒙，蓋以此也。

句股矩測解原	清王百家撰、	二	乾隆中刊本、八千卷樓有抄本、	是書言句股測望，並詳繪矩度之形，與熊三拔矩度表說大概相同。
少廣補遺	清陳世仁撰、	一	孔氏叢書本、有少廣正負術內外編六卷、孔廣森撰、八千卷樓有抄本、、	是書分爲十二法，有抽奇抽偶諸目，蓋堆垜之法也。堆垜爲少廣之一目，算術多未詳說，故曰補遺。
莊氏算學	清莊亨陽撰、	八		是書乃亨陽官淮徐海道時經理河防，於高深測量之宜，隨事推究，設問答以窮其變，因筆之於書，後人以其殘稾編爲此書。
九章錄要	清屠文漪撰、	二	乾隆中刊本、八千卷樓有抄本、	是書因古九章之術，參以今法，與杜知耕所著數學鑰體例相似。

書名	著者	卷數	版本	本書旨
太玄經	漢揚雄撰、	一〇	明萬玉堂刊本極精、嘉靖甲申郝梁重刊本、萬曆中鄭樸刊本無注、天啟丙寅趙如源刊評校本、天崇中黃道周編繙刻本、校郝本少脫誤、唯無王涯說玄及音義、道光辛卯孫澍刊本集注四卷、拜經樓吳氏有宋刻范望注十卷、缺首三卷、梅復齋藏萬玉堂宋刊全本十卷、其後尚有玄圖一紙、次釋文、次王涯說玄、羣書拾補內有校正若干條、嘉慶戊午陶氏五柳居刊明錢徹藏司馬光注本佳、子書百種本、	是書本擬易而作：以家準卦，以首準彖，以贊準爻，以測準象，以文準文言，以摛瑩挩圖告準繫詞，以數準說卦，以衝準序卦，以錯準雜卦，全仿周易古本經傳各自爲篇。

太玄本旨	明葉子奇撰、	九	明正德中刊本作九卷、藝海珠塵焦袁熹太玄解一卷、八千卷樓有抄本、	是書獨掃除星歷之說，別爲詮釋，亦猶說易之家廢象數而言義理。
元包	後周衛元嵩撰、	五	津逮祕書本、學津討原本、天一閣刊本、莫郘亭有明刊仿宋本、	是書體例近太玄。序次則用歸藏，首坤而繼以乾兌艮離坎巽震，文多詰屈，難以猝讀。
附元包數總義		二		
潛虛	宋司馬光撰、	一	天一閣刊本、說郛本、知不足齋本佳、唐宋叢書本、無發微論、且多脫文、	是編乃擬太玄而作。晁公武讀書志：曰此書以五行爲本，五行相乘爲二十五，兩之爲五十。首有氣體性名行變解七圖。
附潛虛發微論		一		
皇極經世書	宋邵雍撰、	二	明刊本、邵子全書本、道藏本、	皇極經世，蓋即所謂物理之學也。其書以元經會，以會經運，以運經世，起於堯帝甲辰，至後周顯德六年己未，凡治亂興亡之蹟，皆以卦象推之。

書名	撰者	卷數	版本	提要
皇極經世索隱	宋張行成撰、	二	路氏有抄木、八千卷樓有抄本、	行成於邵子之學用力頗深，以伯溫之解於象數未詳，復爲推演其意義，故曰索隱。
皇極經世觀物外篇衍義	宋張行成撰、	九	路氏有抄本、皇極經世附刊本、八千卷樓有抄本、	是書大旨上三篇皆言數，中三篇皆言象，下三篇皆言理。
易通變	宋張行成撰、	一〇	路氏有宋刊本、明費宏抄本、汲古閣抄本、許氏有抄本、八千卷樓有抄本、	是書取陳摶至邵子所傳先天卦數等十四圖敷演解釋以通其變，故謂之通變。
觀物篇解 附皇極經世解起數訣	宋祝泌撰、	五 一	路有舊抄足本六十二卷、又附四卷、以校四庫本訛脫甚多、似卽錢氏敏求記所載之本、八千卷樓有抄本、	二書皆演邵子之說而立義多與邵子異。

皇極經世書解	清王植撰、	一四	乾隆中刊本、	是書改併皇極經世之卷帙，而冠以新舊十八圖，於諸家異同多能釐正。
易學	宋王湜撰、	一	通志堂本、	是書闡明邵子之學，其說頗雜以道家。
洪範皇極內篇	宋蔡沈撰、	五	雍正元年張文炳刊本、八千卷樓有抄本、	是書附會劉歆河圖洛書相爲表裏八卦九章相爲經緯之說，借洪範九數衍爲八十一章，而配以月令節氣。欲以擬易，實則太玄之支流。
天原發微	宋鮑雲龍撰、	五	元元貞間鄭昭祖刊本、明天順辛巳刊本三卷、嘉靖刊本、畊心堂刊本、近年刊明鮑甯辨正五卷、八千卷樓有抄本、	是書凡二十五篇，以象天數。大旨皆借易以闡明數學。

大衍索隱	宋丁易東撰、	三	路有抄本、八千卷樓有抄本、	是書專明大衍之數，臚採先儒諸論而以己意斷之。
易象圖說內篇 外篇	元張理撰、	三 三	通志堂本、	是書內篇凡三：曰本圖書，曰原卦畫，曰明蓍策；外篇亦三：曰象數，曰卦爻，曰度數。其於天行人事，無一不推本於圖書，蓋皇極經世之支流也。
三易洞璣	明黃道周撰、	一六	黃石齋九種本、楝亭曹氏刊本、	是編蓋約天文歷數歸之於易。其曰三易者：謂伏羲之易文王之易孔子之易也，曰洞璣者：璣衡古人測天之器，謂以易測天毫忽不爽也。

靈臺祕苑	後周庾季才撰	一五	路有抄本、舊抄本、許氏亦有抄本、八千卷樓有抄本、敏求記十二卷、別本一百二十卷、四庫存目有提要稱所徵引事實、迄於元末、乃明人編輯、仍襲季才之名耳、	是編多主占驗，不盡可憑；又篤信分野次舍，尤爲附會。
唐開元占經		一二〇	許氏有鈔本、周生先生精校、昭文張氏有舊抄本、黃蕘圃曾見成化時閣本、黃綾面黃絹籤、湖南新刊小字本、道光中廣東刊小字本、八千卷樓有抄本、	是書所言占驗之法，大抵術家之異學。
宅經	舊本題黃帝撰	二	說郛本、津逮祕書本、學津討原本、夷門廣牘本、道藏本、崇文局本、	是書或即宋志所錄宅相經。分二十四路考尋休咎。大旨以陰陽相得者爲吉。

葬書	舊本題晉郭璞撰、	一	明鄭謐注本、明黃愼訂古本、明張希元注本、明刊地理正宗本、近人刊二十二子本、康熙辛未刊葉泰注本、在山法全書十九卷內、地理大全本、學津討原本、胡氏琳琅祕室活字仿明初鄭謐注本、借月山房彙鈔本、吳元音箋註地理大全本、崇文局本、	葬地之說，莫知其所自來。但後世言地學者，皆以璞爲鼻祖，故是書雖爲僞託，終不可得而廢。
撼龍經	舊本題唐楊筠松撰、	一	葉泰注本、地理大全本、甘福校刊本、平津館目有宋刊疑龍經一卷、續粵雅堂本、八千卷樓有抄本、	撼龍經言山龍脈絡形勢，配以九星，決其休咎。疑龍經凡三篇：一論幹中尋枝，一論尋龍到頭，附以十問，一論結穴形勢，葬法專論點穴倒杖分十二條，卽上說而引伸之。
疑龍經		一		
葬法倒杖		一		
青囊奧語	舊本題唐楊筠松撰、	一	葉泰注本、地理大全本、大亭山館本、八千卷樓有抄本、	是書疑卽通志藝文略所謂楊曾二家青囊經也。相墓家理氣一派從此發源。
青囊序		一		

天玉經內傳外編	舊本題楊唐筠松撰、	三一	葉泰注本、地理大全本、乾隆刊本、大亭山館無外編本、	是書亦以理氣爲宗。
靈城精義	舊本題南唐何溥撰、	二	葉泰注本、八千卷樓有抄本、	是書上卷論形氣，下卷論理氣。大旨以元運爲主。
催官篇	舊本題宋賴文俊撰、	二	葉泰注本、地理大全本、八千卷樓有抄本、	是書分龍穴砂水四篇，各爲之歌。龍以二十四山分陰陽，以震庚亥爲三吉，巽辛艮丙兌丁爲六秀。穴則以龍爲主，砂水二篇則以方位爲斷。
發微論	宋蔡元定撰、	一	明弘治刊本，明刊地理正宗本、謝昌注本、地理大全本、	是編卽元定相地之書。大旨主於地道，分十四例遞爲推闡，而終以原感應一篇明福善禍淫之義。

靈棋經	舊本題漢東方朔撰、	二	明正德庚辰檠府刊本、嘉靖間刊本、墨海金壺本、珠叢別錄本、長恩書室本、曾氏叢書本、述古叢抄本、明抄本、章氏刊本、半畝園本、通行本、	是書以棋十二枚，以所擲面背相乘得一百二十四卦，卦各有繇詞。
易林	漢焦延壽撰、	一六	漢魏叢書本、津逮祕書四卷本、學津討原本、明周曰校刊本四卷、明刊本、子書百種本、嘉慶十三年黃丕烈仿宋刊本十六卷、宋本有注、絳雲樓一炬、後遂失傳、黃所據陸敕先校宋本耳、又重刊黃本、巾箱本、	是書以一卦變六十四，六十四卦之變共四千九十有六，各繫以詞，皆四言韻語。

京氏易傳	漢京房撰、	三	津逮祕書本、漢魏叢書本、天一閣本、學津討原本、明刊本、鹽邑志林本、諸本多舛、馮定遠沈果堂俱有校本、近嚴鐵橋有重輯本八卷未刊、	是書雖以易傳爲名。而絕不詮釋經文，亦絕不附合易義。
六壬大全	不著撰人名氏、	一二	明郭氏刊本、楊氏刊本、	六壬與遁甲太乙，世謂之三式，而六壬其傳尤古。大旨數根於五行，而五行始於水，舉陰以起陽故稱壬焉舉成以該生，故用六焉。
卜法詳考	清胡煦撰、	四	乾隆三十八年胡氏刊本、附周易函書後、保璞堂本、	是編首列周禮尚書之文，次列史記龜策傳，次列古龜經次列全賜三圖，次列楊時喬龜卜辨，次列龜繇詞皆參攷以求古義也。次列玉靈祕本，次列古法彙選，皆近代術士之所傳，旁稽以盡其變也。蓋古占法之傳於今與今占法之不悖於理者大略已具於此。

李虛中命書	舊本題鬼谷子撰、唐李虛中注、	三	墨海金壺本、守山閣本、	鬼谷子本縱橫家，不聞能知祿命，李虛中雖善祿命，而其法用年月日不用時，與此書言四柱者不合，殆宋人所依託。
玉照定真經	舊本題晉郭璞撰、	一	路有抄本、劉寬夫有抄本甚劣、八千卷樓有抄本、	是書世無傳本，僅元明人星命書偶一引之。
星命溯源	不著編輯者名氏、	五	路有抄本、八千卷樓有抄本、	是書凡五種：一曰通元遺書，二曰果老問答，三曰玄妙經解。四曰觀星要訣，五曰觀星心傳口訣補遺，大旨皆推衍唐張果之說。
徐氏珞琭子賦注	宋徐子平撰、	二	墨海金壺本、守山閣本、昭文張氏有抄宋刊本六卷、王廷光李仝釋曇瑩徐子平四家注、乃原本也、	是書爲言祿命者所自出。其法專以人生年月日時八字推衍吉凶祿福，名曰珞琭者，蓋取琭琭如玉珞珞如石之意。

珞琭子三命消息賦注	宋釋曇瑩撰、	二	墨海金壺本、守山閣本、八千卷樓有抄本、	是書大旨以命理附合易理。
三命指迷賦	舊本題宋岳珂補注、	一	讀畫齋叢書本、知不足齋藏宋本、乾隆間金德輿重刊板口有桐華館三字本、	是書大旨專主子平，於夾馬夾祿拱庫拱貴辨論綦詳。
星命總括	遼耶律純撰、	三	淡生堂目有耶律星命秘訣五卷、八千卷樓有抄本、	是書兼稱星命，大旨專主子平。
演禽通纂	不著撰人名氏、	二	四庫依天一閣抄本、八千卷樓有抄本、	是書以演論禽法推人祿命造化。上卷載三十六禽喜好吞啗干支取化及旬頭胎命流星十二宮行限入手之法，下卷鑒形賦具論窮達夭壽吉凶變幻之理。

星學大成	明萬民英撰、	一〇	明刊本、淡生堂目十八卷、	是編取舊時星學家言以次排纂成帙，凡八種，各爲註釋論斷，言果老術者以此書爲總滙。
三命通會	不著撰人名氏、	一二	明萬曆六年刊本、雍正乙卯蔣國祥補刊本、甚多訛脫、闕第十二卷、而以第十一卷元理賦以下分爲兩卷、英德堂袖珍本、	是編於諸家命書採摭最備，至今爲術士所依據。
月波洞中記		五	八千卷樓有抄本、函海本、述古叢鈔本、	是書序稱唐任逍遙得之於太白山月波洞石壁上，因以爲名，書凡九篇，大旨皆論相人之術。
玉管照神局	舊本題南唐宋齋邱撰、	三	敏求記有此書十卷、十萬卷樓本、八千卷樓有抄本、	是書專論相術。大旨皆以形狀立論，與錢曾所云有陰陽二局者不同。

大淸神鑑	舊本題後周王朴撰、	六	墨海金壺本、守山閣本、	是書專論相法。所引諸家古相書亦多今所未見。
人倫大統賦	金張行簡撰、	一	路有抄本、莫郘亭有元刊本、前有圖爲大典本所無、八千卷樓有抄本、十萬卷樓本、	是書專言相法，詞義頗爲簡明。
大乙金鏡式經	唐王希明奉敕撰、	一〇	四庫箸錄係鈔本、八千卷樓有抄本、	是書大旨乃仿易歷而作。其以一爲太極，太極生二目，二目生四輔，四輔生八將，錯綜以推吉凶。
遁甲演義	明程道生撰、	二	姚若有抄本、八千卷樓有抄本、	是書於用奇置閏之要頗爲詳盡。至論本命行年謂欲乘本局中吉星生旺，其說亦他書所未及。

禽星易見	明池本理撰、	一	四庫箸錄係鈔本、	禽星之用不一，此則專取七元甲子局用翻禽倒將之法，推時日吉凶以利於用。
星歷考原	清李光地奉敕撰、	六	內府刊本、	是編凡分六目：一曰象數考原，二曰年神方位，三曰月事吉神，四曰月事凶神，五曰日時總類，六曰用事宜忌。
協記辨方書	清王允祿等奉敕撰、	三六	內府刊本、	是書凡本原二卷，義例六卷，立成宜忌用事各一卷，公規二卷年表六卷月表十二卷日表一卷，利用二卷附錄辨譌各一卷，破術家附會不經拘泥不化之說而斷以四時五行生剋衰旺之理。

書名	著者	卷數	版本	書旨
古畫品錄	南齊謝赫撰、	一	明刊本、說郛本、津逮祕書本、王世貞所輯畫苑本、硯北偶鈔本、百川本、	是書品第畫家優劣，分爲六品，各爲之評。
書品	梁庾肩吾撰、	一	漢魏叢書本、祕笈本、法書要錄本、續百川學海本、硯北偶鈔本、	是書載漢至齊梁能眞草者，分爲九品，每品各繫以論。
續畫品	陳姚最撰、	一	明刊本、說郛本、津逮祕書本、畫苑本、硯北偶鈔本、百川本、	是書不分品第，惟敘時代，與謝赫書體例小異。
貞觀公私畫史	唐裴孝源撰、	一	明刊本、唐宋叢書本、畫苑本、說郛本、宋本半頁十一行、行二十字、貞字避缺、	是書以貞觀畫史爲名，所錄皆隋代收藏官本。

書譜	唐孫過庭撰、	一	百川本、石刻本、書苑本、說郛本、	過庭自稱撰爲六篇，分爲兩卷。此本止存一篇，蓋全書已佚，所存者僅眞蹟總序耳。
書斷	唐張懷瓘撰、	三	百川本、法書要錄本、格致叢書本、	是書所錄皆古今書體及能書人名，而以能書者分神妙能三品。每品各以體分。
述書賦	唐竇臮撰、	二	法書要錄本、嘉靖乙酉刊本、津逮本、四庫依鮑士恭家本、	是書品題敘述，皆極精核。其印記一章，兼畫印模於句下，遂爲鐵網珊瑚眞蹟日錄之祖。
法書要錄	唐張彥遠撰、	一〇	津逮本、學津本、書苑本、	是編集古人論書之語，起於東漢，於迄元和。佚文緒論，多賴以存。

歷代名畫記	唐張彥遠撰、	一〇	津逮本、學津本、畫苑本、續百川本、明刊本、	是編前三卷皆畫論，四卷以下皆畫家小傳。書中徵引繁富，佚文舊事往往而存。
唐朝名畫錄	唐朱景元撰、	一	明刊本、畫苑本、學津本、明繙宋本、	是編所列畫家分神妙能逸四品。神妙能又各別上中下三等，而逸品則無等次，蓋尊之也。
墨藪	舊本題唐韋續撰、	二	唐宋叢書本、明程榮刊本、格致叢書本、八千卷樓有抄本、	是書凡二十一篇，皆錄前人論書之語。
附法帖釋文刊誤		一		
畫山水賦	舊本題唐荊浩撰、	一	明刊本、畫苑本、	二書文皆拙澀，忽作雅詞，忽參鄙語，似藝術家粗知文義而不知文格者。
附筆法記		一		

思陵翰墨志	宋高宗皇帝御撰、	一	百川本、說郛本、書苑本、	高宗書法精深，故此編多入微之論。
五代名畫補遺	宋劉道醇撰、	一	明刊本、畫苑本、明繙宋本、天祿後目有宋刊本、附畫繼後、	此書所錄凡二十四人，蓋已見於胡嶠錄者不載。
宋朝名畫評	宋劉道醇撰、	三	明刊本、畫苑本、明繙宋本、	是書分六門，每門分神妙能三品，每品又各分上中下。所錄凡九十餘人。
益州名畫錄	宋黃休復撰、	三	明刊本、唐宋叢書本、函海本、畫苑本、說郛本、讀畫齋本、明繙宋本、	是編所記凡五十八人，皆蜀中畫家，以逸神妙能四品分隸。

圖畫見聞志	宋郭若虛撰、	六	津逮本、學津本、宋本、宋本十一行行二十字、又黃蕘圃藏宋本前半部、後半部元抄本、藏汪閬源家、明繙陳道人本、	是編爲續張彥遠名畫記而作，內容分四門，所論多深解畫理。
林泉高致集	宋郭熙撰、	一	至正八年豫章歐陽必學刻本、畫苑本、百川本、八千卷樓有抄本、	是書凡六篇：曰山水訓，曰畫意，曰畫訣，曰畫題，曰畫格拾遺，曰畫記。
墨池編	宋朱長文撰、	六	明隆慶中四明薛晨刊本、萬歷中李時成刊本、康熙甲午朱氏刊本、汲古閣有舊抄本、云明刻甚紕繆、雍正有刊二十卷本、	是編論書學源流，分字學筆法雜議品藻贊述寶藏碑刻器用八門，每門又各析次第，皆引古人成書而類編之。
德隅齋畫品	宋李廌撰、	一	祕笈本、說郛本、畫苑本、顧氏文房小說本、百川本、	是編所記名畫凡二十有二人，各爲序述品題。

畫史	宋米芾撰、	一	明刊本、津逮本、畫苑本、說郛本、百川本、唐宋叢書本、丁禹生有宋刊本、是蒹竹堂葉氏物、乃何義門手蹟、	此書皆舉其平生所見名畫品題眞僞、或間及裝褙收藏及考訂譌謬。
書史	宋米芾撰、	一	百川本、書學會編本、書苑本、說郛本、明繙宋本、	是編評論前人眞蹟、皆以目歷者爲斷、故始自西晉迄於五代、凡印章跋尾紙絹裝褙俱詳載之。
寶章待訪錄	宋米芾撰、	一	百川本、又附刻清河書畫舫弟九卷末、書苑本、說郛本、	是編皆記同時士大夫所藏晉唐墨蹟、分目睹的聞二類。
海岳名言	宋米芾撰、	一	百川本、說郛本、書苑本、	是編皆其平日論書之語、於古人多所譏貶。

宣和畫譜	不著撰人名氏、	二〇	明刊本、津逮祕書本、學津討原本、唐宋叢書本、明楊升庵刊本、八千卷樓有明抄本、	是書所載共二百三十一人，計六千三百九十六軸，分爲十門：一道釋二人物三宮室，四蕃族，五龍魚，六山水，七鳥獸，八花木，九墨竹。十蔬果。
宣和書譜	不著撰人名氏、	二〇	明嘉靖庚子楊升庵刊本、津逮本、學津本明刊本八千卷樓有明抄本、	是書皆記宋徽宗時內府所藏諸帖，中列帝王諸書，篆隸，正書，行書，草書，分書而制誥附焉。
山水純全集	宋韓拙撰、	一	函海本、畫苑本、讀畫齋刊本、八千卷樓有抄本、	拙本宣和畫院中人，故持論多主格律。原本十篇，今佚其一。
廣川書跋	宋董逌撰、	一〇	津逮本、書苑本、八千卷樓有抄本、	是編皆古器款識及漢唐以來碑帖，末亦附宋人數帖，考證皆極精當。

廣川畫跋	宋董逌撰、	六	明楊愼刊本、畫苑本、四庫依元人抄本、張金吾有舊抄本、明刊本、十萬卷樓本、八千卷樓有明抄本、	氏以考據鑒賞擅名，故其所跋皆考證之文。
畫繼	宋鄧椿撰、	一〇	明刊本、津逮本、學津本、畫苑本、明繙宋本、	氏續張彥遠郭若虛二家之書，故曰繼也。所錄上而帝王，下而工技，凡得二百一十九人。
續書譜	宋姜夔撰、	一	百川本、書苑本、格致叢書本、百名家書本、佩文齋書畫譜本、宋嘉定戊午天台謝采伯刊本、	是書凡二十篇，皆抒所心得。其曰續書譜者，唐孫過庭先有書譜故也。
寶眞齋法書贊	宋岳珂撰、	二八	聚珍本、閩覆本、翻聚珍本、八千卷樓有舊抄本、	是書以其家所藏墨蹟，自晉唐迄於南宋，各系以跋而爲之贊。

書小史	宋陳思撰、	一〇	士禮居有宋刊四卷、汲古閣抄補前六卷、路氏有舊抄本、八千卷樓有影宋抄本、又紅印刊本、	是書以歷代書家小傳纂次成帙，所載自庖犧迄五季，凡紀一卷，傳九卷。
書苑菁華	宋陳思撰、	二〇	汪氏振綺堂刊本、張金吾有舊抄本、述古叢鈔本、石印本、八千卷樓有精抄本、	是編集古人論書之語，共一百六十餘篇，分爲三十二類，與書小史相輔而行。
書錄　外篇	宋董更撰、	三　一	知不足齋本、八千卷樓有抄本、	是書皆紀宋代書家姓氏，分上中下三篇。凡諸書所有評論書法者，悉加採摭彙次。
竹譜	元李衎撰、	一〇	知不足齋本七卷、說郛本不全、畫苑本、唐宋叢書本、八千卷樓有抄本、	是書凡分四門：曰畫竹譜，墨竹譜，竹態譜，竹品譜。於竹之種類畫之程式無不詳盡。

畫鑒	元湯垕撰、	一	說郛本、唐宋叢書本、學海類編本、李璵刊羣芳清玩本、	是書所論歷代之畫，始於吳曹不興，次晉衞協顧愷之，次六朝陸探微諸家，次唐及五代諸家，次宋金元諸家，次爲外國畫，次爲雜論。大致以鑒別眞僞爲主。
衍極	元鄭杓撰、	二	祕笈本一卷、明刊本五卷、振綺堂有精抄本、八千卷樓有抄本、	是書自蒼頡迄元代，凡古人篆籀以極書法之變，皆在所論。
法書考	元盛熙明撰、	八	楝亭曹氏十二種本、十萬卷樓本、	是書首爲書譜，末爲附錄印章跋尾，雖雜取諸書而頗有持擇。所載梵書十六聲三十四母蒙古書四十二母，亦足資考證。

圖繪寶鑑 續編	圖繪寶鑑元夏文彥撰、	五 一	明韓昂刊本、津逮本、元刊無續本、坊刻本八卷、附韓昂一卷、馮仙湜二卷、平津館有元刊本云可校毛本之訛、拜經樓亦有元刊本五卷、臨海洪氏有元刊黑口巾箱本、天啟中卓爾昌刊本改題畫髓玄銓、附韓昂續編一卷、	是書採古來畫家名氏，自軒轅迄元代，旁及外國，凡一千五百餘人。續編所錄自洪武迄正德，凡一百七人。
書史會要 補遺 續編	明陶宗儀撰、 朱謀垔撰、	九 一 一	明刊本、明洪武刊無續本、三續百川學海本無卷數、八千卷樓有抄本、	是編載古來能書人，上起三皇，下至元代，凡八卷，末爲書法一卷，又補遺一卷，至續編所載，則皆明人。
寓意編	明都穆撰、	一	學海類編本、奇晉齋叢書本、陳眉公刊祕笈本、梓吳本、四十家小說本、稗海本、漱六軒本、	是編記所見書畫眞贋，及當時收藏名氏，鑒別頗詳。

珊瑚木難	明朱存理撰、	八	路有抄本、提要云從無刊本、許氏有抄本、八千卷樓有明抄本、及抄本、適園刻本、	是編悉載所見字畫題跋。其卷中前人詩文世所罕覩者，亦附錄焉。前有文徵明文嘉王穉登王騰程四人名氏，蓋出於四家收藏者爲多。
鐵網珊瑚	舊本題明朱存理撰、	一八	嘉靖間刊本、雍正間年氏刊本、欣賞齋刊本、蔣生沐有江陰周榮起手抄本、絕精、係從汲古閣所藏朱性甫手寫本照錄、	是編所載書畫諸跋，足以辨析異同，考究眞僞，至今鑒賞家多引據之。
墨池瑣錄	明楊愼撰、	四	格致叢書本四卷、明嘉靖刊本三卷、函海本二卷、讀畫齋本三卷、	愼蓋究心書學者。此書頗抑顏眞卿米芾，而推趙孟頫爲得晉人法。
書訣	明豐坊撰、	一	四庫依抄本、八千卷樓有抄本、	是編皆論學書之法，而尤注意於篆籀，又排比古今能書之家，評其次第。

書畫跋跋 續	明孫鑛撰、	三 三	乾隆中孫氏居業堂刊本、	是書名書畫跋跋者，王世貞先有書畫跋，鑛又跋其所跋，故重文見義，猶非非國語反反離騷例也。
繪事微言	明唐志契撰、	四	明刊本、八千卷樓有抄本、	是編所錄畫家名論，自南齊謝赫古畫品錄下至明李日華諸人，皆刪除蕪冗，汰取精華。
書法雅言	明項穆撰、	一	有刊本、夷門廣牘本，八千卷樓有抄本、	穆承家學，多見眞蹟，亦工於書，因抒其心得作爲是書，凡十七篇。大旨以晉人爲宗，而排斥蘇米。
寒山帚談 拾遺 附錄	明趙宧光撰、	二 一 一	明刊本、在說文長箋內、八千卷樓有抄本、	是書論作篆之法，多可采用。其曰帚談者，取家有敝帚享之千金意耳。

書法離鉤	明潘之淙撰、	一〇	明刊本、惜陰軒叢書本、	是書薈萃舊說各以類從。大旨謂書家筆筆有法，必深於法而後可與離法，又必超於法而後可與進法。其曰離鉤者，取禪家埀絲千尺意在深潭離鉤三寸語也。
畫史會要	明朱謀垔撰、	五	明刊本、八千卷樓有抄本、	氏既續陶宗儀書史會要，因推廣其類，採上古迄明能畫人姓名事蹟，輯爲此編。
郁氏書畫題跋記 續記	明郁逢慶編、	一二 一二	路有抄本、振綺堂有抄本、孫詒讓家有抄本、八千卷樓有精抄本、	是書隨其所見書畫錄其題跋，初不以辨別眞贋爲事。
淸河書畫舫	明張丑撰、	一二	以下五種、乾隆中、鮑氏知不足齋與淸祕藏合刻、巾箱單行本、池北草堂本、	是編以書畫舫爲名，取黃庭堅詩米家書畫船語也。明代鑒賞家考證多疏，是編獨多所訂正。

書名	撰者	卷數	版本	提要
眞蹟日錄 二集 三集	明張丑撰、	五 一 一	知不足齋別行刊本、不在叢書之內、八千卷樓有抄本、	是編係隨見隨書，不復差次時代，故曰眞蹟日錄。其二集三集則皆無序跋，蓋以漸續增各自爲卷，實可通作一編。
法書名畫見聞表	明張丑撰、	一	知不足齋別行本、述古叢鈔本、	是編仿米芾寶章待訪錄例，變而爲表，凡分時代，曰覩的聞，每一朝代總計爲四格。
南陽法書表	明張丑撰、	一	知不足齋別行本、述古叢鈔本、	是編所列皆韓世能家收藏眞蹟，法書表凡作者二十七人，計七十二件，分五格。名畫表作者四十七人，計九十五圖，亦分五格。
南陽名畫表		一		
清河書畫表	明張丑撰、	一	知不足齋別行本、述古叢鈔未、	是編皆記其家累世所藏書畫，分爲六格，以書畫時代爲經，以世系爲緯。

珊瑚網	明汪珂玉撰、	四八	路有抄本、振綺堂有抄本、許氏有知不足齋抄本、八千卷樓有抄本、及巾箱抄本、適園叢書本、	是編凡法書題跋二十四卷，名畫題跋二十四卷，皆前列題跋，後附論說。
佩文齋書畫譜	孫岳頒等撰、	一〇〇	內府刊本、	是編分門列目，徵事考言，所引書凡一千八百四十四種，每條之下，各註所出。
祕殿珠林	乾隆九年撰、	二四	八千卷樓有抄本、	是書乃集內府書畫關於釋典道家者合編而成。其次序先釋後道，其記載先書後畫。
石渠寶笈	乾隆九年撰、	四四	此書與天祿琳琅皆無刊本、俱有續編、	是書依貯藏之所，按次編輯，書各分書冊畫冊書畫合冊，書卷畫卷書畫合卷，書軸畫軸書畫合軸九類，其箋素尺寸印記姓名等亦一一臚載。

庚子銷夏記	清孫承澤撰、	八	乾隆辛己鮑氏單刊本、十卷原刊本、學古齋本、	是書乃承澤退居後所作。以所藏書畫各爲敘述始末考證異同，始於四月成於六月，故以銷夏爲名。
繪事備考	清王毓賢撰、	八	康熙中刊本、	是書體例每人各立小傳，而以諸書所載名蹟附於其人之後。大致以張彥遠歷代名畫記夏文彥圖繪寶鑑爲藍本，
書法正傳	清馮武撰、	一〇	道光戊子刊本、世豸堂本、	是編專論正書之法，前七卷皆採掇舊文，評以己意，八卷爲書家小傳，九卷爲名蹟源流，十卷以馮班所著鈍吟書要終焉。
江村銷夏錄	清高士奇撰、	三	高氏原刊本、	是編乃其告歸平湖之日，以所見法書名畫，考其源流，記其絹素長短廣狹，後人題跋圖記一一誌載，彙爲一書。其體例略如鐵網珊瑚。

式古堂書畫彙考	清卞永譽撰、	六〇	卞氏刊本、路氏有抄本、八千卷樓有抄本、	是編採掇諸書著錄書畫，合以所藏與所見者彙爲一書大致宏博。
南宋院畫錄	清厲鶚撰、	八	樊榭手稿四冊、在振綺堂汪氏、路氏有抄本、近有刊本、掌故叢編本、八千卷樓有抄本、	是編首爲總述一卷，次列李唐以下凡九十六人每人各詳其事蹟而以諸書所藏眞蹟題咏之類附於其後。
六藝之一錄	清倪濤撰、	四〇六	四庫係依禮部侍郎金甡家藏濤手稾、許有此書目錄十卷抄本八千卷樓有抄本不全、此書載杭州金石最詳、因得丁龍泓諸手拓本載入、	是編備載書學之源流正變，凡分六集：一曰金器款識，二曰石刻文字，三曰法帖論述，四曰古今書體，五曰歷朝書論，六曰歷朝書譜。
續編		一二		
小山畫譜	清鄒一桂撰、	二	路有抄本、昭代叢書本、澤古齋叢抄本、借月山房彙抄本、續粵雅堂本、	是編專論畫花草之法，首列八法四知，次爲各花分別，下卷摘錄古人畫說，參以己意。

傳神祕要	清蔣驥撰、	一	澤古齋叢鈔本、借月山房彙鈔本、張詩舲刊本活字板本、	是編凡二十七目，於一切布局取勢運筆設色，皆抒所心得，言之最詳。
琴史	宋朱長文撰、	六	宋紹定癸巳朱正大刊本、楝亭十二種本、	是書專述琴典。前五卷紀自古通琴理者一百四十六人，附見者九人，各臚舉其事蹟。後一卷分十一篇，凡音調沿革，制度損益，無不咸具。
松弦館琴譜	明嚴澂撰、	一	明刊本、萬曆甲寅刊本、	是書所錄之曲二十有八，皆有聲而無詞，琴家所謂虞山派也。
琴譜合璧	清和素撰、	一八		是書就楊掄所撰太古遺音，譯以清文。於五音指法則用對音。

松風閣琴譜	清程雄撰、	二	康熙中刊本、	是書輯諸家遺譜，而參以己法，凡十一曲，譜中所增諸法多出雄之新意。
附抒懷操		一		
學古編	元吾邱衍撰、	一	祕笈本、唐宋叢書本、廣百川學海本、書苑本、學津本、夷門廣牘本、說郛本、篆學瑣著本、	是編所述皆書法正變，章法，鐫法，及洗印法，油印法等，蓋專為篆刻印章而作也。
印典	清朱象賢撰、	八	康熙壬寅朱氏刊本、附墨池編後、	是編採錄印璽故實及諸家論說，分原始制度賚予流傳故實綜紀集說雜錄評論鐫製器用詩文十二類。
羯鼓錄	唐南卓撰、	一	再續百川學海本、墨海金壺本、陳氏廣祕笈本、守山閣本、說郛本、八千卷樓有抄本、	是編分前後二錄：前錄首敘羯鼓源流形狀；次敘玄宗以後諸故事，後錄載崔鉉所說宋璟知音事而附以羯鼓諸宮曲名。

樂府雜錄	唐段安節撰、	一	古今逸史本、學海類編本、古今說海本、墨海金壺本、守山閣本、格致叢書本、續百川學海本、百名家書本、說郛本、	是書述樂府之法甚詳，首列樂部，次列歌舞俳優，次列樂器，次列樂曲，舊本末附五音二十八調圖。
玄玄棋經	宋晏天章撰、	一	說郛本、墨海金壺本、守山閣本、均作張擬撰、八千卷樓依閣抄本，	是書在當日爲奕家之模範，嘗以奕通於兵，故仿孫子十三篇之數。其名玄玄者蓋謂旗局千變萬化玄之又玄者也。
棋訣	宋劉仲甫撰、	一	墨海金壺本、珠叢別錄本、粵雅堂叢書本、八千卷樓依閣抄本、	書凡四章：一曰布置，二曰侵凌，三曰用戰，四曰取捨。蓋謂棋者意同於用兵，故叙此四篇粗合孫吳之法。後附論棋雜說，即晏天章棋經之末篇，而仲甫爲註者也。

書名	著者	卷數	版本	書旨
古今刀劍錄	舊本題梁陶宏景撰、	一	百川學海本、漢魏叢書本、說郛本、羣芳清玩本、龍威祕書本、	是書所記帝王刀劍自夏啟至梁武帝凡四十事，證以李綽尚書故實所引，雖文字小有異同而大旨則無不合。
鼎錄	舊本題梁虞荔撰、	一	漢魏叢書本、說郛本、祕笈本、羣芳清玩本、龍威祕書本、顧氏四十家小說本、	荔為陳人，稱梁者誤也。又荔卒於陳武帝天嘉二年，乃預記陳宣帝太極殿鑄鼎事，尤為不合。
考古圖	宋呂大臨撰、	一〇	明泊如齋刊本、乾隆中天都黃氏刊無續五卷附朱德潤集古玉圖二卷本、乾隆單刻考古圖本十萬卷樓單刻續考古圖本、傳是樓有北宋刊本、錢遵王後有精鈔本一本、丁禹生有寶古堂重修考古圖十卷刊本、	是書在博古圖前，較博古圖為精審。
續考古圖		五		
釋文		一		

嘯堂集古錄	宋王俅撰、	二	明刊本、覆宋刊本、嘉慶壬申張氏醉經樓刊附校勘記一卷本、	是書錄古尊彝敦卣之屬，自商迄漢，凡數百種，摹其欵識，各以今文釋之。中有古印章數十。
宣和博古圖	宋王黼等撰、	三六	明嘉靖七年蔣暘翻刻至大重修闊版本、萬曆戊子泊如齋刊本、萬曆三十二年吳公宏本、乾隆間天都黃氏刊本、	是書考證雖疎而形模未失，音釋雖謬而字畫猶存，讀者尙可因其所繪以識三代鼎彝之製，欵識之文。其曰宣和者，徽宗未改宣和紀年以前先有宣和殿也。
宣德鼎彝譜	明呂震等撰、	八	墨海金壺本、珠叢別錄本、姚若有鈔二十卷足本、錢錫之刊本、聚珍版本、	是書皆記當日鑄器圖式工料及供用名目，末附釋名二卷，具列仿古規模尺寸。
西清古鑑	乾隆十四年撰、	四〇	內府刊本、同文局本、	是書以內府庋藏古鼎彝尊罍之屬，案器爲圖，因圖繫說，詳其方圓圍徑之制，高廣輕重之等，併鈎勒欵識，各爲釋文。

奇器圖說 諸器圖說	明鄧玉函撰 明王　徵撰	三 一	王忠節公校刊本、守山閣刊本、道光間活字本、嘉慶刊本、	是書所載皆裨益民生之具。其法至便而其用至宏。
文房四譜	宋蘇易簡撰	五	學海類編本、格致叢書四卷本、昭文張氏有精抄校本、學津討源本、	是書凡筆譜二卷，硯譜墨譜紙譜各一卷，而筆格水滴附焉。各述原委本末及其故實，殿以詞賦詩文，合爲一書。
歙州硯譜	宋唐　積撰	一	百川學海本、說郛本、學津討原本、明華氏刊本、	是書凡十門，皆記歙州採硯造硯之法。
硯史	宋米　芾撰	一	百川學海本、說郛本、學津討原本、羣芳清玩本、黃丕烈有宋刊本、胡心耘有毛氏抄影宋本、	是書首冠以用品一條，論石當以發墨爲上。後附性品一條，論石質之堅軟，樣品一條，則備列晉硯唐硯以迄宋代形製之不同，中記諸硯自玉硯至蔡州臼硯凡二十六種，而於端歙二石辨之尤詳。

硯譜	不著撰人名氏、	一	百川學海本、(作李之著)說郛本、	是書皆雜錄硯之出產與其故實。
歙硯說 辨歙石說	不著撰人名氏、	一	百川學海本、說郛本、學津討原本、	硯說兼紀採石之地琢石之法及其品質之高下。歙石說則專論其紋理星暈凡二十七種。
端溪硯譜	不著撰人名氏、	一	百川學海本、(作葉樾著)說郛本、學津討原本、詩觸本、	是書前論石之所出與石質石眼，次論價，次論形製，而終以石病。
硯箋	宋高似孫撰、	四	楝亭十二種本、	是書第一卷爲端硯，二卷爲歙硯，三卷爲諸品硯，四卷則前人詩文之爲諸硯作者。

西清研譜	乾隆四十三年撰、	二五		是書先爲陶之屬，上自漢瓦，下逮明製，凡六卷，次爲石之屬，則自晉王廞璧水硯以至清朝朱彝尊井田硯，凡十五卷，共爲硯二百，爲圖四百六十有四。其後三卷曰附錄，爲硯四十有一，爲圖百有八，則今松花紫駝基紅絲諸品及仿製澄泥各種皆備列焉。
墨譜	宋李孝美撰、	三	刊本、許氏有影宋鈔本、路氏有鈔本、	是書上卷八圖八說，圖佚其六，中卷序以墨名家者十六人，其墨亦各繪圖，下卷載製造之法，凡二十條。
墨經	宋晁季一撰、	一	說郛本、夷門廣牘本、藝圃搜奇本、晁氏叢書本、續百川學海本、楝亭刊本、津逮祕書本、學津討原本、唐宋叢書本、	是書詳載製墨之法，謂上等煤而膠不如法，墨亦不佳，如得膠法，雖次煤能成善墨。

墨史	元陸　友撰、	二	知不足齋本、項藥師刊本、劉泖生據厲樊榭抄本、（三卷一百九十八人當是足本、）	是書集古來精於製墨者凡一百五十餘人，考其事蹟，勒爲一編，又詳載高麗契丹西域之墨，附錄雜記皆墨之典故也。
墨法集要	明沈繼孫撰、	一	聚珍本、閩覆本、杭縮本、	是書所載皆油煙之法。爲近代造墨家之所祖。
錢錄	乾隆六十年撰、	一六	內府刊本、（附西清古鑑之後、）	是書一卷至十三卷詳列歷代之泉布，十四卷列外域諸品，十五十六兩卷則以吉語異錢厭勝諸品殿焉。

香譜	宋洪芻撰、	二	百川學海本、唐宋叢書一卷本、格致叢書本、學津討原本、藝圃搜奇本、說郛本、	是書凡分四類：曰香之品香之異香之事香之法。
陳氏香譜	宋陳敬撰、	四	路有抄本、	是編集沈立洪芻以下十一家之香譜彙爲一書。
香乘	明周嘉胄撰、	二八	崇禎辛未周氏刊本、	是編凡香之名品故實以及修合鑒賞諸法，無不旁徵博引。
雲林石譜	宋杜綰撰、	三	說郛本、唐宋叢書本、羣芳清玩本、知不足齋本、學津討原本、	是書彙載石品凡一百一十有六，各具出產之地採取之法，詳其形狀色澤而品其高下。

茶經	唐陸羽撰	三	明刊本、百川學海本、說郛本、唐宋叢書本、學津討原本、格致叢書本、汪士賢刊本、茶書全集刊本、明刊呂氏十種本、百名家書本、	言茶者莫精於羽，其書分十類：曰一之源二之具三之造四之器五之煮六之飲七之事八之出九之略十之圖。其曰具者皆採製之用，其曰器者皆煎引之用，故二者異部。
茶錄	宋蔡襄撰	二	百川學海本、說郛本、格致叢書本、茶書全集刊本、百名家書本、後四十家小說本、	是書分上下二篇：上篇論茶，下篇論茶器，皆所謂烹試之法。
品茶要錄	宋黃儒撰	二	路有鈔本、明新安程百二刊本、說郛本、夷門廣牘本、茶書全集本、	是書皆論建茶之事，分爲十篇：一採造過時，二白合盜葉，三入雜，四蒸不熟，五過熟，六焦釜，七壓葉，八漬膏，九傷焙，十辨壑源沙溪，前後各爲總論一篇，大旨以茶之採製烹試各有其法。

宣和北苑貢茶錄 附北苑別錄	宋熊　蕃撰、	一 一	鈔本、讀畫齋本、茶書全集本、	是書皆述建安茶園採焙入貢法式。其圖三十有八，附以採茶詩十章。
東溪試茶錄	宋宋子安撰、	一	百川學海本、說郛本、格致叢書本、茶書全集本、百名家書本、	是書蓋補丁謂蔡襄兩家茶錄之所遺，曰東溪者，亦建安地名也。凡分八目，大旨以品茶宜辨所產之地。
續茶經 附錄	淸陸廷燦撰、	三 一	雍正乙卯壽春堂刊本、茶書全集本、	是書冠以陸羽茶經原本，而從其原目，採摭諸書以續之。其附錄一卷，則歷代茶法也。
煎茶水記	唐張又新撰、	一	百川學海本、說郛本、茶書全集本、	是書前列劉伯芻所品七水，次列陸羽所品二十水，後有葉淸臣述煑茶泉品一篇，歐陽修大明水記一篇，浮槎山水記一篇，則宋人所附入也。

北山酒經	宋朱翼中撰、	三	明刊本、知不足齋本、	是編首卷爲總論，二三卷載製麴造酒之法頗詳。
酒譜	宋竇苹撰、	一	百川學海本，說郛本、唐宋叢書本、山居雜志本、夷門廣牘本、	是書雜敘酒之故事，大致摘取新穎字句以供採掇。
糖霜譜	宋王灼撰、	一	楝亭十二種本、學津討原本、	是書凡分七篇：首篇敘唐鄒和尚始創糖霜之事，二篇言以蔗爲糖始末，三篇言種蔗，四篇言造糖之器，五篇言結霜之法，六篇言糖霜或結或不結似有命運，七篇言糖霜之性味及製食諸法。
洛陽牡丹記	宋歐陽修撰、	一	歐陽全集本、百川學海本、說郛本、墨海金壺本、珠叢別錄本、藝圃搜奇本、山居雜志本、錢錫之刊本、	是記凡三篇：一曰花品敘所列凡二十四種，二曰花釋名，述名花之所自來，三曰風俗記，首略敘遊宴及貢花，餘皆接植栽灌之事。

揚州芍藥譜	宋王　觀撰、	一	百川學海本，說郛本、王全集本、珠叢別錄本、墨海金壺本、山居雜志本、錢錫之刊本、	揚州芍藥自宋初名於天下，宋史藝文志載爲之譜者三家，其一孔武仲，其一劉攽，其一卽觀。
范村梅譜	宋范成大撰、	一	明刊本、百川學海本、汪士賢刊本、說郛本、范全集本、珠叢別錄本、墨海金壺本、藝圃搜奇本、日本刊本、	是書所載范村之梅凡十二種，蓋記其別業之所有，故以范村爲目也。
劉氏菊譜	宋劉　蒙撰、	一	百川學海本、說郛本、	是書首譜敘，次說疑，次定品，次列菊名三十五種，各敘其種類顏色而評次之，以龍腦爲第一，而以雜記三篇終焉。
史氏菊譜	宋史正志撰、	一	百川學海本、說郛本、	是書所列凡二十七種，前有自序稱：自昔好事者爲牡丹芍藥海棠竹筍作譜記者多矣，獨菊花未有爲之譜者。余故以所見爲之云云。

范村菊譜	宋范成大撰、	一	明刊本、百川學海本、說郛本、日本刊本、	是書所記范村之菊，據自序稱所得三十六種，而此本所載凡黃者十六種，白者十五種，雜色四種，實止三十五種，尚缺其一，疑傳寫有所脫佚也。
百菊集譜	宋史鑄撰、	六	山居雜志本、抄本、	是書薈萃諸家菊譜，訂爲一編，首列諸菊名品一百三十三種，不入卷數，卷一卷二爲諸家舊譜及鑄自撰新譜，卷三雜錄菊事，卷四爲詩文，卷五爲新增胡融譜及栽植諸事，卷六爲鑄咏菊諸詩，補遺一卷皆詩文也。
菊史補遺	宋史鑄撰、	一		
金漳蘭譜	宋趙時庚撰、	三	路有鈔本、百川學海本、說郛本、明汪氏刊本、四庫據天一閣本、	是書大旨與王貴學蘭譜相爲出入。但王氏蘭譜每詳其得名之由，而此書則僅列其名及華葉根莖而已。

海棠譜	宋陳　思撰、	三	百川學海本、說郛本、山居雜志本、家刊紅印本、	是書上卷皆錄海棠故事，中下二卷則錄唐宋諸家題咏，而栽種之法品類之別，僅於上卷中卷散見四五條，蓋數典之書，非種樹之書也。
荔枝譜	宋蔡襄撰、	一	百川學海本、端明集本、藝圃搜奇本、說郛本、山居雜志本、鄧道協荔枝通譜本、	是書爲閩中荔枝而作，凡七篇：其一原本始，其二標尤異，其三誌賈鬻，其四明服食，其五愼護養，其六時法制，其七別種類，嘗手寫刻之。
橘錄	宋韓彥直撰、	三	明汪氏刊本、百川學海本、說郛本、漢魏叢書本、	是書所錄皆温州之產。上卷柑品八，橙品一，中卷橘品十八，下卷則言種植之法。
竹譜	晉戴凱之撰、	一	明汪氏刊本、百川學海本、漢魏叢書本、龍威祕書本、說郛本、影閣抄本、	是書所記竹類七十有餘，皆叙以四言韻語。

筍譜	宋釋贊甯撰、	一	明汪氏刊本、百川學海本、說郛本、漢魏叢書本、唐宋叢書本、	分五類：曰一之名二之出三之食四之事五之說。其標題蓋仿陸羽茶經。
菌譜	宋陳仁玉撰、	一	百川學海本、墨海金壺本，珠叢別錄本、山居雜志本、抄本、守山閣本、	此譜備述其土產之名品：曰合蕈，曰稠膏蕈，曰栗殼蕈，曰松蕈，曰竹蕈，曰麥蕈，曰玉蕈，曰黃蕈，曰紫蕈，曰四季蕈，曰鵝膏蕈凡十一種，各詳其所生之地所採之時，與其形狀色味。
廣羣芳譜	清汪灝等撰、	一〇〇	內府刊本、外覆本、	是書蓋因明王象晉羣芳譜而廣之，凡改正其門目者三。以天譜歲譜併爲天時譜，而刪其鶴魚譜。
禽經	舊本題師曠撰晉張華註、	七	明刊呂氏十種本、百川學海本、說郛本、唐宋叢書本、格致叢書本、漢魏叢書本、百名家書本、夷門廣牘本、	是書漢隋唐諸志及崇文總目皆不著錄、其引用自陸佃埤雅始，其稱師曠亦自佃始，其稱張華註則見於左圭百川學海所刻考書中鶥鳩一條。

蟹譜	宋傅　肱撰、	二	抄本、百川學海本、說郛本、山居雜志本、	是書分上下兩篇，所載皆蟹之故事。上篇多採舊文，下篇則肱所自記。
蟹略	宋高似孫撰、	四	路有鈔本、	是編以傅肱蟹譜徵事太略，因別加裒集，分十二門：曰蟹原蟹象蟹鄉蟹具蟹品蟹占蟹貢蟹饌蟹牒蟹雅蟹志賦咏。
異魚圖贊	明楊　慎撰、	四	函海本、祕笈本、藝海珠塵本、明范汝梓本、紛欣閣叢書本、	是書凡魚圖三卷，贊八十六首，異魚八十七種，附以海錯一卷，贊三十首，海物三十五種。詞旨亦頗古雋。
異魚圖贊箋	清胡世安撰、	四	刊本、抄本、	楊慎魚圖贊間有自註，僅標所據書名，未暇備引其說，世安既爲之補，又博採傳記以爲之箋，徵引頗極繁富。

異魚圖贊補	清胡世安撰、	三	刊本、函海本、	是書以楊愼異魚圖贊尙多缺漏，因摭其遺脫作爲此編，凡魚類補一百五十四種，爲贊五十七首，海錯類補三十八種，爲贊二十八首，又閏集一卷，多非常之魚，亦各爲之贊。
閏集		一		